Marcel Mathiot

Die erotischen Abenteuer des Monsieur Mathiot

PIPER

Zu diesem Buch

Als seine Frau Geneviève nach achtundsechzig Jahren Ehe stirbt, beginnt für Marcel Mathiot alles andere als der trostlose Lebensabend eines Witwers. Plötzlich ist der fast Neunzigjährige wieder Junggeselle, und der Reigen der Frauen, die ihn teilweise schon lange (Ehe-)Jahre begleiten, beginnt, sich noch einmal mit ungeahntem Schwung zu drehen. Hélène, Mado, Lili und Emma erinnern ihn jede auf ihre Weise daran, dass er zeit seines Lebens vor allem eines war: ein liebender Mann. Und damit widerlegt Marcel Mathiot charmant, wunderbar selbstironisch und humorvoll, dass es im sogenannten vierten Lebensalter vorbei sei mit der Erotik.

Marcel Mathiot (1910–2004), französischer Grundschullehrer, schrieb seit seinem 16. Lebensjahr Tagebuch. Nach seinem Tod fanden seine Kinder in den Hinterlassenschaften ihres Vaters 150 Hefte in sechs Schuhkartons. Marcel Mathiot dachte zu Lebzeiten nie daran, sie zu veröffentlichen. 2008 erschienen die Tagebücher seiner letzten vier Lebensjahre erstmals in Frankreich und wurden dort euphorisch gefeiert.

Marcel Mathiot

Die erotischen Abenteuer des Monsieur Mathiot

Bekenntnisse eines späten Liebenden

Aus dem Französischen von Andrea Spingler und Xenia Osthelder

Mit einem Vorwort von Philippe Delerm

Piper München Zürich

Mehr über unsere Autoren und Bücher:
www.piper.de

Herausgegeben von Claire Hauter und Bernard Fillaire

Mit zehn Schwarzweiß-Abbildungen

Ungekürzte Taschenbuchausgabe
August 2011

Titel der französischen Originalausgabe:
»Carnets d'un vieil amoureux«

erschienen im Verlagsprogramm Pendo
Umschlagkonzept: semper smile, München
Umschlaggestaltung: Cornelia Niere, München
Umschlagabbildung: privat
Satz: Fotosatz Amann, Aichstetten
Gesetzt aus der Caslon FiveForty
Papier: Munken Print von Arctic Paper Munkedals AB, Schweden
Druck und Bindung: CPI – Clausen & Bosse, Leck
Printed in Germany ISBN 978-3-492-27222-3

Marcel und Mamie, 1996

Vorwort

Der Text, mit dem wir es hier zu tun haben, ist einmalig. Die Tagebücher, auf denen *Die erotischen Abenteuer des Monsieur Mathiot* basieren, waren nicht zur Veröffentlichung vorgesehen. Marcel Mathiot hat sie mit einer erstaunlichen Ausdauer von seinem sechzehnten Lebensjahr an bis zu seinem Tod im Alter von dreiundneunzig Jahren geführt. Er las sie immer wieder, sie beflügelten ihn, noch intensiver zu leben. Am 11. Juli 2003 notiert er: »Manchmal frage ich mich, warum ich fortfahre, diese Hefte zu füllen. Die ersten von 1927 bis 1931, die ich ›Agenda‹ nannte, sind mir die kostbarsten, durch sie erlebe ich noch einmal meine unbefangene, sorglose Jugend.«

Das Buch, das Sie in Händen halten, umfasst die vier letzten Jahre der Aufzeichnungen Marcel Mathiots. Er zitiert darin jedoch häufig ältere Passagen, an denen er sich labt, als seien sie ein Quell, mit dessen Hilfe er sich die ungewöhnliche Frische bewahrt, die bis zum Ende seines Lebens für ihn charakteristisch war. Der Titel *Die erotischen Abenteuer des Monsieur Mathiot* ist dabei durchaus berechtigt. Denn es ist verblüffend und anrührend, welchen Raum die Liebe in Marcel Mathiots Leben einnimmt. Vor allem anderen ist er ein Verliebter. Treu wie Gold und gleichzeitig vollkommen treulos. Treu, da die meisten seiner Amouren sich über Jahre erstreckten, wiewohl sie nebeneinanderher liefen. Vollkommen treulos war er gegenüber seiner Gattin Geneviève, der Mutter seiner Kinder Jean, Pierre und Catherine. Nach Genevièves Tod gesteht er: »Mein ganzes Leben habe ich sie hintergangen, eheliche Treue hat mir nie etwas bedeutet. Ich habe mich dafür gerächt, dass ich meine Freiheit der Ehe geopfert hatte. Schließlich war ich nicht das Eigentum meiner Frau.«

Wie hätte Marcel einer einzigen Frau gehören können? Er gehört der Liebe, in allen ihren Erscheinungsformen, von der ganz großen Liebe zu Hélène bis zur intellektuell-innigen Liebe zu Lili. Uns »junge« Leser jedoch erstaunt wohl vor allem seine intensive sexuelle Beziehung zu Mado. 1930 lernte Mado ihn kennen und unterhielt ab 1946 bis ans Ende seines Lebens eine sehr leidenschaftliche und sinnliche Beziehung mit ihm. Der junge Verliebte von über neunzig Jahren brüstet sich seiner sexuellen Heldentaten ebenso wenig wie der seiner Partnerin. Er spricht nur von Zeit zu Zeit vom »Wahnsinn« der körperlichen Ekstase. Und wenngleich Mathiot häufig schreibt, dass die unersättliche Mado – der er jedes Mal genüsslich nachgibt – ihn in die Erschöpfung treibt, räumt er ebenfalls ein, sich noch matter zu fühlen, als sie nicht mehr sexuell miteinander verkehren können. Er ist möglicherweise der Erste, der sich mit einer erstaunlichen Mischung aus Genauigkeit und Schamhaftigkeit über die körperliche Liebe im sehr hohen Alter äußert. Hinter Liebesglut und Lust wird die

Todesangst spürbar, die in den heftigen Umarmungen ihren Ausdruck und ihr Ventil findet.

Marcel gefällt den Frauen, sogar den jungen. Er gefällt allen. Man begegnet ihm mit einer Sympathie, die er sich angeblich selbst nicht erklären kann. Dabei trifft man selten auf einen Greis, der so wenig reaktionär ist wie er. Nachdem er das ganze 20. Jahrhundert erlebt hat, beschließt er seinen Spaziergang auf Erden mit einem Aphorismus, der seine Persönlichkeit wunderbar auf den Punkt bringt: »Die guten alten Zeiten, die sind heute.« Marcel Mathiot hat sich die Fähigkeit bewahrt, als Staunender durch das Leben zu gehen. Als er dank der Fürsorge des Ehepaars Le Gal der Welt der Altenheime weitgehend entfliehen kann, bricht er in einen geradezu ansteckenden Jubel aus: »Ich bin wieder daheim! Gott sei Dank! Ich gehe in die Coupole ... Ich nehme den Bus! Gehe zum Friseur: Arnaud, Romain, die üblichen Scherze über meine Eroberungen. Ich gehe zu Fuß nach Hause zurück. Ich bin zufrieden mit mir. Ich gehöre zur normalen Bevölkerung und bin nicht in der Welt der Alten abgestellt! Ich habe mein Kabelfernsehen wieder und kann den Ton so laut stellen, wie ich möchte. Die Platten, die Bücher ... Ich bin frei ... und jung!«

Marcel Mathiot bezeichnet sich als Epikureer. Dennoch geht er nicht nur als Genießender durchs Leben. Als Grundschullehrer und Gemeindeabgeordneter in Contigné vertritt er sehr klare politische Überzeugungen. Empört über die konservative Haltung seines (sehr grotesk gezeichneten) Bürgermeisters Jean Foyer, bekennt er sich öffentlich zum Pazifismus, wodurch er sich nicht nur Freunde gemacht haben dürfte. »Da Foyer an jenem 11. November 1979 abwesend war, hatte ich als stellvertretender Bürgermeister die Ehre, die Gedenkfeier zu leiten. Diesmal wurden weder laut die Gefallenen aufgerufen, noch ertönte das Signalhorn. ›Ich bitte Sie, eine Minute Schweigen zu bewahren‹, sagte ich zu den Anwesenden, in Erinnerung an diejenigen, deren Namen auf diesem Stein eingraviert sind. Ihr junges Leben hätte ihrer Familie gewidmet sein können, ihren Liebesgeschichten, ihren Kindern, doch stattdessen wurden sie Opfer des aberwitzigen Ehrgeizes, der finanziellen Interessen und der Verachtung des einfachen Volkes …‹«

Marcel Mathiot geht durchaus auch auf die negativen Seiten seines pazifistischen Temperaments ein und nennt sich scherzend einen »Vermeider«. Er erkennt, dass es ihm manchmal an Einsicht und Engagement gefehlt hat. Er, der eifrige Leser Montaignes, verfällt nicht in politische und moralische Selbstgefälligkeit. Nach dem Tod seines Sohnes Pierre schreibt er: »Ich habe ihn nicht genug geliebt, ich habe nicht genug versucht, ihn zu verstehen, wir haben nicht genug miteinander geredet. Ich war ein unverbesserlicher Schürzenjäger und habe mich nicht genug für meine Kinder interessiert.«

Andererseits zeigt Marcel wahres Verantwortungsgefühl. Als er in Pension geht, besucht er Strafgefangene, beschwichtigt damit aber nicht sein soziales Gewissen. Eine tief empfundene Menschlichkeit veranlasst ihn, das Schicksal von Häftlingen auch nach ihrer Entlassung zu verfolgen, Arbeit für sie zu finden und ihnen finanziell zu helfen, ohne ihnen Moralpredigten zu halten.

Marcel Mathiot liebt vor allem die Freiheit. Hinzu kommen die Freude am Leben, eine sein ganzes Wesen durchdringende Fröhlichkeit, die auch eine körperliche

Veranlagung ist. Obwohl er in einer ganz anderen sozialen und kulturellen Welt lebt, erinnert er an Jean d'Ormesson. 1987 notiert er sich dessen Überlegung: »Wenn ich mir wünsche, dass die anderen glücklich sind, dann deshalb, weil ich selbst glücklich sein möchte.« Wie bei dem Verfasser von *Wie es Gott gefällt* darf man darin nicht die geringste Spur von Zynismus sehen. Marcel Mathiot ist ein sonniger Mensch, der Licht in das Dasein anderer bringt. Und wenn er auch noch nicht wusste, für wen, so wusste er sehr wohl, warum er schrieb.

Philippe Delerm

Handelnde Personen

Marcel Mathiot, 89 Jahre, genannt Jean, le Monsieur, Martin

Geneviève Strzelecki, 90 Jahre. Gattin von Marcel, genannt Kiki, Kiki-des-Bois, Minet, die Bonne Minouche, Mamie

Victor-Amédée Mathiot, Vater von Marcel

Yvonne Ledien, Mutter von Marcel

Jean, 60 Jahre, ältester Sohn von Geneviève und Marcel

Pierre, verstorben. Jüngerer Sohn von Geneviève und Marcel

Catherine, 53 Jahre, Tochter von Geneviève und Marcel

Die Nachbarn in Issoudun

Solange Debanne, genannt »die Madame«

Jules Pasquet, genannt Jules. Gatte der Madame

Cadet, genannt Père Cadet, Vater der Madame

Marcelline, genannt die Line, Tochter von Solange und Jules

Marcels Frauen

Paulette Echavidre, erste Liebe Marcels 1919

Madame Gardon, »die Frau von dreißig Jahren«, führte Marcel im April 1928 in die Liebe ein.

Annette Iselin, genannt Annie, 86 Jahre, Marcels großer Schwarm 1929

Maud Antier ist von 1929 bis 1932 hinter Marcel her.

Lili, platonische Liebe Marcels von 1946–1947. Später Frau von Georges

Hélène, 81 Jahre, die große Liebe Marcels der Jahre 1939–1940 in Reims, erneute Liaison 1980–1984

Mado, genannt »die Chalonnaise«, 82 Jahre. Ihre erotische Liebesbeziehung dauert von 1946 bis wenige Monate vor seinem Tod.

Louise Mirbeau, 86 Jahre, Gattin seines Freundes Pierre Mirbeau. Nach dem Tod ihres Mannes beginnt sie, Marcel nachzustellen.

Monique und Louis Le Gal. Nachbarn Marcels in Angers, die sich um ihn kümmern, als er nicht mehr ohne Hilfe leben kann.

Emmanuelle B., genannt Emma, 36 Jahre. Keramikerin. Käuferin des Hauses von Contigné. Kurzes Abenteuer mit Marcel 2001.

Sandrine, 20 Jahre, Haushaltshilfe und Vertraute

Honoratioren von Contigné

Curé Pineau, Abbé Mérit, Abbé Gaborit, Abbé Riou, Abbé Amant Déan …

Jean Foyer, französischer Politiker, geboren am 27. April 1921 in Contigné (Maine-et-Loire), Bürgermeister von Contigné von 1959 bis 1984. Er wurde Garde des Sceaux und Justizminister im Kabinett George Pompidou (April 1962–1967), Gesundheitsminister unter Pierre Messmer (Juli 1972–1973).

Henri Rondeau. Rinderhandler und stellvertretender Bürgermeister von Contigné während der deutschen Besatzung Frankreichs.

(Altersangaben der Protagonisten gelten für den 1. Januar 2000)

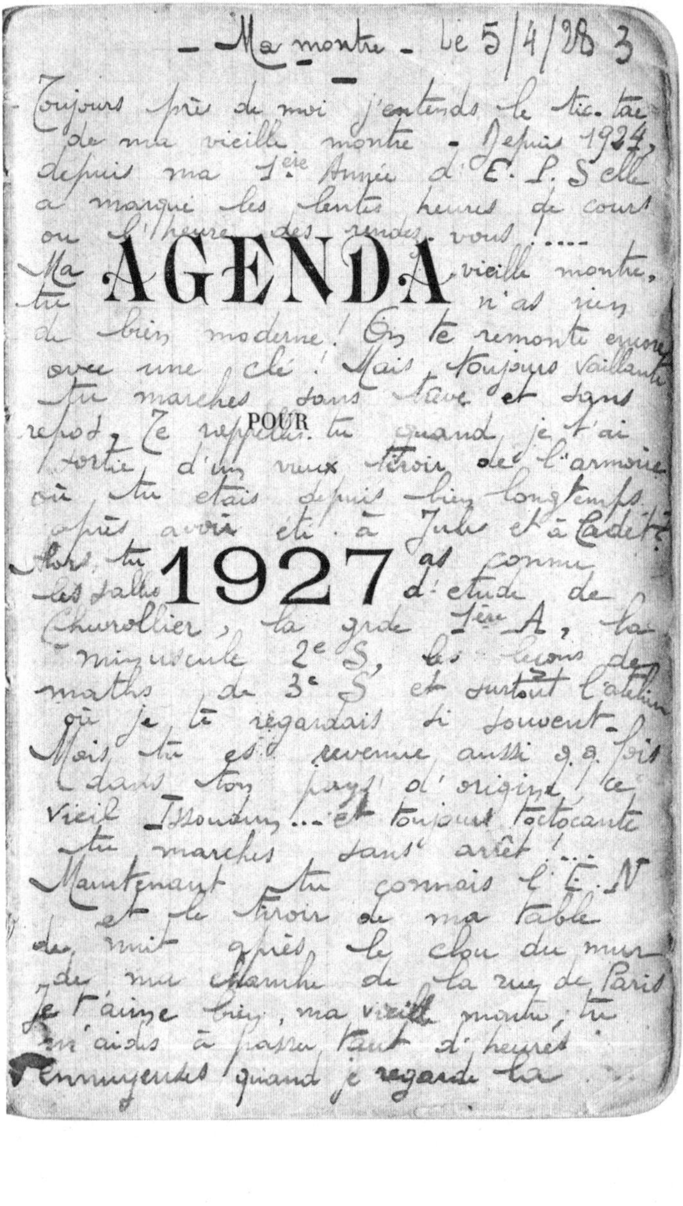
— Ma montre — le 5/4/28 3
Toujours près de moi j'entends le tic-tac de ma vieille montre — Depuis 1924, depuis ma 1ère Année d'E.P.S elle a marqué les lentes heures de cours ou l'heure des rendez-vous !.....
Ma vieille montre, tu n'as rien de bien moderne! On te remonte encore avec une clé! Mais, toujours vaillante tu marches sans trêve et sans repos. Te rappelles-tu quand je t'ai sortie d'un vieux tiroir de l'armoire où tu étais depuis bien longtemps après avoir été à Jule et à Cadet? Alors tu as connu les salles d'étude de Churollier, la gde 1ère A, la minuscule 2e S, les leçons de maths de 3e S et surtout l'atelier où je te regardais si souvent — Mais tu es revenue aussi q.q. fois dans ton pays d'origine, le vieil Issoudun... et toujours toctocante tu marches sans arrêt!... Maintenant tu connais l'E.N et le tiroir de ma table de nuit après le clou du mur de ma chambre de la rue de Paris Je t'aime bien, ma vieille montre, tu m'aides à passer tant d'heures ennuyeuses quand je regarde ta
AGENDA
POUR
1927

5. April 1928
Meine Uhr

Immer höre ich das Ticken meiner alten Taschenuhr. Seit 1924, meinem ersten Jahr an der École primaire supérieure, hat sie mir die langsam verstreichenden Unterrichtsstunden oder die Zeit eines Rendezvous angezeigt … Meine alte Uhr, nichts ist modern an dir. Du wirst noch mit einem Schlüssel aufgezogen! Doch immer wachsam, läufst du ohne Rast und Ruh. Erinnerst du dich daran, wie ich dich aus einer alten Schublade des Schrankes hervorgeholt habe, wo du lange gelegen hast, nachdem du zuvor Jules und später Cadet gehört hattest? Dann hast du die Klassenzimmer der École Chevrollier kennengelernt, den großen Raum der 1A, das winzige Zimmer der 2S, die Mathematikstunden in der 3S und vor allem die Werkstatt, in der ich so oft einen Blick auf dich geworfen habe.

Aber du bist auch manchmal in deine alte Heimat Issoudun zurückgekehrt … und noch immer tickst du ohne Unterlass. Nun kennst du E. N. und die Schublade meines Nachttischs, nachdem du in der Rue de Paris an einem Nagel an der Wand hängen musstest.

Ich mag dich sehr, meine alte Uhr, du hilfst mir über viele langweilige Stunden hinweg, wenn ich den ewigen Lauf deiner Zeiger verfolge. Wie gern spüre ich, dass du in der kleinen Tasche meiner Weste lebst. Du sagst mir: Die Zeit vergeht, die Freiheit rückt näher.

Nicht wahr, meine alte Uhr, meine gute Freundin, du bist eine große Philosophin?

2000

1. Januar 2000
Das Ende der Unkenrufe

Ich habe das Jahr 2000 erreicht. Unfassbar! An diesem denkwürdigen Tag passiert nichts Besonderes. Angeblich sollten Katastrophen und Heimsuchungen über uns hereinbrechen, die Computer sollten wegen eines Bugs abstürzen und uns der Energieversorgung und der Kommunikationsmittel berauben.

Im Augenblick – es ist zehn Uhr – nichts außer der Reihe.

In alten Papieren stoße ich auf die folgende Notiz:

»Am 10. Dezember 1910 wurde morgens um 3.25 Uhr in der Route de Rouen 304 zu Amiens das Kind Marcel unehelich geboren, Sohn von Victor-Amédée Mathiot, zweiter Kapellmeister des Musikcorps der Garnison Amiens, Kaserne Friant, und Yvonne Marguerite Léocadie Ledien, 22 Jahre, Putzfrau.«

Ich bin also ein Kind der Liebe, ein »natürliches Kind«. Die Bezeichnung habe ich auf der Geburtsurkunde, die ich bei der Meldung zur Abschlussprüfung vorlegen musste, gesehen, was sie bedeutete, wusste ich nicht. Ich weiß noch, wie meine Tante Gabrielle aus Rumigny einmal im Gespräch erwähnte, ich sei bei der Hochzeit meiner Eltern am 31. Oktober 1912 dabei gewesen. Ihre Bemerkung hat mich aber nicht weiter beschäftigt, und mir gegenüber haben meine Eltern das Thema nie angeschnitten.

In einem Brief meines Vaters an meine Mutter aus dem Jahr 1912 heißt es: »Meine geliebte Yvonne, ich sehne mich so sehr nach Dir, dass ich darüber schier den Verstand verliere. Wir werden in einer Kleinstadt leben, wo man nichts verheimlichen kann. Deshalb habe ich vor, mich zu vermählen, und zwar … mit Dir.« Und in einem Brief meines Großvaters mütterlicherseits steht: »Ich bin glücklich darüber, dass Yvonnes Verhältnis legalisiert wird.« Meine Eltern waren ihrer Zeit voraus, sie lebten bereits in wilder Ehe.

In meinem Heft vom 16. August 1999 finde ich die folgende biografische Notiz:

> Wir unterhielten sehr freundschaftliche Beziehungen zu unseren Nachbarn, den Pasquets, Gemüse- und Weinbauern. Als der Krieg ausbrach, zogen Maman und ich zu ihnen. Die Familie bestand aus Jules, seiner Frau, für mich immer die Madame, ihrer Tochter Marcelline, die ich die Line nannte, und Cadet, dem Vater der Madame. Wir schliefen in großen Himmelbetten, deren Vorhänge aus rotem Tuch man zuziehen konnte. Ich teilte eines dieser breiten Betten mit meiner Mutter. Das andere war für Cadet. Er und ich

gingen vor den anderen zu Bett, und zum Einschlafen erzählte er mir die Märchen von Perrault.

1915 kehrten wir wieder in unser Haus zurück, weil der Krieg länger dauerte als erwartet.

Bei uns wohnte eine Dame namens Héaulmé, die mit ihrem Sohn Gaston aus den Ardennen geflüchtet war. 1918 sollte sie an der spanischen Grippe sterben. Die Leute waren große Patrioten, sie blieben standhaft und ertrugen alle Entbehrungen, ohne zu murren. Allein aus Aberglauben fanden sie wieder zum Glauben. Als ich einmal »für meinen Papa« betete, fügte ich spontan hinzu: »und für alle anderen Papas«. Die Begeisterung war groß.

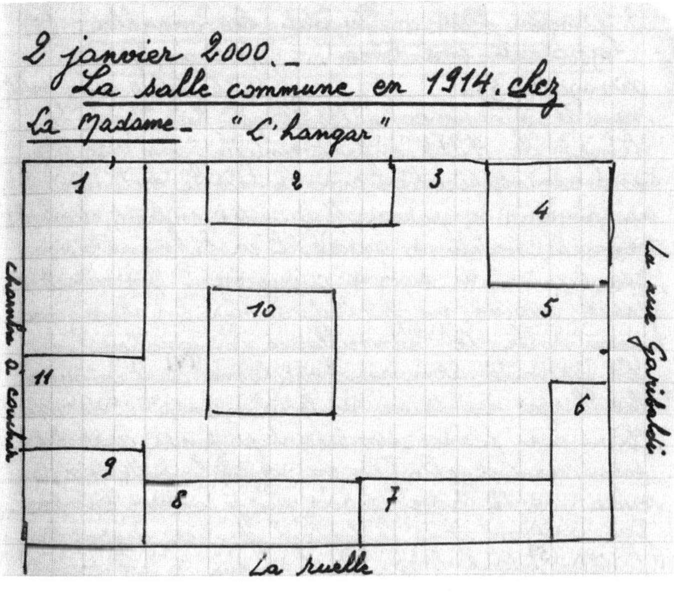

Die große Stube der Madame, 1914

2. Januar 2000
Die große Stube der Madame, 1914

1. Das große Büfett, Stolz des Hauses. Die Etagere mit Kaffeebechern und bebilderten Tellern, auf denen unter anderem die Fabeln von La Fontaine dargestellt sind.

2. Das Himmelbett von Jules und Solange Debanne (der Madame) mit üppigen roten Vorhängen aus einem schweren Stoff.

3. Die Tür zur Scheune, über der ein Porträt des Generals Boulanger mit dem blonden Bart hängt.

4. Der große Wäscheschrank, typisch für das Berry, geräumig und geheimnisvoll, mit geschnitzten Flügeltüren. Welche Schätze barg er in seinen dunklen Tiefen? Das kleine Holzkästchen mit den Dominosteinen wurde daraus hervorgeholt, das ich bis heute aufbewahrt habe.

5. Das fast immer geschlossene Fenster, vor dem ein Korbsessel stand, in den ich mich setzte und die Avenue de la Caserne hinunterblickte, wo die Fahnenjunker »Das Elsass kriegt ihr nicht und auch nicht Lothringen!« und all die anderen Kriegslieder von 1914 sangen, von denen ich die Noten aufgehoben habe. Auf den Böschungen sah man manchmal deutsche Kriegsgefangene mit grüngrauen Kappen die Erde hacken, beaufsichtigt von gutmütigen Soldaten, die sich auf ihr Gewehr stützten. Ich hatte dort Senegalesen gesehen, Russen in Bauernkitteln und Amerikaner mit großen Cowboyhüten, die von uns am meisten bewundert, geliebt und hofiert wurden – unsere Retter. Jung, schön, sorglos, anmutig und großzügig, verkörperten sie die Siegesgewissheit. (Aus der Tiefe meines Gedächtnisses steigt das Bild der 1914 in den Krieg ziehenden Soldaten auf, Sträußchen am

Gewehr, rotes Käppi, rote Hose, die Kapelle unter der Leitung meines Vaters vorneweg.)

6. Der schwarze Wandschrank war der unerfreuliche Teil der Stube. Die Madame holte das schmutzige Geschirr daraus hervor und spülte es kniend auf dem Fußboden. Einen Spülstein hatten wir nicht und auch kein fließendes Wasser. Wie hat man sich beholfen? Mit Schüsseln? In jenem Schrank war auch die aufs Einfachste ausgestattete »Hausapotheke« untergebracht, von der ich nur das *Aqua sedativa* kannte, von mir »selativa« genannt. Wenn ich klagte, »meine« Kopfschmerzen zu haben, befeuchtete die Madame ein Handtuch mit dem Kampferwasser und legte es mir auf die Stirn. Ich war von der Wirkung des Mittels felsenfest überzeugt, und es ging mir sogleich besser.

7. Der mächtige Kamin, in dem ein Holzfeuer brannte, war das Herzstück des Hauses, und dort saß ich am liebsten mit Cadet. Die Flammen faszinierten mich. Was für eine Freude, im Feuer herumzustochern, bis die Funken sprühten! Daneben standen der Gasherd und der Küchenherd, der mit Holz und Kohle befeuert wurde. (8)

9. Der Backtrog: Wenn man den Deckel hob, konnte man Brot, Marmelade, Honig und Rillettes daraus hervorholen.

10. Der Tisch, über dem eine Petroleumlampe hing.

11. Die Tür zu der Kammer, in der Cadet und ich schliefen.

3. Januar 2000
Was 1914 bei der Madame an den Wänden hing

Kein Christus, keine Jungfrau Maria, nichts Religiöses. Man kümmerte sich nicht um die Religion, redete auch nicht darüber. Niemand besuchte die Messe, und so hielten es alle im Viertel. Nur die Bürger der Oberstadt waren praktizierende Christen. Außer der besagten Lithografie zu Ehren des Generals Boulanger waren da nur noch der Postkalender und ein Abreißkalender mit Stichen und Bildunterschriften aus dem *Almanach Vermot*:

»Ein Stabsarzt geht durch ein Militärhospital.
– Woran ist dieser Mann gestorben?
– An galoppierender Schwindsucht.
– Schöner Tod für einen Kavalleristen!«

In der angrenzenden Kammer hingen zwei Stiche von ländlichen Hochzeiten der Region mit Drehleiern und Sackpfeifen, die »Hochzeiter« in Tracht. An der hinteren Wand hing ein großer Farbdruck, auf dem Jeanne d'Arcs Einzug in Orléans dargestellt war. Jeanne im Kürass zu Pferde, die Befreiten auf Knien, ihr die Füße küssend. Dieses großartige Bild beeindruckte mich sehr.

Die Kammer hatte einen Kamin, in dem ich nie ein Feuer gesehen habe, darauf lag unter einer Glasglocke Madames Brautkranz aus Orangenblüten. Solange Debanne hatte 1878 geheiratet. Rechts und links von diesem Erinnerungsstück standen zwei vergoldete Vasen. Obwohl die Kammer kalt und feucht war, mochte ich sie, vor allem wenn ich dort mit Jules mein Mittagsschläfchen hielt und draußen eine brütende Augusthitze herrschte.

5. Januar 2000
Der Arzt und der Computer

Unser guter Doktor Patrice Richard hat sich einen Rechner gekauft. Er schreibt mit einem Finger, sucht jeden Buchstaben einzeln. Es dauert endlos. Wir verbringen drei Stunden bei ihm. Der Doktor klimpert ewig auf seiner Tastatur herum und widmet Mamies Untersuchung nur wenige Minuten. Am Ende kommt eine tadellos gedruckte Verordnung dabei heraus: Amlor, Moduretic, Diamicron, Etioven, Corbionax, Smecta, Diantalvic …

Bei mir verzichtet er auf die Prozedur und beschränkt sich auf die Feststellung, dass mein Blutdruck 120 zu 80 sei, untersucht mich zügig und verschreibt mir wie seit über fünfzehn Jahren Pulmicort Turbohaler und Ventoline, handschriftlich, nach der althergebrachten Methode …

In der Nacht habe ich geträumt: Ich soll eine heruntergekommene Schule leiten. Es herrscht allgemeines Desinteresse. Ich habe nur einen stumpfen Stift und einen Fetzen Papier. Immer wieder habe ich solche Träume, in denen ich ohnmächtig vor meiner Aufgabe stehe.

6. Januar 2000
Mamie kommt ins Krankenhaus

Unsere Tochter Catherine besucht uns wie so oft. Mamie ist sehr matt. Wir können nicht länger allein in der

Wohnung bleiben. Catherine und ich gehen zum Seniorenwohnheim Résidence Saint-Claude, in dem alte Menschen vorübergehend aufgenommen werden. Sie haben ab dem 10. oder 12. Januar Plätze für uns, zu einem Preis von 271,40 Francs pro Tag und Person, also für 16 284 Francs im Monat für uns beide. Wir essen in der Coupole zu Mittag. Bei unserer Heimkehr treffen wir eine völlig erschöpfte Mamie an. Wir rufen Doktor Richard, der sie sofort ins Krankenhaus einweist.

Er spricht von Herzinfarkt. Seit geraumer Zeit wird Mamie immer dünner, sie ist nur noch Haut und Knochen. Es ist 17 Uhr, ich bin allein und warte, bin sehr besorgt um die Frau, die seit siebenundsechzig Jahren bei mir ist.

7. Januar 2000
Armseliges Leben?

Catherine und ich gehen zum Kaffee zu einem einstigen Schüler von Mamie und mir, Marcel Tranchant, der inzwischen neunundsiebzig ist. Er war elf, als wir unsere Stellen in Contigné antraten, und wohnte bei seiner Großmutter Denis, unserer Nachbarin. Nach Verlassen der Schule wurde er *bicard* bei den Eheleuten Henri Rondeau. Dieser Henri war Viehhändler, ein neureicher Bauer, der sich der Art von Ansehen erfreute, die mit Vermögen einhergeht. Er war der ständige Stellvertreter des Bürgermeisters. Die Rondeaus taten auf diese Weise ein gutes Werk und machten gute Geschäfte.

Ein *bicard* war ein Kind, häufig aus ärmlichen Verhältnissen, das sich um die Kühe und den Garten kümmern musste und zusätzlich noch allerlei andere kleine Aufgaben hatte. Dafür bekam es etwas Geld und sein Essen. Marcel erwies sich als begabter Koch, man holte ihn zu Hochzeiten und Festessen, er wurde Koch im Hôtel de la Sarthe in Châteauneuf und dann im Altersheim, wo ihn die alten Damen hoch schätzten.

Er ist Junggeselle geblieben und verbringt seinen Lebensabend in einem Haus, das mir düster und feucht vorkommt, das er aber selbst renoviert hat und auf das er recht stolz ist. Es ist mit altem Zeug vollgestellt, unter anderem besitzt er eine Sammlung Kaffeelöffel, die er allen seinen Besuchern zeigt. Sein Bruder hat einmal versucht, ihn zu verheiraten. Am Abend vor der Hochzeit ist Marcel jedoch durchgebrannt. Seine große Leidenschaft gilt seinen Vögeln, die er in einer Voliere hält. Unser Rabe pflegte ihn zu besuchen – nur ihn allein –, er ließ sich von niemandem sonst anfassen.

8. Januar 2000
Ich halte deine Hand in meiner

Wir waren jung verheiratet und verbrachten die Ferien in Saint-Gingolph am Genfer See.

Ein Auto hatten wir nicht, wir gingen zu Fuß oder fuhren mit gemieteten Fahrrädern, die aus irgendwelchen Zollgründen verplombt waren. Man schrie dem gutmütigen Zöllner beim Vorbeiradeln zu: »Verplombt!« Geneviève nannte sich Kiki, Minet oder Minouche. Charles Trenet sang: »J'ai ta main dans ma main, je joue avec tes doigts«, und auch wir hielten Händchen und spielten mit unseren Fingern. Das Ganze muss siebzig Jahre zurückliegen. Bei Trenets siebenundachtzigstem Geburtstag hielten Geneviève und ich noch immer Händchen.

Einmal habe ich daran gedacht, mich scheiden zu lassen. Eine leidenschaftliche Liebe war schuld daran. Ich bin einer Katastrophe und den unweigerlichen Gewissensbissen entgangen, und nun verbringe ich zu guter Letzt an Mamies Seite einen friedlichen Lebensabend.

10. Januar 2000
Das Wohlergehen der anderen

Samstag, 8. Januar. Heute Morgen mit Jean und Catherine Besuch bei Mamie. Freudige Überraschung. Mamie, die gestern, als wir sie verließen, im Sterben zu liegen schien, kommt uns wie neugeboren vor. Sie redet munter und ist ausgezeichneter Stimmung.

11. Januar 2000
Mamie macht sich Sorgen um mich

Sonntag, 9. Januar. Heute machte Mamie einen weniger guten Eindruck als gestern. Es scheint festzustehen, dass es mit unserem Leben in der eigenen Wohnung ein Ende hat. Ein Berg Probleme türmt sich auf. Das Ganze verdrießt mich sehr. Wenn wir jetzt in die Résidence Saint-Claude gingen, wäre Mamie ein Pflegefall und ich wäre endgültig im Altersheim gelandet. Zum Glück stehen mir meine beiden Kinder zur Seite. Die Erbschaftsfragen machen mir ebenfalls Sorgen oder vielmehr die Frage, wie es um Schenkungen vor dem Erbfall steht. Das Wesentliche bleibt jedoch Mamies Gesundheit. Ich finde es rührend, wie sie sich vor allem Gedanken um mich macht, sich mehr um mich als um sich selbst sorgt. Ich empfinde sehr viel für diese Frau, die mich ganz für sich einnehmen wollte, mit der das Leben nicht einfach war und die mich dennoch auf ihre Weise liebte. In den kommenden Tagen wird sich unser Leben sehr verändern, viele Sorgen werden auf uns zukommen.

16. Januar, 2000
Wie wird das alles enden?

Heute Abend bin ich sehr traurig. Mamie schien noch schwächer geworden zu sein. Zum ersten Mal hat sie gefragt: »Wie wird das alles enden?« Ich spüre große Zärtlichkeit für meine alte Lebensgefährtin. Ich würde sie gern in den Arm nehmen und küssen. Das Gitter ihres Bettes, die vielen Geräte um sie herum, das alles hemmt Gefühlsregungen. Ihre Gedanken kreisen weiterhin vor allem um mich und ihre Stecklinge.

Letztlich ist sie aufrichtiger als viele Frauen. Sie war nie in der Lage zu lügen, mich zu hintergehen, zu intrigieren. In diesem Krankenhausbett liegt eine andere Frau, eine neue Mamie, ein hilfloses Wesen ohne Einfluss auf die Zukunft. So viele gemeinsam verbrachte, manchmal schwierige Jahre. Die ganzen Streitereien sind ausgelöscht, nur zärtliche Bilder sind geblieben.

Auf die Freiheit, nach der ich mich so sehr gesehnt habe, verspüre ich nun eigentlich keine Lust mehr. Wie sehr wünsche ich mir, dass Mamie da wäre, hier bei mir auf dem Sofa, und wir Hand in Hand fernsehen würden. Ja, wie wird das alles enden? Bis jetzt schien uns der Tod, der alle unsere Gefährten mitgenommen hat, vergessen zu haben. Wenn sie nur nicht bettlägerig wird wie die vielen Alten, die wir besucht haben. Ich dachte, sie würde der Gebrechlichkeit entgehen ... Heute Abend möchte ich am liebsten weinen.

Mittwoch, 19. Januar. Mamies Zustand ist unverändert. Manchmal denkt sie an die Rückkehr nach Hause. Ich glaube nicht mehr daran. Sie ist am Ende ihrer Kräfte. Wir haben sie einige Minuten am Morgen gesehen, dann wieder am Nachmittag. Wenn wir aufbrechen, beschleicht mich immer das unangenehme Gefühl, sie im Stich zu lassen.

20. Januar 2000
Es ist mir unangenehm, dass es mir gut geht

Mamie liegt in ihrem Krankenbett, in einem Einzelzimmer, und ihr werden alle Erleichterungen zuteil, die der medizinische Fortschritt ermöglicht. Dennoch möchte ich nicht an ihrer Stelle sein. Es ist mir unangenehm, dass ich gesund bin, während sie in diesem Bett liegt und sich nicht rühren kann. Anders als damals Pierre scheint sie keine Schmerzen zu haben, aber wegen ihrer ständigen Sorgen kommt sie nicht zur Ruhe.

21. Januar 2000
Ist es das Ende …?

Mamie wird das Krankenhaus nicht mehr verlassen und wieder mit mir leben können. Vielleicht hält sie noch einige Tage durch, aber sie ist so schwach, dass alle Hoffnung auf ein weiteres gemeinsames Leben schwindet.

Die Versandkataloge von *Damart, Bakker, La Vitrine magique, La Blanche Porte,* an denen ihr Herz so sehr hing, sind eingetroffen. Ich denke nicht mehr an den Ärger, den ihre Bestellungen uns einbrachten. Arme Mamie. Wir werden keinen Krach mehr wegen dieser Käufe haben. Bei dem Gedanken, dass nun alles vorbei ist, muss ich weinen.

Warum überwältigt mich der Kummer derartig? Ich wollte diese Frau verlassen und habe sie ständig betrogen. Sie jedoch hat nur mich geliebt, ohne mich hätte sie nicht leben können. Sie hat mich behandelt, als gehörte ich ihr, war schwierig und eifersüchtig, aber all das habe ich vergessen und sehe nur noch meine alte, hilflose Frau.

22. Januar 2000
»Man hat mich umgebracht«

Catherine hat die Nacht im Krankenhaus verbracht. Ich bewundere die Hingabe meiner Tochter. Sie lässt Mamie keine Minute allein und sorgt dafür, dass sie so wenig wie möglich leidet. Jean ist heute Nacht eingetroffen, gegen drei Uhr. Mamie hat sich gefreut, ihre beiden Kinder bei sich zu haben. Heute Morgen bekam sie keine Luft mehr. Auf Catherines Bitte hin hat man ihr Morphium gegeben. Nun schläft sie. Pierre hatte zu mir gesagt: »Ich werde sterben«, Mamie hingegen scheint an diese Möglichkeit nicht zu denken. Dennoch hat sie zu mir gesagt: »Man hat mich abgemurkst.«

23. Januar 2000
Mamie ist tot

Heute Morgen um sechs Uhr ist Mamie gestorben, so, wie sie es sich gewünscht hat – sie ist eingeschlafen. Siebzig Jahre lang haben wir, manchmal sehr beschwerlich, zusammengelebt, und ich empfinde großen Kummer bei dem Gedanken, dass ich sie nicht wiedersehen werde. Ich frage mich, ob ich schon jemals so unglücklich gewesen bin.

Ich habe versucht zu schlafen, aber es geht nicht. Nur das Schreiben ist mir ein Trost. Die vielen Dinge, die es für ihre Beerdigung zu erledigen gilt, halten mich auf Trab. Anrufe bei denjenigen, die sie liebte oder die ich kenne, ohne es ihr gestanden zu haben. Mir wird klar, wie sehr ich ihr verbunden war. Sie war zu meiner Mutter geworden, in meinen Träumen wie in der Wirklichkeit.

Zum ersten Mal in siebzig Jahren kann ich ungehindert schreiben. Ich sollte froh darüber sein, aber fast will mir scheinen, als würde mir das spöttische Lächeln fehlen, mit dem sie mich bedachte, wenn sie mich schreiben sah.

Ich habe die Frauen angerufen, in die ich verliebt war, die ich begehrt habe oder die mir ihre Liebe gestanden haben: Hélène, meine große Liebe, die einzig wahre meines Lebens; Mado, die mir am nächsten steht, die ich am sinnlichsten liebe; Lili, die intelligenteste, die Frau, mit der ich vernünftig hätte zusammenleben können; Louise, die mir aus heiterem Himmel ihre Liebe gestand.

24. Januar 2000
»Ich liebe dich, Mamie!«

Wenige Stunden vor ihrem Tod konnte ich es ihr noch sagen. »Ich liebe dich auch«, hat sie mir geantwortet. Bei Mamie war es nicht leicht, seine Gefühle zum Ausdruck zu bringen. Über die Liebesszenen im Kino machte sie sich immer lustig. »Ach, die große Liebe, die große Liebe!«, rief sie scherzend. Ohne Zweifel dachte sie dabei an meine große Liebe zu Hélène, unter der sie von 1980 bis 1984 sehr gelitten hatte.

Man brachte Mamie in die Leichenhalle des Krankenhauses. Ich sehe sie dort, friedlich, mit einem neuen Gesicht. Ich werde von Schluchzern geschüttelt, ich kann mich nicht beherrschen. »Mamie! Liebe Mamie!« Wenn sie mich doch nur hören könnte! Ich küsse sie, ihre Stirn ist eiskalt, ihre Hände ebenfalls. Ob sie nun das Geheimnis des Seins kennt?

25. Januar 2000
Mamies Einäscherung

Der Tag wird schwer werden. In der Leichenhalle ein letzter Abschied von Mamie am offenen Sarg. Ich bleibe allein mit ihr. Man schluchzt nicht vor den Leuten. Über

Mittag lässt man mich ebenfalls allein. Es ist mir lieber so.

Die Einäscherung in Montreuil-Juigné. Wie schon Pierre im November 1990. Leute, die zufällig von Mamies Tod erfahren haben, scheinen sehr betroffen zu sein. Mamie ruht in einem bewusst schlichten Sarg. Musikstücke, die sie sich gewünscht hat. *Hymne an die Freude*, »Mit der Zeit vergeht ..., vergeht alles ...« Jeder der Anwesenden legt eine Blume an den Sarg. Man bringt ihn zur Einäscherung. Mamie verschwindet im Ofen. Wir warten, bis ihre Asche abgekühlt ist. Yvette, Andrée, liebe Leute aus Beauvau, Robert und seine Frau, Marcel ...

Es ist sonnig, aber kalt. Wir folgen dem Mann, der Mamies Asche in einer Art Metallzylinder trägt. Er verstreut sie unter Pierres Baum auf einem vorbereiteten Stückchen Erde. Adieu, Mamie! Du wirst nicht in einer Kiste auf dem Grund einer schlammigen Grube verfaulen. Du bleibst an der Luft, bei deinem Sohn. Der Abendwind wirbelt etwas Asche auf, der Wind, die Luft, nein, die Finsternis.

26. Januar 2000

»Mamie ist so gestorben, wie sie es sich gewünscht hat ...«

Das sagt mir meine Vernunft, aber wie in der Liebe kann auch hier die Vernunft gegen Gefühle nichts ausrichten. Was ich mir mühelos verziehen habe, solange Mamie noch lebte und mir mitunter auf die Nerven ging, verursacht mir jetzt, da sie nicht mehr ist, Gewissensbisse. Ich muss an die Zeit meiner leidenschaftlichen Liebe zu Hélène denken, als ich Mamie sehr verletzt habe, an die dramatischen Abschiede, wenn ich mich von ihr losgerissen habe. »Du gehörst nicht zu mir!«, habe ich geschrien. Ich bin in die Nacht geflüchtet, zum Bahnhof. Ich habe mich befreit gefühlt, glücklich, und wusste nichts von den Ängsten meiner Frau. Ich habe hier mein Notizbuch aus dem Jahre 1981 liegen, in das sie an den Tagen, wo ich das Weite gesucht hatte, rote Fragezeichen gemalt hat. Sie wusste nicht, wohin und mit wem, bis ich eines Tages auf die dumme Idee kam, sie mit Hélène bekannt zu machen.

Heute begreife ich, wie viel sie durchgemacht hat. Sie hat mich dafür bezahlen lassen. Einige Tage vor ihrem Tod hat sie mich gezwungen, die Seite eines Heftes herauszureißen, auf der ich mich meiner Junggesellenfreiheit in Marcé brüste.

27. Januar 2000

Die so heiß ersehnte Freiheit, die nichts als Traurigkeit bringt

Da bin ich nun also frei! Zum ersten Mal seit 1932 kann ich tun und lassen, was ich will, niemand bevormundet mich. Ich sollte glücklich und zufrieden sein. Die Freiheit, die ich durch den Tod meiner alten Gefährtin erlangt habe, ihr »normaler«, von mir zu keiner Zeit herbeigesehnter Tod sollte mir eigentlich eine gewisse Erleichterung bringen. Aber ich fühle nur Traurigkeit. Ich brauche nichts mehr zu verbergen, ich kann sagen und schreiben, was ich will. Ich muss mich nicht mehr an die strengen Regeln des Zusammenlebens halten, an auferlegte Gewohnheiten. Selbst meine Geliebte kann ich besuchen, ohne mir Gedanken um die Zeit meiner Heimkehr machen zu müssen. Sogar in dieses Heft kann ich meinen Besuch notieren. Und dabei geht es mir schlechter als zu den Zeiten der Heimlichtuerei.

14 Uhr: Ich bin mit Catherine in das Sozialzentrum Bellefontaine zum Essen gegangen. Ich hatte mich für stärker gehalten. Ich habe das Gefühl, als würde Mamie mich rufen.

Catherine geht um 16 Uhr. Ich bin allein. So will ich versuchen zu leben: anständig und vernünftig. Mit Mado kann ich nicht zusammenwohnen, und sie versteht es.

28. Januar 2000
Dem ist Mamie entgangen

»Jeder wünscht sich, so zu sterben wie Mamie«, sagt man mir. Die nicht enden wollenden Nächte im Krankenhaus, die körperlichen Demütigungen verursacht durch Ausscheidungen, Schweiß, Urin, Kot – alles, was die Hilflosen über sich ergehen lassen müssen, all das ist ihr erspart geblieben. Mamie hat einen »schönen Tod« gehabt, nach einem »schönen Alter«, könnte man sagen.

Seit einigen Jahren verband uns nur noch Zuneigung, ich lebte mit ihr wie ein Sohn mit seiner Mutter. Aber ich hatte Geliebte. Der weibliche Körper hat mich immer erregt. Es ist vorgekommen, dass ich ihn nur besitzen wollte. War mein Verlangen befriedigt, bin ich geflohen ... Wahre Leidenschaft und wahre Liebe habe ich nur mit Hélène erlebt.

Den heutigen Morgen habe ich bei Mado, meiner zweiundachtzigjährigen Geliebten, verbracht. Wir haben eine sehr gute sexuelle Beziehung, viel besser als in jungen Jahren. Als wir uns 1946 kennenlernten, war sie achtundzwanzig und ich sechsunddreißig. Mamie habe ich dabei nicht hintergangen, für sie empfand ich eine andere Art von Liebe. Mache ich es mir zu einfach? Spreche ich mich zu leicht frei?

Mittags habe ich allein im Seniorenzentrum Bellefontaine gegessen. Annehmbare Mahlzeit, ich muss mich nur von den ganzen Alten fernhalten!

Ich finde den folgenden Artikel des *Courrier de l'Ouest* über Mamie:

»Am 1. Oktober 1929 kommt sie nach Beauvau, wo sie ihren zukünftigen Mann kennenlernt, M. Mathiot, Lehrer in Marcé, mit dem sie 66 Jahre verheiratet bleiben wird. ›Die Bevölkerung hat mich sehr freundlich aufgenommen‹, erzählt Madame Mathiot, ›der Bäckergeselle hat mir im Ofen angewärmte Holzscheite gegeben, damit ich mein eiskaltes Bett vorwärmen konnte. Am Tag vor Weihnachten lud man mich zum Essen ein. Weil man meinen polnischen Namen nicht aussprechen konnte, nannte man mich Kiki.‹«

29. Januar 2000

Versuch, dem Alleinsein Schach zu bieten

»Schriftsteller sind Rufer in der Wüste«, heißt es bei Françoise Sagan. Ich zähle mich zwar nicht zu den Schriftstellern, aber schreiben muss ich, es verschafft mir Erleichterung, ist so etwas wie eine harmlose Droge, für die meisten Menschen nicht nachvollziehbar, vielleicht sogar zu belächeln. Ich will nicht, dass es zum Zwang wird, ich verbessere nicht, denn ich muss ja keinen »Aufsatz« abliefern. Ich schreibe, was mir in den Sinn kommt, als würde ich mich mit jemandem unterhalten, aber ich schreibe langsam, es macht mir Freude, die Buchstaben zu malen. Françoise Sagans Beschreibung finde ich treffend. »Versuch, dem Alleinsein Schach zu bieten«, genau das ist es. Auch ich rufe in die Wüste, in eine noch trockenere Wüste als die von Françoise Sagan. Niemand wird je lesen, was ich in diesem Augenblick schreibe, und doch fahre ich fort, eitel meine Entrüstung und meine Überzeugungen zu notieren.

1. Februar 2000
Lebensüberdruss

Nie hätte ich geglaubt, dass ich eines Tages vom Leben genug haben könnte. Ich fühle mich ermattet, habe erste Schwierigkeiten beim Lesen und Schreiben. Mein Interesse am Fernsehen ist erloschen, auch das am Radio. Und dennoch bin ich ein Glückspilz, denn ich bin nicht bettlägerig, leide nicht an demütigenden Behinderungen, bin nicht krank.

Zeichen des Alters
- An Geburtstagen wird man mit Blumen übersät wie ein Grab.
- Man ist als alter Mensch von Alten umgeben.
- Man verlässt sich nicht mehr auf sein Gedächtnis.
- Die ersten Todesfälle des eigenen Jahrgangs.

– Man ist logischerweise der nächste.
– Man misst die Lebenserwartung an den anderen.
– Finstere Sterbeanstalten, wenngleich mit allem Luxus.
– Man ist nicht immer alt gewesen.
– Ungleichheit im Alter.
– Die Generation des Internets, der Informatik.
– Grauen vor Seniorenfesten.
– Freiheit des Ruhestandes.
– Man macht sich so weit wie möglich nützlich.
– Man sucht nach Zuneigung.
– Jung bleiben: Hut, Anzug.
– Haus auf dem Land.
– Alte Paare.

2. Februar 2000

Lichtmess 1919

Jedes Jahr führt mich der 2. Februar wie ein kindliches Ritual zur Lichtmessfeier von 1919 zurück, zu den Strohfackeln und dem grünen Paradies meiner kindlichen Liebe.

1919 nehme ich Abschied von der Kindheit, dem Zustand der völligen Naivität und der wohltuenden Unkenntnis der schmerzlichen Wirklichkeit.

Ich entdecke die Süße der Liebe, ein unbekanntes, unerklärliches, wunschloses Glücksgefühl.

Ich verlasse die Schule in der Rue des Bons-Enfants und lerne die rauen Sitten des Faubourg Saint-Michel kennen. Ich ziehe von dem großen schönen Haus der Rue Garibaldi in die winzige möblierte Wohnung der

Route de Paris 56, weit entfernt von der liebevollen Wärme der Nachbarn in Issoudun.

Doch achtzig Jahre nach jenem Lichtmesstag von 1919 glimmen für mich noch immer die Feuer der Avenue de la Caserne und lodern immer wieder von Neuem auf. Sie hindern mich daran, erwachsen zu werden, denn selbst mit achtundachtzig Jahren hänge ich noch an meiner Kindheit und kann nicht glauben, dass sie für immer verschwunden sein soll.

4. Februar 2000
Die Untätigkeit des Ruhestandes wächst mir über den Kopf

Nun bin ich also allein, verlasse kaum mehr meine Wohnung. Ich sollte mich eigentlich langweilen. Stattdessen behalte ich ständig die Uhr im Auge, nicht, weil mir die Zeit lang wird, sondern um von einer Tätigkeit zur anderen zu springen, voll Bedauern, dass ich nicht zwei Dinge auf einmal tun kann. Fernsehen, Radiohören, Lesen, Schreiben, Plattenhören. Zeitungen, Zeitschriften und Bücher stapeln sich … Ich eile hinter der Zeit her, finde es schade, dass ich nicht alles in mich aufnehmen kann! Und die Kreuzworträtsel! Rasch, rasch, sonst verpasse ich die Sendungen *La chance aux chansons, Questions pour un champion!* Dabei empfange ich nur zwanzig Kanäle, ich könnte noch weitere haben, Sendungen aufzeichnen und ins Kino gehen!

Wie kann ich die vielen Freizeitangebote nutzen? Und ich muss ja auch noch mit Mado schlafen, mich bei Hélène und anderen Damen melden, die Anrufe von mir erwarten. Wo sind die Zeiten hin, als ich Lehrer und Gemeindeschreiber war, einer Menge Vereine angehörte und dennoch Freizeit hatte?

8. Februar 2000
Mamie gehorchen

Nun, da Mamie nicht mehr ist, denke ich immer daran, mir gründlich die Schuhe auf der Fußmatte im Eingang abzutreten. Ich gehorche ihr mehr als früher. Ich bemühe mich, die Wohnung in einem Zustand zu halten, wie sie ihn immer gewollt hatte.

Mein ganzes Leben habe ich sie hintergangen, eheliche Treue hat mir nie etwas bedeutet. Ich habe mich dafür gerächt, dass ich meine Freiheit der Ehe geopfert hatte. Schließlich war ich nicht das Eigentum meiner Frau. Von Kindheit an hatte ich das Gefühl, den anderen körperlich unterlegen zu sein. Eine Frau zu erobern befriedigte meine Eitelkeit. Wenn ich spürte, dass eine Frau mir wohlgesonnen war, konnte ich nicht widerstehen. Ich ging ohne Gewissensbisse zu meiner Geliebten.

Heute, da Mamie nicht mehr lebt, fühle ich mich nicht wohl in meiner Haut. Ich wünsche mir, dass es diese Geliebte nicht gäbe. Dann würde ich enthaltsam leben und hätte keine sexuellen Bedürfnisse. Aber ich werde nie den Mut aufbringen, mit Mado zu brechen. Wenn ich sie besuche, zeigt sie mir ihr Verlangen auf eine Weise, dass ich nicht widerstehen kann. Beim Anblick ihrer wunderschönen Augen, ihrer Brüste, welche die einer jungen Frau sein könnten, muss ich ihr einfach »zu Diensten«

sein. Ich empfinde heftige Lust, aber auch eine Traurigkeit nach dem Akt, die mir unbekannt war, als Mamie noch lebte.

12. Februar 2000
Bestürzung

Die Freiheit, nach der ich mich immer dann verzehrte, wenn mir Mamie zu sehr zur Last wurde, bringt nicht die Erleichterung, die ich erhofft hatte. Ich fülle meine Einsamkeit mit Menschen, aber die Zeiten mit meinen alten Freunden kann ich nicht zurückholen, sie sind alle gegangen. Mit wem soll ich Erinnerungen austauschen? Mich rufen nur Frauen an. Ich sollte geschmeichelt sein, aber es interessiert mich nicht mehr. Ich kann es kaum erwarten, dass sie das Telefonat beenden.

Doch gerade eben ein unerwarteter Hauch von Glück: Hélène hat mich angerufen und sich lange liebevoll mit mir unterhalten, mich an den Winter 1939/1940 erinnert, als wir nicht an Krieg glauben wollten; an die Bank auf der schneebedeckten Place Brouette, wo ich sie in meinem Umhang gewärmt, bei Mondenschein geküsst habe! ... Wir erlebten einen Traum à la Verlaine, weit ab von den lästigen Pflichten, die uns auferlegt waren, unschuldig und arglos, hatten »der Liebe Siege und das leichte Sein« gefunden.

Die Anrufe Mados, die doch ein gutes Mädchen ist und so in mich verliebt, lösen keine Gefühle bei mir aus. Nur Hélène verwirrt mich noch immer wie zu Zeiten des Gare de l'Est, als wir trunken vor Glück waren, »die Kinder, die sich lieben«. Und ich hätte beinahe Lili vergessen, die anders ist, aber so angenehm und meinen Ideen nähersteht als alle anderen.

15. Februar 2000
Der Alkoholismus in Contigné

Die Dreißigerjahre werden von denen, die den »Werten« der Vergangenheit nachtrauern, als eine idyllische Epoche dargestellt. Das Landvolk hätte brav vor sich hin gelebt und nichts von Drogen und Kriminalität gewusst. Ich jedoch verkehrte in jener ländlichen Welt und erinnere mich an den weitverbreiteten, stets auf die leichte Schulter genommenen Alkoholismus und seine Folgen. Auf allen Höfen nahm man reichlich Cidre und algerischen Rotwein (den Sénéclauze) zu sich, und zwar bis zu mehreren Litern täglich. Bei allen Besuchen wurde Schnaps gereicht. Den Kaffee trank man in drei Farben: Man goss die Tasse halb voll mit Kaffee und füllte sie dann bis zum Rand mit Schnaps auf. Nachdem die Hälfte getrunken war, schenkte man noch einmal Schnaps nach. Manche Bauern waren den ganzen Tag lang halb betrunken. Das war ihr normaler Zustand. Die Kinder, die von diesen Säufern gezeugt wurden, kamen häufig mit schlimmen Schäden zur Welt. Dass man auch Wasser trinken konnte, war für die Landbevölkerung unvorstellbar. Als die Schulkantinen eingeführt wurden, brachten die Eltern Cidre vorbei, weil sie die Vorstellung nicht ertragen konnten, dass ihre Sprösslinge Wasser tranken.

Telefon: Lili in La Frénaye. Intelligente, warmherzige Stimme. Welch ein Vergnügen, sie zu hören! Lili, Hélène, Mado rufen mich an.

16. Februar 2000
Werde ich Mamie wiederfinden?

Als ich gestern aufstand, ließen mich meine Kräfte im Stich. Die Beine gaben unter mir nach, nichts interessierte mich. Ich kann keine Musik hören. Wenn ich fernsehe, brennen mir die Augen. Ich habe mich zum Sozialzentrum Bellefontaine geschleppt. Die Mahlzeit nahm kein Ende, das Essen schmeckte fad. Ich hatte keine Lust auf Kontakt mit den Alten. Ich bin wieder nach Hause gegangen und wollte nur noch schlafen und nicht mehr aufwachen. Wie Mamie. Anruf: Maître Gautier, der Notar, schlägt ein Treffen vor. Er muss sich beeilen, wie lange mache ich es noch?

17. Februar 2000
Die guten alten Zeiten und was daran wahr ist

Wenn alte Leute von den guten alten Zeiten anfangen, bin ich sehr auf der Hut. Etwas scheint mir jedoch wahr zu sein: Es gibt keine Originale mehr. Die Menschen werden einander immer ähnlicher. In Issoudun trugen alle Käuze des Viertels Les Alouettes einen Namen, der ihre Besonderheit unterstrich. Da gab es die Marie-Cul-Roussi, die Fesse d'Hareng, die Trempiche, die Cadi-la-Biaude, den Père Pouic, die Mère Saintonge und noch viele andere, die in Vergessenheit geraten sind. Noch 1919 waren in Angers kleine Straßenhändler anzutreffen: der P'tit Pépère la Bourrique, der Gemüse verkaufte, die Milchfrau, die Milch brachte, die Zeitungshändler, Straßensänger mit ihren Leierkästen, der

Schnürsenkelhändler, der Losverkäufer der Nationallotterie. Also letztlich kleine Leute ohne Geld. Sie gehörten einer versunkenen Welt an, in der auf den Straßen noch ein munteres Leben herrschte, das heute vom Auto vertrieben ist. 1925 konnten mein Freund Hamard und ich von der Avenue Pasteur bis zur École Chevrollier gehen und uns dabei auf der ganzen Strecke ungestört ein kleines Holzstück zukicken.

Auch in Contigné traf man pittoreske Gestalten an, von der Mère Tape-Dur bis zum Père Tambour, Hexen und Chorknaben mit der heiligen Hostie, den Père Derouet, der den gekreuzigten Jesus auffordert: »Komm, steig runter! Trink ein Glas mit uns!«, und die Wilderer mit ihrem Hund Ravachol.

11. April 1933

Heute kam ein Taubstummer auf das Bürgermeisteramt, ein Steinklopfer auf Wanderschaft. Der kauzige Mann mit dem schelmischen Blick und dem zerzausten Bart war sympathisch. Wir überlisten seine Behinderung und verständigen uns mithilfe einer Schiefertafel. Erstaunt stellen wir fest, dass er sich eine recht umfangreiche Bildung angeeignet hat. Zufrieden, dass er sich auf diese Weise mit uns unterhalten kann, stößt er seltsame kleine Schreie aus und spricht von Dingen, die ihm am Herzen liegen, den Steinbrüchen und Steinbrechern.

29. April 1933

Heute Morgen klopfte ein Landstreicher bei uns an, hat sich aufgewärmt, etwas gegessen und einen Schluck Cidre getrunken. Die Bonne Minouche führt nämlich ein gastfreundliches Haus.

Die Straße nach Soeurdres wird von vielen alten Tippelbrüdern benutzt, den spottlustigen Korbmacher kenne ich bereits. Die struppigen Vagabunden, geschwätzige Vertreter einer heiteren Weltanschauung, sind mir nicht unsympathisch. Sie sind unterwegs, ohne genau zu wissen, wohin. Über der Schulter tragen sie ein Bündel mit ihren Habseligkeiten, an dem ein Paar Stiefel baumeln. Wenn sie sich ausweisen müssen, kramen sie in einem Wust kurioser Papiere, die sie in einer Art fettigem Heft aufbewahren.

27. Februar 2000
Bis wohin? Bis wann? Und warum? Und wie?

Es war im Juni 1940. Im Lazarett von Angoulême herrschte Erleichterung über den Waffenstillstand. Ärzte und Schwestern waren zwar über die Niederlage zunächst erschüttert, doch dann holte die Lebensfreude sie wieder ein. Mit der reizenden Colette S., einer eleganten, geistreichen Blondine, hatte ich eine unbeschwerte kurze Affäre. Die Ausgangssperre war für lange Liebesnächte wie gemacht. Unter unserem Fenster in der Avenue des Tilleuls marschierte die deutsche Patrouille vorbei und hämmerte mit ihren schweren Stiefeln auf das Pflaster. »Während die Patrouille ihre Runde machte, haben wir uns geliebt, haben wir uns geliebt«, sang Juliette Gréco. Wir scherten uns nicht um die Dummköpfe und versanken »in einen friedlichen Traum, vom Gewicht unserer wehrlosen Körper befreit«.

4. März 2000
Die fête des grands-mères

Morgen ist das Fest der Großmütter. Mamie wird nicht dabei sein. Ich bin bedrückt.

Mado mit ihren zweiundachtzig Jahren ist seit 1946 meine Geliebte. Mehrere Anrufe am Tag.

Hélène, achtundsiebzig Jahre, meine *amour fou*, die einzige, die ich mit einer solchen Inbrunst erlebt habe, ruft mich an oder schreibt mir, zwei oder drei Mal in der Woche.

Louise, heute neunundachtzig, war achtzig, als sie mir nach dem Tode ihres Mannes gestand, dass sie mich liebe. Sie erwartet Anrufe und Briefe von mir, was mich sehr verdrießlich stimmt.

Mit Lili, achtundsiebzig, habe ich viele lange Telefonate geführt, als der arme Georges im Krankenhaus lag. Was für ein Vergnügen, ohne Heimlichtuerei zu reden! Ich war sehr glücklich. 1946 bis 1947 haben wir uns platonisch geliebt, heute Abend noch waren wir vor lauter Liebe gerührt. Zwei oder drei andere Frauen habe ich fallen gelassen. Welch ein kompliziertes Liebesleben mit neunzig Jahren!

5. März 2000
Bezahlter Urlaub im Jahre 1936

Im Fernsehen wurde gezeigt, wie die Leute im Sommer 1936 dank Léon Blum und dem großartigen Léo Lagrange, dem »Minister für Freizeit«, ihren ersten bezahlten Urlaub antreten konnten.

»Freizeit! Wen erstaunt es da noch, dass die arbeitsamen, disziplinierten Deutschen uns geschlagen haben!«, sagte der gute Marschall Pétain, und mein Onkel Emil plapperte es ihm nach. Als die Bourgeoisie miterleben musste, wie ihre Strände von Leuten mit Mützen und Hosenträgern überflutet wurden, war sie schockiert! Die Bauern und Geschäftsleute waren außer sich. Urlaub, das ging ja noch an! Aber »von unserem Geld«!

Marcel und La Bonne Minouche: erster bezahlter Urlaub in Marseille, 1936

8. März 2000

Bin ich zu verstehen? Bin ich jemals erwachsen geworden?

Die Liebeserklärung von Louise Mirbeau in ihrem achtzigsten Lebensjahr kam unerwartet. Welche Aufwallung von Gefühl bei der alten Dame, die einen so gesetzten Eindruck macht. Erstaunlich, wie sie sich auf mich stürzte und sich mit eindeutigen Gesten und Worten anbot. Sie möchte, dass ich mit ihr zusammenlebe, sagte sie, und ist von ihren Reizen überzeugt. Dasselbe habe ich mit der hässlichen Suzanne R. und meiner ganz verblühten Kindheitsfreundin Odette erlebt.

13. März 2000

Mado 1930 und 2000

Acht Uhr, Telefon: *Mado amoroso-erotico*
Lili: Einklang der Seelen, sehr angenehm

Ich lese in meinem Tagebuch, 12. März 1930: »Ich treffe mich mit Mado.« Wir gehen ins Kino. Wo kam sie her? Sonntag, den 2. März, hatte ich auf dem Karnevalsjahrmarkt ein ganz in Rosa gekleidetes charmantes *girl* mit einem leicht pausbäckigen Gesicht bemerkt. Wir haben zu »La vie est belle« getanzt, und sie hat mir ohne Weiteres die ersten Küsse gewährt. Am Abend im Kino, nähere Bekanntschaft mit der jungen Mado und leidenschaftliche Küsse. Feuer fange ich zwar keines, aber es ist ganz nett. Sie dürfte eine »Zärtliche« sein, friedlich und unterhaltsam. Am Mittwochabend großer Fortschritt bei Mado, habe ihre hübschen, weichen kleinen Brüste kennengelernt. Bin gegen ein Uhr morgens ins Bett, allein. Sonntag, den 9.: gewissenhafte Küsse. Mittwoch, den 12.: Soll ich sie fallen lassen? Sie taucht am Samstag, den 29., wieder auf, und »wir küssen uns ab, um die verlorene Zeit wettzumachen«. Mittwoch, den 2. April: Es geht voran!

Sonntag, den 6.: heiße Küsse und kleine Bisse, ansonsten bleibt Mado sittsam. Am 9.: sehr zärtlich! … Am 16.: mächtig verknallt! Am 11. Mai: Nichts läuft mehr. Mado la Chalonnaise ist spurlos verschwunden!

Und mit derlei befasst sich ein ehrwürdiger Greis, den die Leute für einen kultivierten Menschen halten! … Die Mado von heute mit ihren über achtzig Jahren ist sexuell viel offensiver als die Mado von damals, als ich neunzehn war!

14. März 2000

Im Jahr 2000 noch einmal leben wie 1930?

Frei war ich nur eine kurze Zeit in meinem Leben. 1929, am 1. Oktober, kam ich allein in meine Schule nach Marcé. Ich war erst achtzehn. Jenes Jahr in Marcé war das einzige, das ich in völliger Freiheit verbrachte. Im folgenden Jahr, als Stellvertreter in Trélazé, war ich unter der Obhut nachsichtiger Eltern noch halb frei. Im Oktober 1931 wurde ich eingezogen, und geheiratet habe ich im September 1932.

»Kennen Sie denn gar kein Erbarmen?«, sollte man am Hochzeitstag fragen. Ich habe siebzig Jahre lang der Freiheit entsagt. Mein Urteil über die Ehe fällt sehr hart aus. Die Ehe hat meine Persönlichkeit erstickt, hat mich vielleicht aber auch vor vielen Torheiten bewahrt, denn ich brachte es nicht fertig, die Frau, die nur mich alleine liebte, im Stich zu lassen. Mamie bin ich deshalb nicht böse, sondern nur mir selbst, meinem schwachen Charakter. Bei einer anderen Frau wäre es ähnlich gewesen.

Werde ich mich im Rausch meiner unerwarteten Freiheit im Alter von neunzig Jahren für den Bengel von 1929 halten? Ich fürchte, das könnte passieren.

Habe morgens und abends mit Lili telefoniert, während wir auf Georges' Entlassung aus dem Krankenhaus warten.

Mado: Mittagessen, leidenschaftlicher Nachmittag.

15. März 2000
Mündlicher Brief an Lili

Lili, wenn Georges wieder zu Hause ist, wie soll ich leben ohne unsere Gespräche am Morgen und am Abend? Ich könnte mich zwar mit ihm unterhalten, er ist kultiviert, intelligent, witzig, ein guter Freund. Das ist aber nicht im Entferntesten dasselbe wie mit dir. Wenn du mit mir sprichst, bin ich bei Musset, Verlaine, der Boheme. Übrigens habe ich noch immer den Gedichtband mit dem Datum von 1947, den ich ihm versehentlich nicht zurückgab. Georges ist mir sehr sympathisch, aber er ist sich seines Urteils zu sicher, in seinen Überzeugungen zu festgelegt, er stellt sich keine letzten Fragen.

Ich sehe uns wie Protagonisten der *Galanten Feste* von Verlaine. Sie singen von den Siegen der Liebe, machen aber nicht den Eindruck, an ihr Glück zu glauben.

So frei werde ich nicht mehr mit dir reden können.

Lass mich doch ein Idiot sein, lass mich in der phantastischen Welt des trunkenen Dichters verweilen, lass mich noch einmal verrückt sein. »Ich tu es nie wieder«, wie die ertappten Kinder sagen.

16. März 2000
Erschöpft in die Coupole

Heute Morgen habe ich mich wieder auf den Weg in die Coupole gemacht. Mit dem Bus, aber nicht, um das Taxigeld zu sparen, sondern um junge Menschen zu sehen oder vielmehr weniger alte. Ich fühle mich wohl in dem Lokal, sitze ganz hinten und für mich allein. Ich lese, ich schreibe. Hier sehe ich meine Freunde vor mir, meine Geliebten, die Kneipen von Angers aus der Zeit meines Lehrerstudiums, die Pariser Kneipen von Montmartre, Saint-Michel oder Châtelet mit Annette, Hélène, frisch Verliebte oder ewig Liebende. Die alte Coupole hat den antiquierten Charme der Bistros meiner Liebesaffären bewahrt. Ich will niemanden sehen. So viele, die ich geliebt habe, sind bei mir …

19. März 2000
Über einen Brief von Cyril

Mein Enkel Cyril schreibt seinem Großvater. Das ist ziemlich erstaunlich. Er verfasst seine Briefe, wie er sagt, mithilfe eines Textverarbeitungsprogramms auf seinem Rechner. Das Programm ermöglicht verschiedene Schrifttypen, eine Korrektur der Rechtschreibung durch ein integriertes Wörterbuch etc. Mir sagen diese Begriffe nichts. Die Rechtschreibkorrektur hat mein junger Freund Cyril dringend nötig. Ich bin erstaunt, dass er recht anspruchsvolle Prüfungen bestanden hat, obwohl er Fehler macht, die 1930 in der vierten Klasse einer guten ländlichen Grundschule nicht mehr vorkamen. Schweigen wir vom guten alten Certificat d'études primaires, das diese Hochschulabsolventen von heute niemals schaffen würden.

Ich rede wie ein verknöcherter Greis! Die Probleme der modernen Zeit sind andere und haben wenig mit Orthografie zu tun. Aber Cyril muss wohl ein Wörterbuch zu Hilfe nehmen, wenn er mich überhaupt verstehen will. Ich freue mich, dass dieser Enkel, den ich kaum kenne, »hofft, dass ich die Zärtlichkeit spüre, die er für mich empfindet«.

20. März 2000
Frühlingserwachen 1930 und 2000

Donnerstag, den 20. März 1930. Siebzig Jahre sind vergangen ... Dusche und Bad waren damals unbekannt, man wusch sich rasch das Gesicht in einer Schüssel, das Wasser holte man aus dem Brunnen. An jenem Morgen gehe ich in die Badeanstalt Bains Flore, Rue Saint-Maurille, die vor Fliesen nur so glänzt. Was bedeutet jener Arztbesuch, bei dem man mir bescheinigt, dass ich im »Vollbesitz meiner geistigen Fähigkeiten« bin? »Vollbesitz« war übertrieben, ich war bereits damals ein wenig verrückt, und daran hat sich in siebzig Jahren nichts geändert. Am folgenden Samstag war ich zu Geneviève eingeladen. Ich nutze die »einmalige Gelegenheit, die die Situation bietet« nicht und finde mich jämmerlich ... Am Abend informierte ich mich in einem von »L'Idée libre anarchiste« herausgegebenen Buch über Sexualfragen. Geneviève war ganz anders als Mamie, wir beide waren sehr unschuldig und hatten keine Ahnung von diesen Dingen. Es ist nun gute siebzig Jahre her, dass ich die Frau, die mein Leben mit mir teilen sollte, zum ersten Mal in ihrer kleinen Klasse in Beauvau aufsuchte.

27. März 2000
»Es gibt Schlimmeres als das Alleinsein, nämlich nicht allein sein zu können.« (Montaigne)

1982 ist das Jahr der *amour fou*, die ich 1940 verlor und 1980 wiederfand. Zum zweiten Mal würde ich mich am liebsten scheiden lassen, um mit Hélène zusammenzuleben. Diese beiden Krisen gab es in unserer Ehe. Wieder verließ ich meine Frau nicht, die Gründe waren dieselben wie zuvor. Sie liebte nur mich allein und hätte einsam und verlassen nicht leben können. Von beiden Krisen waren die Kinder nicht betroffen. 1940 gab es sie noch nicht; 1980 waren sie erwachsen.

Meine Aufzeichnungen von 1982 spiegeln die Wut wider, die ich auf mich hatte, weil ich mich auf die Ehe eingelassen hatte. Nichts hatte mich damals gezwungen, das kostbarste Gut des Lebens aufzugeben: die Freiheit! Ich hatte mich aus schierer Dummheit selbst an die Kette gelegt. Ich war wütend. »Hätte ich ein Verbrechen begangen, wäre ich mit zwanzig Jahren Freiheitsentzug davongekommen. Doch ich hatte mich aus Unbedarftheit selbst zu lebenslänglich verurteilt.«

29. März 2000
Der letzte Slowfox

Ich bin mit Hélène zum Tanztee ins Eldorado am Boulevard de Strasbourg oder in die Coupole auf dem Montparnasse gegangen. Den letzten Slowfox haben wir 1984 getanzt. Ich war über siebzig, sie war zweiundsechzig, und wir waren so jung! Wir waren die »Kinder« geblieben, »die sich lieben«, die 1940 die Ausgangssperre ausgenutzt hatten, um sich zu küssen. Bin ich jemals alt geworden? Aus den Spiegeln sah uns ein verliebtes Pärchen entgegen, »das nichts um sich herum wahrnahm«, wie in dem Lied vom »Bal perdu«. Wir waren ewig zwanzig. Ich benahm mich lächerlich und war verrückt vor Glück. Ich war wahnsinnig vor Liebe und »c'était bien, c'était bien«, *es war gut, so gut,* wie in den Vorstadtromanzen.

Ein dreiteiliger Traum
Ich bin in einer Art Absteige. Alles ist dreckig, grünlich, baufällig. Wie bin ich nur in dieses Hotel geraten? Die Tür ist nur mit einem zerbrechlichen Riegel zu schließen. Ich frage nach der Toilette. Ich muss niedrige, verräucherte Räume durchqueren, in denen Rüpel trinken und Karten spielen. Sie befindet sich am Ende eines unbebauten Grundstücks. Bei den beiden Wirtinnen mit den geröteten Gesichtern und dem welken Fleisch will ich nicht bleiben. Ich gehe, es ist Nacht, es fährt

kein Bus mehr, ich suche eine Telefonzelle, aber ich weiß nicht mehr, wo ich bin …

Ich erwache.

Der Traum geht weiter:

Die Absteige habe ich verlassen. Ich suche Hélène auf, die ganz in der Nähe wohnt.

»Wie soll ich mich vorstellen? Als alter Freund?«

»Sag gar nichts.«

Der Ehemann kommt!

»Wer ist das?«

»Er hatte nebenan zu tun, und ich habe ihn zum Essen eingeladen.«

Der Mann reagiert mürrisch und reicht mir nicht die Hand. Ständig kommen Leute, niemand interessiert sich für mich.

Ich erwache.

Es ist heller Morgen. Ein junges Paar begleitet mich, um mein Gepäck aus der Absteige zu holen. Die Wirtinnen sind zwei brave Frauen, die Gäste nette, fidele Gesellen. Über die Tür hat jemand gekritzelt: »Prächtig ist es hier nicht, aber wir bleiben.«

»Was schulde ich Ihnen?«

»Diesen Tag berechnen wir Ihnen nicht. Sagen wir, fünfzig Francs!«

Ich schäme mich, schlecht über die beiden gesprochen zu haben.

Ich erwache. Ich bin von einem Traum in den nächsten geglitten, habe die Absteige nicht verlassen, bin aber von der nächtlichen Welt in die Morgensonne gekommen.

31. März 2000
Die Fotos an der Wand

Mamie herrscht weiterhin in dieser Wohnung, überwacht sie von dem Foto aus, das an ihrem neunzigsten Geburtstag in La Roche aufgenommen wurde. Darauf thront sie in einem Sessel, strahlend, schön und elegant wie eh und je. Auf dem anderen Bild bekommt sie einen Kuss von ihrem Mann. Sie hält ihm ihre bemerkenswert frische Wange hin, mit einem Blick, der mir kindlich und ernst zugleich vorkommt. So war sie, ein wenig naiv und zurückhaltend. Mamie zeigte ihre Gefühle nicht offen.

Daneben hängt ein Bild von ihr mit vierundzwanzig Jahren. Da hat sie einen Pagenschnitt wie Jeanne d'Arc und trägt die Bluse mit dem großen Kragen, die ich so sehr mochte. Auf ihrer Hand sitzt ein Rabe. Schon damals fühlten sich die Vögel zu ihr hingezogen, und das sollte sich während ihres ganzen Lebens nicht ändern. Wenige Tage vor ihrem Tod fiel ihr »Colibri« wieder ein, die musikalische Drossel, die während des Unterrichts auf ihrer Schulter saß.

6. April 2000
Erinnerungen an zwei sehr verschiedene Kindheiten

Mamie hatte eine tragische Kindheit. Ihre früheste Erinnerung war die an ihre Mutter, wie sie in einer Blutlache lag, nachdem sie am 15. April 1914 allein eine Abtreibung versucht hatte.

Mamie war damals fünf Jahre alt. Ihr Vater hatte am

2. November 1910 auf dem Cimetière de l'Est auf dem Grab eines seiner Kinder Selbstmord begangen. Sie konnte sich noch daran erinnern, wie sie ihre Pantoffeln nahm, um mit ihrem Bruder und ihren Schwestern ins Waisenhaus zu gehen.

Ihr Vater war nicht auf dem Standesamt gewesen, um ihre Geburt registrieren zu lassen. Man hat Mamie erzählt, er habe versucht, sie aus dem Fenster zu werfen, als sie ein Säugling war. Diese Vorkommnisse legen den Verdacht nahe, dass Mamie außerehelich zur Welt kam. War Mamie wirklich polnischer Abstammung? Ich glaube, nichts als der Name an ihr war polnisch ...

Das Leben im Waisenhaus war nicht allzu schlimm, ihre Schwester Alice kümmerte sich sehr um sie, die Leiterin war eine bemerkenswerte Frau und das Personal nett. Die Kälte im Waisenhaus machte ihr allerdings zu schaffen und auch die deftige Nahrung. Nur in den letzten Jahren im Collège fühlte sie sich gedemütigt, denn sie musste ein schwarzes Kleid und klobige Schuhe tragen, während die anderen elegant gekleidet waren. Erst mit zwanzig lernte sie die Freiheit kennen! Meine Kindheit war das genaue Gegenteil: glücklich, friedlich, ohne jede Schwierigkeit. Ob sie wohl manchmal darunter gelitten hat?

20. April 2000
Die tausend Facetten der Liebe

Für mich hat sich immer alles um die Liebe gedreht. Sie erwachte in mir am 2. Februar 1919 mit Paulette Echavidre und beschäftigt mich bis zum heutigen Tag. Ich habe sie in tausend Facetten erlebt, von flüchtiger Verliebtheit bis zur leidenschaftlichen Verrücktheit, von zartester geistiger Liebe bis zur nackten Fleischeslust. Wie viele Liebeserlebnisse, die Träume blieben, die nur in meiner Erinnerung leben und mir so teuer sind!

Lange Zeit kam mir gar nicht in den Sinn, das geliebte Wesen besitzen zu wollen. Lieber wäre ich geflohen, weil der Besitz für mich die Rückkehr zur vulgären Realität bedeutet hätte. Ich schlief nur mit Mädchen, die ich nicht liebte. Während der ersten Periode meiner großen leidenschaftlichen Liebe zu Hélène hat mir der Gedanke an den Geschlechtsakt, der mich berauschte, als ich das verlorene Paradies wiederfand, Angst gemacht. Es hat sehr lange gedauert, bis ich mich von der Vorstellung der Sünde freimachen konnte, die ich mit dem Geschlechtsakt verband.

25. April 2000

Die Kerze in Dinan

Lili und Georges haben mich in die Bretagne eingeladen. Wir machen eine Spazierfahrt nach Dinan. In Camaret steigen Lili und ich aus, um die Kapelle Notre-Dame de Rocamadour zu besichtigen. Endlich einige Minuten allein. Sie ergreift meine Hand. Umarmen dürfen wir uns nicht. Die schlichte Geste drückt unsere gegenseitige Zuneigung aus, und unser Lächeln, vor allem das ihre, ist so innig, so zärtlich. Sie zündet eine Kerze an. Das ist typisch für sie. Sie ist Bretonin geblieben und glaubt an Dinge, die man nicht ausdrücken kann. »Küssen wir uns nicht?« Warum nur habe ich Nein gesagt?

Wird sich noch eine Gelegenheit bieten, mit ihr allein zu sein?

Ich war ja so dumm. Den restlichen Tag sind eine Menge Leute um sie. Lehrer, Freunde ihrer Tochter und ihres Schwiegersohns, die für alte Pädagogen wie Georges und mich eine neue Sprache sprechen.

Ich langweile mich, ich bin traurig.

Ich teile die Interessen dieser Leute nicht. Um Lili sind zu viele Menschen, wie schon 1947. »Les amoureux sont seuls au monde«, *Liebende sind allein auf der Welt*, heißt ein Film von Henri Decoin. Werden wir das auch nur einen Augenblick lang sein?

26. April 2000

Der zärtliche Kuss

Heute Morgen bin ich mit Georges allein. Er hat sich die Gesundheit ruiniert, weil er zu reichlich Whisky getrunken und rotes Fleisch gegessen hat. Nun zahlt er den Preis in Form von Diabetes und Insulinspritzen. Es ist angenehm, sich mit ihm zu unterhalten, finde ich. Wir sind in allen Dingen einer Meinung.

Ostern? Niemand kennt mehr die Bedeutung des Wortes. Man lebt wohl auch ganz glücklich, ohne die Legenden des heiligen Buches zu kennen! Zu keiner Zeit war der Abgrund zwischen den Interessen zweier Generationen so tief wie heute. Selbst ausgesprochene Kirchenfeinde wussten früher, was Ostern bedeutete!

30. April 2000
Es wäre an der Zeit, erwachsen zu werden

Mit fast neunzig Jahren träume ich von einer unmöglichen Liebe zu einem kleinen Mädchen von achtundsiebzig Jahren. Ich spreche den lieben langen Tag mit ihr, wie ich es mit acht Jahren tat, als ich in die kleine Paulette Echavidre verliebt war. Gibt es noch jemanden außer mir, der sich so aufführt, der die Realität so gründlich ignoriert?

Von der liebevollen Fürsorge meiner Tochter und ihrer Familie getragen, ohne jede materielle Sorge und dazu noch an Körper und Geist gesund, sollte ich glücklich sein. Dabei bin ich traurig wie ein tragischer Liebhaber in einem Lustspiel und denke nur an Lili.

In La Frénaye hat mich meine Gleichgültigkeit verblüfft, meine Unkenntnis der Themen, mit denen sich die Menschen um mich herum beschäftigen. Ich fühlte mich wie ein kleiner Junge, der gelangweilt den Erwachsenen zuhören muss. Ich betrachtete Lilis müdes Gesicht, ihre geistvollen Augen, ihr zärtliches, unendlich liebes Lächeln. Gern hätte ich sie zart geküsst, an nichts anderes konnte ich denken. Ich leide, wenn ich sehe, wie sie an den Unterhaltungen dieser ernsthaften Leute teilnimmt, wie realistisch und tüchtig sie ist.

Gleich werde ich Rache nehmen, werde glänzen, werde den Gesellschaftslöwen spielen, alle zum Lachen bringen und erleben, wie Lilis Blick ihre Freude darüber zum Ausdruck bringt, von einem so jungen Verehrer geliebt zu werden.

2. Mai 2000
Vier verliebte Frauen

Lili hat mich gestern Abend angerufen. Sie will sich heute Morgen um halb neun bei mir melden. Nun scheint für mich die Sonne.

Was wird mit Mado werden? Ich kann ihr nicht den Laufpass geben. Mit ihr befinde ich mich in derselben Situation wie mit Mamie! Immer wenn wir ein Telefongespräch beenden, sagt sie: »Ich liebe dich.« Ich murmele ein undeutliches »Ich dich auch«, aber es kommt nicht von Herzen.

Morgen werde ich sie besuchen. Müsste ich sie nur sehen, ginge es ja, aber ich werde mit ihr schlafen müssen. Hintergehe ich Lili, wenn ich der heftigen Sinnlichkeit Mados erliege? Für Lili empfinde ich etwas ganz anderes. Ein Händedruck, ein inniger Blick, ein geraubter Kuss. Wie sehr wünsche ich mir, wieder ganz allein zu sein! Und wie könnte ich Hélène vergessen! Was würde passieren, wenn ich sie wiedersähe? Es ist noch gar nicht so lange her, dass ich ihr einen Liebesbrief geschrieben habe, und ich habe ihn ehrlich gemeint. Louise hingegen langweilt mich wirklich. Vier in mich verliebte Frauen! Und ich bin neunzig! Vier verschiedene Seiten der Liebe: Mado, die Fleischeslust; Hélène, die große Liebe meines Lebens; Louise, die sich Phantasien hingibt; Lili, geistige Harmonie und unendliche Zärtlichkeit.

3. Mai 2000
Test meiner Manneskraft

So lautet die richtige Bezeichnung für die sexuelle Begegnung, die mir heute mit Mado bevorsteht. George Sand hat sich empört, dass man Chopin dazu erzogen hatte, die sinnliche Liebe als Sünde zu empfinden. Für sie erfüllte sich die Liebe im Körperlichen. Die in jeder Hinsicht erfüllte Liebe habe ich einzig und allein mit Hélène erlebt. Mit Mado wiederholt sich nur jedes Mal der Sexualakt, den wir seit 1946 schon Hunderte von Malen durchgeführt haben. Im Gegensatz zur landläufigen Meinung nimmt unsere Lust erstaunlicherweise zu. Leider hängt Mado immer mehr an mir, will Zärtlichkeit, weint, wenn ich gehe.

4. Mai 2000
Lili und sonst nichts

Halb neun. Wird Lili sich melden? Ich warte ungeduldig.

Halb zehn. Ich glaubte schon, sie würde nicht mehr anrufen. Dann läutet es. Sie ist am Apparat …! Wir sind bis ins Innerste aufgewühlt.

»Ich denke nur an dich«, sagt sie zu mir. »Gestern habe ich Trübsal geblasen, das hat mich daran gehindert, dich anzurufen. Ich war zu traurig.«

Ihre Stimme klingt verändert. Mir schwimmen die Augen. Tränen der Freude oder der Verzweiflung? Mein Gott, wie gern würde ich mit dir zusammenleben, Lili.

5. Mai 2000
Trotz allem aufrichtig!

Halb elf: Hélène! Unsere Unterhaltung war herzlicher als die kurzen Gespräche, die wir normalerweise führen. »Dein letzter Brief hat mich sehr gefreut.« Stimmt, ich hatte ihr einen Liebesbrief geschrieben, einen aufrichtigen Brief, in dem ich gewiss die Zeit unserer Leidenschaft heraufbeschworen habe. Ich mache keine Fotokopien meiner Briefe, ich erinnere mich nicht, was in jenem Brief stand, den ich »mit der Tinte deiner Augen« schrieb. Ich weiß nur, dass ich nicht gelogen habe, als ich sie meine einzige Liebe nannte.

Vierzehn Uhr: Lili … Sie konnte mich heute Morgen nicht anrufen, am späten Abend würde es einfacher sein. Mit ihr ist es keine *amour fou*, sondern etwas Besseres. Wir sind nicht blind vor Verlangen, wir sind uns geistig verbunden, bewegen uns auf demselben Niveau, haben dieselben Vorstellungen vom Leben. Mit Hélène hatte ich nichts gemeinsam, sie war abergläubisch, angepasst, durch und durch materialistisch, diese Hélène, mit der ich wunderbare Glücksmomente erlebt habe, doch die Zärtlichkeit mit Lili, dieser Seelenbund, das ist eine vernünftige Liebe – die mir ganz neu scheint, mich weich stimmt.

Und drei oder vier Mal am Tag ungezwungene Gespräche mit der guten Mado, die immer vor Liebe vergeht.

8. Mai 2000
Frühling in Marcé 1930

Der Frühling des Jahres 1930 tat sich schwer. Wie in diesem Jahr brachte er viel Regen. Die Kinder beschenkten mich mit ganzen Bergen von Flieder. Die reichen mit Pfingstrosen; die ärmsten, die Kinder der ganz einfachen Leute, mit Blumen vom Straßenrand, Gänseblümchen, Hahnenfuß, Grashalmen, mit einem Stoffbändchen zusammengebunden. Man hatte einander gern. Es machte dem neunzehnjährigen Lehrer Freude, für seine Schüler da zu sein, allein, frei, von ihnen geliebt. Was die Frauen angeht, tat sich nicht viel. Es kam zu einem ersten Geplänkel mit derjenigen, die Mamie werden sollte, nur war sie damals noch weit davon entfernt, die althergebrachten Moralvorstellungen über den Haufen zu werfen.

Mir fällt auf, dass ich Ansichten der Linken vertrat, *Le Populaire* las, ein sozialistisches Blatt, um sechs Uhr aufstand und um halb zehn ins Bett ging, in Maßen trank, Karten spielte, mich wie ein Fisch im Wasser fühlte.

9. Mai 2000
Tag des Dankes, Mittagessen, Kino …

Muss ich hier alles offenlegen? Dass ich meine Sonntage damit verbringe, mich mit der guten Mado der Liebe hinzugeben? Am 8. Mai möchte ich mich gegenüber dieser treuen Geliebten korrekt verhalten und lade sie zum Essen in die Coupole ein, obwohl es mich etwas geniert, mich mit dieser Dame von zweiundachtzig Jahren zu zeigen! Wir gehen ins nahe Kino, wo *Lust auf anderes* läuft. Obwohl ich ziemlich schlecht höre, finde ich den Film intelligent und komisch. Ich bringe Mado nach Hause. Sie ist von dem Tag entzückt. Ich komme ohne Umarmungen davon.

Gleichzeitig, auf einer höheren Ebene, bin ich glücklich, Lili heute Morgen gehört zu haben, und hoffe, dass sie mich am Abend anruft … Heute Morgen war es schon nach neun. Ich hatte die Hoffnung aufgegeben. Zehn Uhr. Das Telefon klingelt. Sie ist es! … Wie immer geistreich, liebevoll. Die Verbindung wird schlecht. Das Gewitter unterbricht unser Gespräch. Bis heute Abend?

Mein Tag hängt von diesem Anruf ab.

16. Mai 2000

Das Paris unserer Liebe

Mein Sohn Jean verbringt den Tag in Paris. Vor meinem geistigen Auge erscheinen Hélène, die Treffen in »unserer« Stadt … Der Gare de l'Est! … »Les jours des folies et les nuits d'amour«, *Die Tage der Tollheit und die Nächte der Liebe*, das Lied des alten Jules. Paris, meine Stadt der Liebe!

Eine junge, schöne Frau, die ich nicht kannte, hatte am 20. März 1984, als sie das Restaurant Le Vieux-Châtelet verließ, einen Zettel auf unseren Tisch gelegt. »Madame, Sie sind sehr schön. Wie anrührend, Sie beide so verliebt zu sehen. Sind Sie Ehegatten oder ewig Verliebte? Einerlei, es ist sehr schön, Ihnen zuzuschauen.« Am selben Tag hatte ein Mann um die fünfzig unseren Abschied auf dem Bahnsteig der Metrostation Saint-Michel miterlebt und Hélène zugeflüstert: »Was für eine schöne Liebesgeschichte!«

Paris, wo wir uns am 9. Juni 1980 nach vierzig Jahren der Trennung im Lokal La Ville-de-Reims beim Gare de l'Est trafen. Dreißig, vierzig Treffen im Liebesrausch. Ich habe mir meine Freiheit mit heftigem Streit erkämpft. Wie habe ich das fast fünf Jahre lang durchgehalten? Außerdem Reims, Angers, Nantes, La Baule, Issoudun, Château-Thierry, Sablé, Arcis-le-Ponsart, Hunderte von Briefen und Telefonanrufen.

18. Mai 2000

Der Anruf am 18. Mai 1980

Vor zwanzig Jahren … War es an einem Sonntag? Ich dachte an Hélène, meine Liebe von 1939. Damals war sie siebzehn, an jenem 18. Mai siebenundfünfzig.

Ich kannte nur den Namen ihres Frisiersalons in Reims und ihren Mädchennamen. Ich weiß nicht mehr, wie ich ihre Nummer gefunden habe. Ich sehe noch vor mir, wie ich am Fenster zum Hof stehe und sie anrufe. Es war schönes Wetter.

»Madame!«

Und sofort:

»Du!«

Vierzig Jahre später! Ich weiß nicht, was ich, zutiefst erschüttert, gestottert habe, in Gedanken bereits bei den Erinnerungen an unsere wunderbare Liebe im Winter der Verdunkelungen. Welche Worte haben wir gewechselt? Ihr Mann war spazieren gegangen, sie war zufällig allein. Ich musste auflegen, weil Geneviève nach Hause kam …

Wann rief sie mich zurück? Am folgenden Tag? Sie hatte meinen Namen im Telefonbuch gesucht, war eine Gemeinde nach der anderen durchgegangen. Ich war allein, ein seltenes Glück. Wir würden uns wiedersehen. Sie würde an das Rathaus schreiben, an François, einen »Nomaden«, der mir die Briefe dann geben würde. Ich hatte das verlorene Paradies wiedergefunden.

Der Irrsinn hatte aufs Neue begonnen. Der zweite Akt dieser Liebesgeschichte dauerte über vier Jahre. Wir lebten ihn vollständiger als den ersten, nachdem wir damals nur verliebt gewesen waren, wurden wir nun Liebende, aber waren noch genauso verrückt wie früher.

19. Mai 2000
Mit Jean in Le Croisic

Jean schlägt vor, nach Le Croisic zu fahren, um Seeluft zu schnuppern. Wir machen uns in meinem alten Talbot, der noch immer jung ist, auf den Weg. Der Tag ist wunderschön, wenngleich die Temperaturen schwanken. Das Licht ist erstaunlich. Jean bezeichnet es als »ozeanisch«. Wir fahren nach La Baule, ich sehe La Closerie wieder, jenes Hotel, in dem ich mich mit Hélène traf, das Restaurant in Le Croisic, wo wir mit ihrer Enkelin zu Mittag gegessen haben. Jenen Ausbruch aus der Ehe habe ich nie vergessen. Das hatte ich gut gemacht, ich hatte gewusst, wo ich das Glück finden würde.

21. Mai 2000
Mündlicher Brief an Lili

Heute Nachmittag denke ich nur an dich, Lili. Wie ich dein fragendes Lächeln geliebt habe, als du die Kerze in der Kapelle bei Dinan angezündet hast. Würde ich mich über dich lustig machen? Wie eine Woge kam die Liebe über mich, ich war wieder jung und liebte wie ein Kind. Ich vergaß für einen Moment, dass du mit beiden Füßen im Leben stehst, eine geschickte Autofahrerin, erfahren im Knacken von Krebsen.

5. Juni 2000
Der italienische Mond

Ich sehe mich, wie ich im März 1920 in der Route de Paris 56 den Vollmond anschaue, durch das Schlafzimmerfenster mit dem Blick auf die traurigen Schieferdächer des Hinterhofs. Beeinflusst durch Jules Vernes Roman *Von der Erde zum Mond* betrachtete ich verzückt den seltsamen Planeten, der sein weißes Licht verbreitete. Ich hatte gerade die *Ballade an den Mond* von Musset gelesen. Welch geheimnisvolles Wesen bewohnte den bleichen Stern? Der Mondschein beflügelte die romantische Liebe, die ich mit siebzehn empfand, als ich mit der hübschen zwanzigjährigen Andrée Sery, deren Augen so schwarz waren wie ihr Haar, »La valse brune des chevaliers de la lune«, *Den braunen Walzer der Mondritter* tanzte und dabei so gern ein Engel sein wollte – und doch nur ein Bengel war.

10. Juni 2000
Versäumte Gespräche

Wie viele Fragen hätte ich meinem Vater stellen sollen, über seine Kindheit, über seine Eltern, sein Gefühlsleben (verbotenes Thema zu jener Zeit). Ich musste erst alt werden, um neugierig zu sein. Was für Schätze habe ich verloren!

Mein Vater und meine Mutter lebten zu einer Zeit, die für meine Enkel unvorstellbar ist. Mein Vater hat seinen Großvater väterlicherseits noch vom Krimkrieg von 1854 erzählen hören.

Wie viel Erlebtes ist verloren! In meiner Jugend habe ich mich nicht für die Vergangenheit meiner Eltern interessiert. Meine Enkel interessieren sich nicht für meine.

24. September 1993

Mein Großvater Jules Emile Mathiot, geboren am 22. September 1830 in Autechaux (Doubs), war Uhrmacher und wurde als Soldat zum 1. Pionierregiment in Metz eingezogen, wo er vom 20. Februar 1854 bis zum 31. Dezember 1859 diente, also fünfeinhalb Jahre lang. Er hatte die Ehre, am Krimfeldzug teilzunehmen, da Napoleon III. es den glücklichen Kriegern des großen Napoleon nachmachen wollte. Mein Großvater verbrachte zwanzig Monate auf der Krim. Bei der Rückkehr strandete er an der rumänischen Küste und wäre beinahe verhungert, gezwungen, sich von den Gräsern und Kräutern zu ernähren, die er in den Gärten fand. Er beschloss seine Laufbahn beim Militär am 31. Dezember 1859 als Versorgungsfeldwebel.

Mein Vater Victor-Amédée Mathiot, geb. am 11. August 1875 in Paris, verpflichtete sich 1894 für drei Jahre freiwillig beim 10. Infanterieregiment in Auxonne. Er wurde 1895 Militärmusiker, 1897 Offizier, 1902 2. Kapellmeister und 1912 1. Kapellmeister, zuerst in Issoudun, später in Angers. 1927 wurde er demobilisiert.

25. Juni 2000
Liebe am Telefon

Das Telefon spielt in meinem Junggesellenleben eine wesentliche Rolle. (Ich hasse das Wort Witwer genauso sehr wie das Wort Schwiegertochter.) Jeden Tag ruft mich morgens gegen halb neun und abends gegen halb elf Lili an. Ich warte darauf, den Blick auf die Uhr geheftet. Es blinkt! Sie ist es!

»Guten Tag!«

»Guten Abend!«

Welche Bedeutung erhalten diese schlichten Worte, wenn sie von ihrer sanften, mit liebevoller Ironie gefärbten Stimme gesprochen werden!

Während unserer ausgedehnten Unterhaltung am gestrigen Abend hat Mado mich zu erreichen versucht. Es war dauernd besetzt. Sie ist zutiefst verstört, in Tränen aufgelöst. »Wenn du wüsstest, was für Sorgen ich mir gemacht habe!«, sagt sie. »Ich dachte, dir wäre unwohl geworden und du hättest den Hörer nicht mehr auflegen können … Wie erleichtert ich bin!«

Spielt sie mir etwas vor? Ich fürchte, sie ist jetzt verliebter in mich als in ihrer Jugend.

27. Juni 2000
Mamies letzte Worte

Mamie gehörte nicht zu den Frauen, die überflüssige Worte machen. Sie zeigte nicht gern ihre Gefühle. Wir haben ohne jeden Aufwand geheiratet, uns unter die anderen lärmenden, festlichen Brautleute gemischt. Wir haben weder unsere silberne noch unsere goldene noch sonst einen Hochzeitstag gefeiert und auch keine Geburtstage.

Mit der gleichen Diskretion ist Mamie gestorben. Während ihrer letzten Tage im Krankenhaus war sie vor allem um das Wohlergehen ihres flatterhaften Mannes besorgt. »Iss keine Austern in der Coupole«, »Pass gut auf dich auf, erkälte dich nicht«, »Wie geht es den Geranien?«.

Und dann ist Mamie für alle Ewigkeit eingeschlafen ...

Ich habe Kiki-des-Bois im Sommer 1929 kennengelernt, als sich mein erstes Jahr als Lehrer in Marcé dem Ende zuneigte. Wir trafen uns in dem kleinen Zug Angers–La Flèche, stiegen beide in Seiches aus und fuhren anschließend dieselbe Strecke mit dem Fahrrad.

11. Oktober 1929

Am Abend bei Maud mit ihrer Hausherrin und Geneviève Strzelecki, der derzeitigen Lehrerin von Beauvau. Es muss einem den Atem verschlagen, wenn man mit diesem jungen Mädchen alleine ist.

25. Oktober 1929

Fahrt mit dem Auto der Madame Cadot zur Lehrerkonferenz in Seiches. Als Jüngster hatte ich die Ehre, wenn nicht gar den Vorteil, zum Schriftführer ernannt zu werden und den Bericht zu schreiben. Welch ein Pech! Nach einer vierstündigen Rede über das Lesen, wobei sich das Interesse der Zuhörer erst bei der Frage der Sonderurlaubstage regte, gingen wir im Hôtel de la Gare essen. Dem »Schriftführer« wird besondere Aufmerksamkeit zuteil, und er streitet sich während des gesamten Mittagessens mit Maud Antier, die wirklich ein ganz prima Mädchen ist.

Ich zwinkere Geneviève Strzelecki zu, der ich zu gefallen scheine (unter Vorbehalt), und wir kehren alle drei nach Marcé zurück, wo die jungen Damen mein *home* besichtigen. Fast erwärme ich mich für Geneviève, doch ein Brief von Annette mit entzückenden Fotos – Lächeln und Grübchen – vertreibt die Schwärmerei schnell wieder. Allerdings habe ich vor, am Sonntag Geneviève in Beauvau zu besuchen, wenn Annette nicht nach Angers fährt!

An einem Sommerabend haben wir gemeinsam eine ihrer Kameradinnen besucht. Auf der Heimfahrt durch die Sommernacht hielten wir in der Allee eines Schlosses an, legten uns unter die Sträucher und küssten uns. Wir waren unschuldig, unsere Liebkosungen blieben sittsam. Danach besuchte ich Geneviève in Beauvau, immer mit dem Fahrrad. Ich stieg im Hotel der Madame Bachelier ab. Im folgenden Schuljahr wurde ich nach Trélazé versetzt.

Ich kam abends an, schlief in einem kleinen Zimmer im Erdgeschoss neben der alten, wuchtigen Kirche. Ich wartete eine Weile, sprang dann aus dem Fenster und machte mich auf den Weg, um die Nacht bis zum Morgengrauen bei Geneviève zu verbringen. Wir lagen umschlungen in ihrem Bett, behielten aber unsere langen Nachthemden an.

4. Juli 2000
Wie lange wird das noch gehen?

Dennoch schrieb ich gegen Ende des Jahres 1930 in mein Tagebuch: »Der Juli bringt Geneviève. Wieder erlebe ich das Leben zu zweit, aber wie anders als mit Annette! Es fehlen Zuversicht und Einfachheit. Tage der Liebe, seltsamer Liebe, manchmal leidenschaftlich, dennoch sind es gute Tage. Wie lange wird das noch gehen?«

5. Juli 2000
Erste Liebe, erster Kuss

Charles Aznavour war wie ich mit acht Jahren in ein sechsjähriges Mädchen verliebt. Ich muss an den 2. Februar 1919, Lichtmess, denken. Damals sagte die duftende kleine Paulette Echavidre zu mir: »Ich liebe dich!« Ich erinnere mich noch ganz genau, werde es nie vergessen, bin gerührt von dieser vollkommen reinen Liebe.

2. März 1938

Es ist die Zeit der *crêpes*. Jedes Jahr werde ich um diese Zeit an die Strohfackeln auf der Avenue de la Caserne erinnert.

Man hatte mitten auf der Allee einen Kreis aus kleinen Feuern angezündet, wir sprangen hinein und wedelten dabei mit Strohbündeln, die wir an lange Stangen gebunden hatten. Wir senkten und hoben unsere Fackeln und stimmten dabei unsere Bewegungen auf einen simplen Singsang ab: »Schwenken wir die Fackeln!« Die Alten mit dem schlichten Herzen waren auch dabei, die Madame und Jules; und auch meine kleine Freundin, die sechsjährige Paulette mit den blonden Haaren und den zärtlichen Augen. Wir fassten uns an der Hand und tanzten um das Feuer. Eine unbekannte Süße überkam mich, mir war die Kehle wie zugeschnürt. Ich hätte küssen, weinen, lachen mögen.

Jene köstlichen Gefühle werden wieder ganz lebendig in mir, wenn ich an die Strohfackeln denke … Die Feuer verglimmen, wir gehen in Richtung Rue Garibaldi. Ich nehme Paulettes Arm. Leicht spüre ich ihr weiches Haar an der Wange, rieche ihren lieblichen Duft.

11. Juli 2000
Ellénore, Estelle

Junge Mädchenblüte: meine Enkelin Ellénore, schön und intelligent, ein wenig hochnäsig.

»Papie, wie viele Geliebte hast du gehabt?«

»Von welcher Zahl an wären es viele?«

Ellénore ist mit ihren fünfzehn Jahren erwachsener als ich. Eine weitere Freundin kommt. Estelle, entzückend, lächelnd, wie eine Rose. Die Mädchen erinnern mich an meine Freundinnen in Issoudun, die weder Tugendengel waren noch verdorben, in sexuellen Dingen jedoch weniger erfahren. Da ihnen die Pille nicht zur Verfügung stand, kann man ihr Verhalten nicht mit dem der heutigen Mädchen vergleichen. Sie blieben Jungfrau, aber nicht aus Tugend, sondern aus Angst vor einer Schwangerschaft. Ich war sehr selbstgefällig in meinem Urteil über Frauen, wusste aber sehr wenig über sie. Andererseits verhielt ich mich meinen Freundinnen gegenüber respektvoll. Ich habe nie versucht, mit ihnen zu schlafen.

Marcel und seine »kleinen Verbündeten«
in Les Sables-d'Olonne, 1929

Wie erleben die beiden ernsthaften jungen Mädchen wohl die Liebe?

12. Juli 2000
»Was bleibt von unseren Liebesgeschichten?«

Ich höre Charles Trenet. Jedes seiner Chansons weckt eine Erinnerung in mir, manchmal ganz unerwartet. Warum muss ich bei dieser sehnsuchtsvollen Melodie an Ferienliebeleien in Issoudun denken? Ich sehe die »kleinen Verbündeten« aus dem Jardin des Champs-Élysées, Marie-Louise und Dédette, die ältesten Freundinnen, die ich nacheinander in den Arm nahm und küsste. Die gute Dédette gestand mir fünfzig Jahre später, dass sie erwartet hatte, ich würde mit ihr schlafen. Es gibt noch andere. Bei Arlette glaubte ich, die große Liebe gefunden zu haben, aber ich hätte nicht gedacht, dass mir die flüchtigen Treffen mit Solange, der Lehrerin von La Berthenoux, in so charmanter Erinnerung bleiben würden, oder die mit Nénette aus der Rue des Champs d'amour, diesem letzten Sonnenstrahl meiner ungebundenen Jugend an einem himmlischen Ostertag 1931. Hinterlassen die flüchtigsten Tändeleien die sehnsuchtsvollsten Erinnerungen?

Hübsche Solange, meine Prinzessin aus dem Berry, welch ein Liebesleben wäre uns wohl beschieden gewesen? Du warst eine zweite Lili, dein Lächeln war genauso lieb, genauso fragend-ironisch.

Und du, Nénette, das Klappern deiner Absätze läuft hinter mir her, ein Nachhall deiner schelmischen Küsse.

14. Juli 2000
Erinnerung an Geneviève

Wir waren in Les Sables d'Olonne in dem Lokal auf der Mole, wo wir immer Crêpes aßen. Die Sonne schien ungewöhnlich stark. Warum war ich nicht aus ganzem Herzen glücklich?

Ich erinnere mich daran, wie ich im Juni 1931 mit Kiki einen verliebten Ausflug gemacht habe. Am 13. und 14. Juni. Am 13. badeten wir bei bestem Wetter und verbrachten zusammen eine Liebesnacht. »Göttlicher Tag, göttliche Nacht«, habe ich in mein Tagebuch geschrieben. Am nächsten Tag kam ein starker Sturm auf. Sand fegte über die Mole. Wir kehrten mit dem Zug nach

Hause zurück, hielten uns schlafend umschlungen. In Angers wachten wir gerade noch rechtzeitig auf. Im Wartesaal trennten sich unsere Wege.

Am selben Tag ist die *Saint-Philbert* untergegangen, und sechshundert Menschen kamen ums Leben. Die Sonntagsausflügler hatten den Kapitän genötigt, trotz des Unwetters von Noirmoutier nach Nantes zu fahren. Alle Passagiere hatten sich auf dieselbe Seite des Schiffs geflüchtet, um gegen die Sturzseen geschützt zu sein. Das Boot war gekentert. Kein Wort über diese Katastrophe in meinem Tagebuch!

18. Juli 2000
La Frénaye: Sonne!

In Gesellschaft von Barbara und Ellénore bin ich nach La Frénaye gefahren. Es ist schönes Wetter, eine Atempause in diesem verregneten Sommer. Ich habe Lilis Haus wiedergesehen, in dem eine gemütliche Unordnung herrscht. Ihr leicht mürrischer Sohn ist mit seiner Freundin da, wir werden also noch weniger allein sein als sonst. Lili scheint sich für ihren Mann und ihre Familie aufzuopfern. Ich übernachte bei ihr im Haus, im oberen Stockwerk.

Alles in diesem Haus ist schlicht. Die Mahlzeiten nimmt man hier äußerst wichtig. Obgleich ich zu Hause abends fast nichts mehr esse, erweise ich in La Frénaye dem Abendessen die Ehre. Ich schlafe gut und leide nur darunter, dass ich keinen einzigen Augenblick mit Lili allein bin.

19. Juli 2000

Werde ich Hélène im September in Les Sables wiedersehen?

Hélène ruft wieder häufiger an. Am 4. Dezember 2000 wird sie achtundsiebzig. In welcher Verfassung ist sie? Ich habe den Eindruck, sie empfindet ihre zweite Ehe als ein wenig lang. Wir haben uns am 23. November 1984 getrennt. Danach haben wir uns einmal kurz in Angers gesehen.

Auf dem Bahnhof hat sie mir ihren Ring gegeben. Wir würden uns nie wiedersehen …

Ich bin erneut Junggeselle geworden, als solchen hat sie mich nie gekannt.

»In deinem Alter wirst du doch nicht noch einmal heiraten!«, sagt sie zu mir.

»Ich habe mir geschworen, wenn ich noch einmal heirate, dann nur dich.«

Ihre alten Tage hat sie durch eine Ehe mit einem sehr müden, aber reichen Mann abgesichert. Wiedersehen im September? Das wäre wunderbar!

20. Juli 2000

Nein, Lili, ich will dich nicht zum Rationalismus bekehren

Ich rufe in La Frénaye an. Man verbindet mich mit Lili. Ich hatte Georges einen Artikel der Zeitschrift *Transition* geschickt, in dem der Rationalismus gepriesen wird.

»Willst du mich bekehren?«, fragt Lili.

»Nein, ich liebe dich mehr, so wie du bist, wenn du eine Kerze in der Kapelle anzündest und den Träumen und Legenden der ländlichen Bretagne verbunden bleibst.«

Durch die Vernunft wird viel Böses in der Welt vermieden, aber die Vernunft bringt keine religiösen Meisterwerke hervor und auch keine solchen, die aus leidenschaftlicher Liebe entstehen. Ich höre in diesem Augenblick herrliche geistliche Musik, Kathedralenchöre. Der Rationalismus hätte diese Meisterwerke nicht hervorgebracht. Ich selbst habe das wahre Glück nur im Liebesrausch erlebt. Ein Rationalist hätte gesagt, dass ich mich wie ein Idiot aufführe.

25. Juli 2000

Louise Mirbeau wünscht sich mit neunundachtzig Jahren die Liebe

In den 1930er-Jahren verkehrten wir mit dem jungen Ehepaar Mirbeau, Lehrer in Brissarthe. Sie waren unsere besten Freunde, einfach, herzlich, fröhlich. Wir haben häufig den Nachmittag und auch den Abend bei ihnen verbracht, Abende, die sich oft bis zum Morgengrauen hinzogen. Einmal haben wir sogar das Ehebett mit ihnen geteilt, in aller Unschuld, um nicht mit dem Fahrrad zurück nach Contigné fahren und am nächsten Morgen wiederkommen zu müssen. Fünfzig Jahre später sehen wir uns wieder. Vom Wein erregt, der mir zu Kopf gestiegen war, habe ich Louise geküsst, als wir einen Moment alleine waren! … Als sie kurze Zeit später verwitwet war, fiel sie bei einem Besuch in Boisseuil über mich her. Sie verbringt ihren Ruhestand in Montpellier in einer Wohnanlage für Senioren.

Besuch: Sie bot mir ihre Brüste dar, die üppig und fest sind. Sie will, dass ich bei ihr bleibe. Sie erhofft sich körperliche Liebe, die sie nicht kennt. Mit neunundachtzig Jahren endlich einen Orgasmus erleben … mit einem gleichaltrigen Partner!

26. Juli 2000
Mein Frankreich

Ich erinnere mich an die folgende Geschichte, die ich einmal hörte: Würde man zum Ruhm der noblen Taten, die von den Nationen vollbracht wurden, zwei Pyramiden errichten, eine nur für Frankreich und die andere für den Rest der Welt, würde die französische höher sein als die der gesamten Erde! In meiner Kindheit war Frankreich für mich von allen Ländern das schönste. Als ich größer wurde, differenzierte sich mein Bild. Ich war nicht länger stolz auf das Frankreich, das zu Eroberungen ausgezogen war, und auch nicht auf die berüchtigte Eitelkeit seiner Tyrannen. Dennoch empfinde ich es nach wie vor als Glücksfall, hier geboren zu sein, und kenne kein beneidenswerteres Land.

Mein Frankreich ist nicht das der Triumphbögen, der kriegerischen Heldentaten und auch nicht das der Kreuzzüge, sondern vielmehr das der Troubadours, der Aufklärung, der »Soldaten des Jahres II«, der Utopisten von 1848, der Kommunarden und all jener, die, häufig im Verborgenen oder verfolgt, die Sozialversicherung und ein friedliches Europa geschaffen haben. Mein Frankreich ist das der Volksfront. Es ist das Land der Barrikaden von 1830, das von Delacroix, das der Aufständischen, die sich gegen das Elend und die Unterdrückung erhoben, das der Kameraden, die auf gemeine Weise von denjenigen, denen sie zur Macht verhalfen, getäuscht wurden. Mein Frankreich, das ist Louise Michel.

27. Juli 2000
Rückkehr zum Sinnenrausch mit der jungen Mado

Seit 1946 ist Mado meine Geliebte, seit der Fronleichnamsprozession ... Schon gleich bei ihrer Ankunft in Contigné fühlte ich mich zu ihren strahlenden Augen hingezogen, die aus dem Halbdunkel eines Lieferwagens blitzten. Sie war achtundzwanzig, hübsch und schlank, mit einer verheißungsvollen Büste. Sie war häufig mutterseelenallein, denn ihr Mann verbrachte seine Zeit auf der Jagd oder im Bistro. Sie wohnte im Rathaus, wo ich 1946 viele Stunden verbrachte. Ab und zu schüttete sie mir tief betrübt ihr Herz aus. Suchte sie bei dem jungen sechsunddreißigjährigen Sekretär Trost?

An jenem Sonntagmorgen sollte die Fronleichnamsprozession am Rathaus vorbeiziehen. Wir stiegen zum ersten Stock hinauf, um besser sehen zu können. Ich stand hinter ihr. Sie beobachtete nicht die Straße, sie wartete. Jäh umfasste ich ihre Brüste, sie drehte sich um, bot mir ihren Mund dar, und wir haben uns wie im Rausch aneinandergeklammert. Wie oft haben wir uns seit 1946 geliebt?

30. Juli 2000
Als mein Herz pochte!

Als ich in jenem Kriegswinter das Haus in der Rue de Strasbourg Nr. 11 in Reims betrat, pochte mein Herz. Ich führte die Sanitätseinheit der nordafrikanischen Division, die in Remaucourt stationiert war, einem elenden Kaff in den Ardennen. Im Offizierskasino der Sanitäter hatte man den Krieg vergessen. Man sang anstößige Lieder und ließ bei jeder Gelegenheit die Champagnerkorken knallen. Ich war für die Versorgung zuständig und verfügte über ein Auto mit Chauffeur und einen Unteroffizier, den ich gleich bei unserem ersten Treffen als den fröhlichen Texier aus Bordeaux wiedererkannte, im Zivilleben Kassierer bei der *Société générale*.

An jenem 23. November 1939 fuhr ich nach Reims, um gewisse Einkäufe für die Offiziersmesse zu tätigen. Wir betraten die Haushaltswarenhandlung Syren. Texier wollte ein Drahtgitter kaufen, um den Männern Pommes frites zubereiten zu können. Während er mit einer Verkäuferin verhandelt, stehe ich vor einer strahlend jungen Schönheit, einem Wunder! Ein Gesicht, aus dem die Jugend leuchtet. Die Haut, die blonden Haare und das Lächeln dieser Kindfrau machen sie zum Archetyp der Liebe, wie ich sie mir seit 1919 und Paulette Echavidre vorstelle. Ich bin wie vom Blitz getroffen! Wir lächeln uns an, die Kehle ist uns zugeschnürt. Kann eine Frau noch schöner sein? Ich kann nur noch diesen Engel lieben. Sie ist erst sechzehn. Ich bin bereits im siebten Himmel.

»Darf ich Sie einladen?« Ich schlage einen Aperitif im Gasthaus um die Ecke vor.

Wir lachen, wir verschlingen uns mit den Augen. So lernte ich die große Liebe meines Lebens kennen. Ich feiere das Ereignis noch immer und schicke Hélène eine Azalee.

31. Juli 2000
Immer heftigere sexuelle Beziehung zu Mado

Wenn wir eine Beziehung unterhielten, wie sie zwischen einer Frau von zweiundachtzig und einem Mann von neunzig Jahren normal wäre, würde ich dich jeden Tag besuchen, meine liebe Mado. Doch du weißt sehr wohl, dass die Dinge zwischen uns anders liegen. Stundenlang lieben wir uns, als wären wir frisch verheiratet. Du begehrst mich so leidenschaftlich, dass es mich erschreckt, wenn du dich von einer zärtlichen Verliebten in eine sexbesessene Frau verwandelst, wenn sich dein Gesicht anspannt, fast wild wird, wenn du mit irrem Blick vor wahnsinniger Wollust keuchst. Noch nie waren wir so zügellos. Drei Tage habe ich mich von deinem Rausch mitreißen lassen. Diese Nacht verbringe ich nicht mit dir, Mado. Ich habe Angst, mich völlig zu verausgaben.

1. August 2000
Die Stammgäste in der Coupole

In dem altmodischen Lokal fühle ich mich wie zu Hause. Ich dürfte der älteste Stammgast dort sein. Im Augenblick bemüht sich Lucienne um mich, eine Pariserin, die sich neben mich gesetzt hat, auf die Seite des guten Ohres, doch ich bleibe kalt. Sie vertraut mir an, dass ihr Mann keinen Grund hatte, woanders zu suchen, was er bereitwillig auch bei ihr zu Hause bekam, denn sie sei keineswegs unterkühlt.

Dann gibt es da noch, romantischer, die hübsche junge Frau, mit der ich mich über Bücher unterhalte und die mir erzählt, dass sie im zweiten Monat schwanger sei.

5. August 2000
»Lieben Sie ohne Bedenken …«

Diesen Rat gibt mir der gute Doktor Richard. Sexuelle Exzesse seien nur für Herzkranke gefährlich. Mein Blutdruck liegt bei 130 zu 80, und ich leide an keiner ernsten Erkrankung. Er ermutigt mich, sexuelle Beziehungen zu unterhalten, da sie das Altern verhindern. Ich erzähle Mado, was er gesagt hat. Sie freut sich und zitiert mich gleich zu sich. Ich weigere mich. Ich werde nicht ständig nur das eine tun! Mado bedauert es. Warum nicht jeden Tag? Dann fügt die Gute sich. Welch eine glückliche Veranlagung. Nie macht sie mir Szenen, nie protestiert oder klagt sie.

7. August 2000
»Papie, mach das Beste aus deinem Leben …«

… verabschiedet sich der junge Denis von mir nach einem Mittagessen in der Coupole. Dabei tue ich in dieser Hinsicht fast zu viel des Guten. Ich bin wieder der sorglose, flatterhafte junge Mann von 1930 geworden.

»Man sollte noch einmal zwanzig sein!«, sagt ein alter Herr zu mir (jünger als ich).

»Aber ich bin zwanzig!«

Die junge Mado, mit der ich die ganze Nacht ziemlich wild zugange war, kann es bezeugen.

7. Februar 1986

Die alten Leute heutzutage haben es mit dem Sterben nicht eilig. Es ist erstaunlich, wie viele von ihnen noch selbstständig leben und luzide sind.

Ich besuche meinen neunzigjährigen Cousin Jean Oriot in der Klinik Saint-Joseph. Man hat ihm einen Herzschrittmacher eingesetzt. Oriot sieht zwar nicht mehr wie ein junger Mann aus, wird aber mit den alltäglichen Dingen alleine fertig, und die Unterhaltung mit ihm ist interessant, abwechslungsreich und lässt sein Interesse an aktuellen Problemen erkennen. Er hat sich gerade ein neues Auto gekauft! Seine Frau Marguerite, siebenundachtzig, führt nach wie vor den Haushalt und legt weite Strecken zu Fuß zurück. Man würde denken, sie ist in den Sechzigern.

Bei den Augustinerinnen besuchen wir Mademoiselle Louise Boursin, die vierundachtzig ist, hellwach, quicklebendig und so klar im Kopf wie eine junge Frau.

Es gibt Beispiele ohne Ende. Auch unsere zweiundachtzigjährige Schwägerin Alice mit ihrem Fliegengewicht von dreißig Kilo geht ganz normal ihren Beschäftigungen nach.

10. August 2000

Kurze Begegnung

»Ab welcher Zahl kann man von vielen sprechen?«, fragte ein britischer Gentleman, der im Ruf eines Verführers stand. 1929 ging es mir nicht darum, die Zahl meiner Abenteuer zu vergrößern, vielmehr konnte ich auch den leisesten weiblichen Avancen nicht widerstehen, und mit neunzig wird mir nun bewusst, dass es deren nicht wenige gab.

Von den vielen Liebeleien ist mir Simone Oursin in Erinnerung geblieben, eine kleine Brünette (Nichte der guten Madame Bois, Direktorin der Mädchenschule in der Rue Prébaudelle), deren heißblütiges Temperament der Oberaufseherin Subtil viel Kummer bereitete. Wie habe ich sie eigentlich kennengelernt? ... Listig, wie sie war, hat sie die Aufsicht hinters Licht geführt, um sich kurz mit mir zu treffen, für einen Händedruck, Liebesgeflüster, vage Verabredungen, aus denen dann meistens doch nichts wurde. An jenem Sonntag 1929 haben wir verliebt getanzt, sie hat sofort eingewilligt, mich nach Hause zu begleiten. Meine Eltern waren nicht da. Wir sind übereinander hergefallen. Endlich! In Wahrheit hatte sie mehr Feuer gefangen als ich, aber ihre leidenschaftlichen Liebkosungen erregten mich so, dass ich mich nicht beherrschen konnte. Ihre Kette riss, die Perlen kullerten in alle Richtungen davon und ich ... befleckte ihr Kleid.

21. August 2000
Intimes Tagebuch der Herzgefäße

In einem Tagebuch muss alles ausgesprochen werden. Mado hat mich vom ersten Augenblick an körperlich angezogen, zum einen wegen ihrer üppigen Brüste und zum anderen, weil sie sich mir ohne Prüderie anbot. Sie wolle mich haben, schrie sie. Noch fünfundfünfzig Jahre später schwört sie mir, dass ich für sie der Einzige war.

Sie liegt nackt auf dem Rücken, die Beine gespreizt, die Brüste emporgereckt, mit feurigem Blick, keuchend vor Begierde – seit meiner Prostataoperation ejakuliere ich nicht mehr – und ich bleibe steif in ihr. Ihr Orgasmus kommt sehr schnell und hört nicht mehr auf, ihr Gesicht wird rot, sie kann nicht mehr sprechen, ihr Mund öffnet sich, ihre Halsschlagader schwillt an. »Noch mal! Noch mal!« Und mein Rhythmus wird schneller …

26. August 2000
Aufkeimende Liebe zu Kiki-des-Bois

1930 dauerten die Ferien von Anfang August bis Ende September. Als Geneviève am 3. September ihre Ferien in Saint-Brévin-l'Océan antrat, blieb uns noch ein Monat bis zum Schulbeginn. Ich holte sie am Bahnhof von Saint-Nazaire ab. Fähre, Autobus, Kiki in der Familienpension und am Abend Spaziergang bei Mondenschein. Von körperlicher Liebe ist nicht die Rede. »Fröhlich, jung, lieb und verschmitzt«, das ist für mich Kiki. Wir liegen unter den Kiefern und halten uns keusch umschlungen, als Liebespärchen und dicke Freunde. »Bin glücklich«, schreibt sie auf die Postkarten an ihre Freundinnen. Warum sind wir an jenem 4. September auf einem Schiff? »Reizende Überfahrt, es gießt in Strömen ...« Aber Geneviève schmiegt sich an meine Schulter, »unerschöpfliche Zärtlichkeit, sanft und verschmust«.

Geneviève und Marcel als Verlobte, 1930

2. September 2000
Auf der Suche nach dem verlorenen Französisch

Ich erinnere mich an eine Diskussion in einem Friseursalon, als ein Gymnasiallehrer meinem Vater darzulegen versuchte, dass allein der lateinisch-griechische Königsweg des Lycée gebildete Menschen hervorbringe. Meine Eltern waren nicht besonders ehrgeizig. Sie gingen davon aus, dass ich mit der École primaire supérieure Chevrollier die Ingenieurslaufbahn einschlagen und also einen angesehenen Beruf ergreifen könnte. Es muss erwähnt werden, dass auf der EPS im Gegensatz zum Lycée kein Schulgeld erhoben wurde. Mein guter Vater, der an sich sehr verständnisvoll war, fragte mich gar nicht erst nach meiner Meinung. Die Aussicht, die Mädchen zu beeindrucken, missfiel mir nicht. Man steckte mich in die »Spéciale«, die Klasse der Besten, und Griechisch, Latein und Literatur waren vergessen. Ich litt ein wenig darunter, ein »primaire« geblieben zu sein, in meiner Jugend ein negativer Begriff, den man heute jedoch auf jeden anwenden könnte.

23. November 1984

In der Fernsehserie *La dictée* wird das Leben an der École Normale im Jahr 1886 gezeigt. Was ich dort sehe, scheint mir dem sehr ähnlich zu sein, was ich selbst noch 1926 bei meiner Lehrerausbildung in Issoudun erlebt habe.

Man wird um fünf Uhr morgens von der Trommel geweckt, man geht abends um neun Uhr ins Bett, nachdem man den lieben langen Tag nur gelernt hat. Man muss »Dienste« leisten. Wegen meiner Einstufung wird mir der Bibliotheksdienst übertragen. Man trägt große schwarze Kittel und Stiefel; nachts im Schlafsaal liegt man in seinem langen Nachthemd auf identischen kleinen Eisenbetten. Die Uniform wurde kurz zuvor abgeschafft, desgleichen die Spaziergänge in Reih und Glied. Aber Ausgang ist selten, nur donnerstags und sonntags wenige Stunden am Nachmittag. Der Schlafsaal wird nicht geheizt, das Wasser gefriert in den Krügen. Man bereitet die Zöglinge hier noch auf den Militärdienst vor. Der Speisesaal ist eisig. Man isst von Marmortischen Gerichte, die häufig kalt und wenig appetitlich sind. Ich bringe jedoch Butter, Camembert und Konfitüre in großen Mengen mit, die ich im Fach Nr. 10 aufbewahre.

4. September 2000
Der Metallbaukasten

In den Zwanzigerjahren schenkten mir meine Eltern, wie es damals sehr in Mode war, zu Weihnachten einen Metallbaukasten. »Eine grässliche Sammlung von Metallteilen, die man mit Schrauben zusammensetzte, um Kräne zu bauen«, beschreibt Jean Dutourd ihn in seinen Memoiren. Genau das war meine Meinung über das Spielzeug, das im Ruf stand, die Intelligenz zu fördern und erzieherisch wertvoll zu sein. Ich hatte nur Freude am Lesen und am Zeichnen jener kleinen Figuren, die von den Frontsoldaten des Krieges 1914 bis 1918 inspiriert waren und sich wilde Schlachten lieferten oder unter Triumphbögen hindurchmarschierten, um ihren Sieg zu feiern. Meine guten Eltern wollten mich mit dem Metallbaukasten in Richtung des angesehenen Ingenieurberufs lenken.

Der zwölfjährige Marcel mit seinen Eltern

11. September 2000
Hat Epikur gewonnen?

Keines meiner zwölf Enkelkinder ist religiös oder macht sich Gedanken über patriotische Werte. Von dem, was ich im Katechismusunterricht lernte, wissen sie so gut wie nichts. Ostern, Christi Himmelfahrt oder gar Mariä

Himmelfahrt sind unbekannte Begriffe für sie. Dasselbe Desinteresse zeigen sie gegenüber geschichtlichen Ereignissen und den moralischen Werten, die man mich lehrte und die ich selbst weitergegeben habe. Es kommt mir so vor, als lebten sie freier und bewusster und hätten einen klareren Kopf. Leben sie wie Epikureer?

12. September 2000
Keine Spur vom Katechismus?

Warum nur haben meine lieben Eltern darauf bestanden, dass ich am Religionsunterricht teilnahm? Ohne Zweifel, damit ich nicht auffiel, damit ich nicht schief angesehen wurde. Sie werden sich gesagt haben: »Wenn er ihm nicht guttut, so wird er ihm wenigstens nicht schaden.« Doch, er hat mir geschadet, denn er hat meine Jugend vergiftet! Ich höre noch immer die gedämpfte Stimme des Pfarrers Pineau im Beichtstuhl: »Hast du etwas Unanständiges gemacht, allein oder mit anderen?« Ich sehe noch immer das Bild vor mir, das Abbé Mérit uns zeigte: Entsetzliche Teufel zerren an den Laken eines Sterbenden, der keine Beichte abgelegt hatte, und ziehen ihn in die Flammen des ewigen Feuers. Nur Abbé Gaborit redete in der Sprache der Evangelien.

Warum gibt es keinen epikureischen Katechismus, der uns lehrt, dass das Verständnis der Welt die menschliche Fassungskraft übersteigt, dass die körperliche Liebe kein Verbrechen ist, dass es keinen Grund dafür gibt, an eine Welt nach dem Tode zu glauben, einen Katechismus, der uns beibringt, zur fundamentalen Lehre Christi zurückzufinden. »Liebet einander ...«

14. September 2000
Bei Odile du Bois Germond

Lili bringt uns nach Pléhérel zu Odile du Bois Germond. Die Declonche waren 1947, zur Zeit meiner Romanze mit Lili, Apotheker in Soeurdres. Der Mann, Jeannot, Antiquitätenhändler, führte die Apotheke. Es war die Zeit der Rosengart-Automobile und der Benzinknappheit. Ich genoss das Privileg, ein wenig Benzin zugeteilt zu bekommen, weil ich der Gemeindeschreiber von Contigné war. Manchmal kutschierte ich die Damen Lili, Odette und selbst Mado. Schon damals bestand eine Rivalität zwischen Lili und Mado!

17. Dezember 1990
Unser erstes Auto, im August 1938 gekauft, war ein Rosengart. Bis dahin waren wir immer mit dem Fahrrad gefahren. Unsere Anschaffung war ein großes Ereignis. Im ganzen Dorf gab es nur vier oder fünf Autos. Der Rosengart, der uns 16 000 Francs kostete, war ein kleiner schwarzer Viersitzer, der aussah wie eine Seifenkiste. Der Motor war sehr einfach. Von diesem Auto habe ich noch etwas verstanden. Man musste häufig den Vergaser reinigen und die Leerlaufdüse durchpusten. Man musste es mit einer Kurbel starten, es hatte weder einen Zünd- noch einen Türschlüssel. Nicht selten platzte ein Reifen. Der Rosengart war auch das einzige Auto, bei dem ich wusste, wie man die Reifen wechselte. Er dürfte fünfzig oder sechzig Stundenkilometer gemacht haben, und wenn er am Ende einer Talfahrt die siebzig erreichte, begann er zu klappern und zu scheppern.

Mit dem Rosengart fuhren wir im Sommer 1939 die ganze

Côte d'Azur entlang und waren begeistert von deren Schönheit.

Morgens, wenn ich losfahren wollte, kam es manchmal zu Problemen. Dann bat ich den Automechaniker Pierre Marin aus dem Ort um Hilfe. Wenn der mit Zange und Hammer bewaffnet ankam, sprang der launenhafte Rosengart häufig bei der ersten Kurbeldrehung an. »Er weiß, dass er es mit mir nicht machen kann«, erklärte der Mechaniker.

Vor allem war der Rosengart sehr tapfer. Er gehörte zur Familie. Wir haben ihn überladen und für alles eingesetzt. Viele Jahre verbrachte er im Exil, im alten Eselstall unseres Hauses in Contigné, und sprang doch nach der Befreiung sofort wieder an, fidel und zu allem bereit. Er blieb noch eine Weile Gemeindeauto wie in den ersten Besatzungsjahren. Weil er damals das einzige Fahrzeug mit »Ausweis« war, habe ich mit ihm kontingentierte Tabaksäcke, Kranke und einmal sogar die Leiche eines armen Mädchens transportiert, und das alles umsonst.

Das hatte wohl auch der Abbé Maurice Riou mitbekommen, der sein Dienstmädchen Charlotte ins Krankenhaus bringen musste und mich im Bürgermeisteramt aufsuchte, weil er kein Geld hatte.

Geschmeichelt, dass seine Wahl auf mich gefallen war, fuhr ich die beiden hin. Charlotte hatte ein Krebsleiden und ihr Gesicht bestand nur noch aus Augen. Als ich ihr Mut machen wollte, dass die Operation gut ausgehen würde, fiel mir der Abbé ins Wort: »Das glauben *Sie*. Die macht's nicht mehr lange!«

Die Moral von der Geschichte: Charlotte wurde sehr alt, und der Pfarrer starb nur kurze Zeit nach diesem Gespräch.

15. September 2000
Rückkehr nach Angers

Es ist 15.00 Uhr. Hélène ruft mich an. Sie wird gegen halb zwei auf dem Bahnhof von Angers eintreffen. Ich freue mich darauf, sie wiederzusehen. Bin jedoch enttäuscht, als sie mir sagt, für die Liebe sei sie zu alt. (Sie ist achtundsiebzig.) Sie hat ein Einzelzimmer gebucht. Ich weiß nicht, in welcher Verfassung ich sie antreffen werde, aber ich glaube nicht, dass ich in ihrer Nähe kein Verlangen verspüren werde.

18. September 2000
Hélène in Les Sables?

15 Uhr. Telefon: Hélène! Aus Gesundheitsgründen verschiebt sich ihre Fahrt nach Les Sables auf den 1. Oktober. Vom 3. an würden wir die Nächte gemeinsam verbringen! Das Unerhoffte würde wahr werden, ich würde sie vor dem Tod noch einmal sehen. Dass sie nach Les Sables kommt, bedeutet, dass sie mich sehen will, auch wenn sie am Telefon nur von ihren gesundheitlichen Problemen und denen ihres Sohnes und ihrer Enkelin spricht. Ohne Zweifel ist sie realistischer und neigt weniger zur romantischen Liebe als ich. (Immerhin bin ich in Frauen meines eigenen Alters verliebt und mache mich nicht lächerlich, indem ich irgendwelchen jungen Miezen hinterherlaufe.) Es ist recht erstaunlich, wie sehr sich Hélènes und Lilis Situation ähneln. Beide müssen sich um einen Mann kümmern, der zwar zwanzig Jahre jünger ist als ich, aber impotent. Beide rufen mich heim-

lich an, und es freut sie, mich zu sehen. Und gleich rufe ich die liebe Mado an, die mit ihrer Freundin Suzanne Redouté in der Vendée Trübsal bläst und vor Verlangen nach mir vergeht.

25. September 2000
Angenehmes Aufwachen

Nach einem Wochenende mit einer nach drei Wochen Abstinenz entfesselten Mado erhole ich mich durch einen langen Schlaf. Telefon: Lili! Wir plaudern unbeschwert.

Ich gehe nach unten und hole die Zeitung.

Halima, die algerische Putzfrau, setzt ihren Eimer ab, um mich auf beide Wangen zu küssen.

Mado erinnert mich an unsere stürmischen Umarmungen vom Wochenende.

»Sechs Orgasmen!«, sage ich zu ihr.

»Oh! Viel mehr!«, ruft sie.

Ich betrüge Lili nicht, das Fleisch hat nichts mit dem Geist zu schaffen, aber wenn ich Hélène im Oktober in Les Sables-d'Orlonne treffe, sind die Chancen gering, dass wir enthaltsam bleiben.

Was mache ich nur mit Mado?

26. September 2000
Überraschende – und bedauerliche? – Entwicklung

In meiner Jugend lief ich zwar hinter den Mädchen her, war jedoch letzten Endes sittsam und behandelte sie respektvoll. In Issoudun reichten meine Liebkosungen nur bis zum Gürtel. Bei Annette, Simone und vielleicht auch anderen, die ich vergessen habe, gingen sie bis zu dem Punkt, von dem es sich nicht schickt zu sprechen. Meine Liebe zu Hélène im *drôle de guerre* war einzig und allein romantischer Natur. Das ging so weit, dass ich wegen meiner Frigidität beunruhigt war und diese Sorge in einem Luxusbordell mit einer Prostituierten beschwichtigen musste. Mit der eleganten Colette kam es zu einem sinnlichen Zwischenspiel im Krankenhaus von Angoulême, wir blieben aber bei der Boudoirerotik. Erst siebzigjährig entdecke ich mit Hélène die sinnlichen Freuden einer von beiden Seiten empfundenen Liebe. Als ich Hélène Ende 1984 verlassen hatte, traf ich im März 1986 Mado wieder, meine Mätresse von 1946. Seither ist unser Appetit ständig gewachsen.

27. September 2000
Spätes Eingeständnis

Am 27. September beschließe ich, Louise anzurufen und ihr zu gestehen, dass ich eine Geliebte habe. Das habe sie geahnt, erwidert sie. Sie habe sich mehr erhofft, wünsche aber weiterhin, dass ich sie besuche. Dabei war die Louise, die ich kannte, so sittsam!

Ich gehe in die Coupole, Lucienne setzt sich an den Nebentisch. Wie selbstverständlich stochert sie mit ihrem Löffel in meiner Crème brûlée herum!

2. Oktober 2000
Überraschende Entwicklung meiner Gefühle für Mado

Da wir jetzt beide verwitwet sind, hält uns eigentlich nichts mehr davon ab, zusammenzuziehen. Mado würde sich das zwar wünschen, besteht aber nicht darauf, weil ein solcher Schritt ihre Angehörigen sehr erstaunen würde. Ich hingegen lege Wert darauf, allein zu leben und ungebunden zu sein. Dennoch, es wäre für mich sicherer, mit dieser angenehmen, mir ergebenen Frau zu leben. Ich verspüre für sie eine wachsende Zärtlichkeit, jedoch ohne die Leidenschaft, die mich für Hélène erfüllte und die wieder aufflammen kann, wenn ich sie am Donnerstag sehe!

15 Uhr: Hélène! Sie hat ihre Reise noch einmal verschoben. Wie schade! Sie leidet zu sehr unter ihrem Handgelenk. Ihre Fahrkarte bleibt noch eine Weile gültig, sobald sie weniger Schmerzen hat, kommt sie mich an einem Donnerstag besuchen. Ich spüre, dass sie aufrichtig betroffen und mir näher ist als sonst, wenn wir telefonieren.

Ich bin sehr enttäuscht, ich habe so fest daran geglaubt, dass sie kommt. Heute Abend werde ich mich in Mados Bett trösten lassen!

6. Oktober 2000
Ein Leben per Telefon

Um 15.30, Hélène. Sie erläutert mir, was sie veranlasst hat, ihre Reise zu verschieben: die Schmerzen in ihren

Gelenken, der schlechte Zustand ihres Mannes Michel, die Erkrankung ihrer Zugehfrau. Sie möchte an einem Donnerstag kommen und dann erst am Freitagmorgen wieder abreisen.

10. Oktober 2000
Tanz der Blätter

Der Wind greift ins Geäst der Bäume vor dem Fenster. Es ist ein wahnsinniger Tanz, der nicht aufhören will. Ihre gewaltigen Kronen schwanken von rechts nach links.

Das blaue Fahrrad. Der Film versetzt mich ins Jahr 1939 zurück, in die fieberhafte Atmosphäre zu Kriegsbeginn. Ein Jahr zuvor hatten wir mit dem Münchener Abkommen Hitler die Tschechoslowakei überlassen, hatten uns mit Schande bedeckt, um den Frieden zu retten. Wir empfanden die feige Erleichterung, von der Léon Blum sprach. Churchill hatte vorausgesagt: »England hat die Wahl zwischen Krieg und Schande. Es hat die Schande gewählt und wird Krieg ernten!« Wir befanden uns in einem Zustand benommener Resignation. Von dem idiotischen, romantischen Enthusiasmus beim Ausbruch des Krieges von 1914 konnte nicht mehr die Rede sein. Die Männer brachen in einer Atmosphäre trostloser Gleichgültigkeit auf. Ich verließ Geneviève sehr beunruhigt. Ihrer Stütze beraubt, war sie nicht mehr ganz bei Sinnen. Als sie nach Châteauroux kam, wo ich hinbeordert worden war, wirkte sie verwirrt, ihre Worte waren ohne Zusammenhang.

Gleich bei meiner Ankunft hatte ich den Eindruck,

dass in Châteauroux ein großes Durcheinander herrschte. Ich erhielt Mobilisierungsanweisungen, die von gewissenhaften Schreiberlingen zusammengestellt waren, welche die kleinste Einzelheit berücksichtigt hatten: »8.45: zwölf elektrische Lampen aus der Werkstatt holen, 9 Uhr: …«

Dieses Meisterwerk legte ich dem für die Sanitätseinheiten zuständigen Hauptmann Bouffanet vor, der von Natur aus gern herumbrüllte. »In den Müll damit! Holen Sie lieber die Treter von der Wiese!« Ein Berg Schnürstiefel türmte sich nämlich mitten auf dem Feld auf. Meine Sanitäter sollten ihre Stadtschuhe gegen diese Stiefel austauschen. Alles Übrige erledigte ich, wie es sich ergab! Ich requirierte mit großem Schwung: Hemden aus Flugzeugleinwand, Benzin bei einem reizenden Tankwart, der über die Papierzettel entsetzt war, die ich ihm als Zahlung reichte, und in Issoudun, Place de la République, fand ich preisgünstige Überlandbusse!

12. Oktober 2000

Ach, was war der Krieg so schön im Herbst 1939!

Kurz, im Grunde hatte sich seit 1870 nichts geändert. Dieselben eingebildeten, inkompetenten Generäle, dasselbe »Durchwurschteln«, weil allgemeine Unklarheit herrschte, dieselbe Selbstgefälligkeit.

Man richtete sich darauf ein, dass sich alles auf irgendeine Weise wieder arrangieren würde, dass die Maginot-Linie, die zur belgischen Grenze hin offen war, uns schützen würde, dass Hitler es nicht wagen würde, eine Nation anzugreifen, die noch den Lorbeerkranz des Sie ges von 1918 trug. Die Offiziere des Sanitätscorps ließen ihre Frauen kommen, mieteten Zimmer und nutzten das milde Herbstwetter für Gelage im Freien. Man scherzte, man lachte, man machte unverhofft Urlaub. Ich besitze Fotos dieser bukolischen Freuden.

Unterdessen schluckte Hitler Polen mit der Hilfe seines Komplizen Stalin; in wenigen Tagen legte er Warschau in Schutt und Asche, schuf das Ghetto, in dem Tausende von Juden Hungers sterben sollten. Um mich herum machte man die Juden schlecht. Es hieß, dass sie sich im Sanitätscorps »breitmachten«, die besten Posten einnähmen. Der Assistenzarzt Rosenfeld, der sich in unseren Stab verirrt hatte, wurde nur von mir menschlich behandelt.

13. Oktober 2000
Junge Saat

Wenn ich mir überlege, wie die Leute meiner Altersgruppe reden, wie sie allmählich auf die normalen Aktivitäten erwachsener Menschen verzichten, wie sie sich in Heimen und Altenheimen niederlassen, dann habe ich nicht das Gefühl, genauso alt zu sein wie sie.

Vor mir liegt die Seite meines Tagebuchs vom 12. Oktober 1930, wo ich bereits schrieb, dass die »bacchantische und verräucherte Atmosphäre der Erstsemestertreffen in der Kneipe mich an meine Jugend erinnert!« Körperlich haben meine Kräfte sehr nachgelassen, vor allem die Beine schaffen nur noch kurze Strecken, und ich muss mich auf einen Stock stützen. Außergewöhnlich finde ich, dass entgegen der allgemeinen Meinung und entgegen meinen eigenen Erwartungen meine Manneskraft zugenommen hat. Liebe Madame Gardon mit dem Gesicht eines Chow-Chow, die Sie sich auf mich stürzten, als ich siebzehn war, es hätte der Virilität bedurft, über die ich nun als Neunzigjähriger verfüge, um Sie zur Ekstase zu bringen!

5. April 1928

Nachmittag bei Madame Gardon. Ich betrete das Haus mit dem festen Vorsatz, unerschütterlich wie eine griechische Statue zu bleiben. Das kleine Dienstmädchen empfängt mich mit den Worten: »Madame ist im Badezimmer.« Ich warte auf dem Kanapee. Sie beginnt damit, dass ich zu ihr gesagt hätte, es sei aus, und wie meine Briefe so ganz ohne Gefühl gewesen seien. Sie regt sich auf, das wird nicht gut gehen!

Ich bleibe sitzen, ohne mich zu rühren, und finde die bewundernswerte Ausrede: »Ich bin unfähig zu lieben, ich vergesse zu schnell.« Da kommt sie zu mir, mit offenem Bademantel und entblößten Brüsten, nimmt mich bei der Hand und führt mich zu ihrem Bett. »Mein Liebling, liebe mich!« Ich war überwältigt. Ich erinnere mich an ihr Parfüm, an den Biss ihrer Lippen und ein kurzes Aufblitzen der Sinnlichkeit.

Und dann der Mann, der gleich nach Hause kommt! Nichts wie weg, schnell unter Männer, ins Café Bleux et Villard. »Wie nett die Männer sind, wie lieb und einfach … im Gegensatz zu den Frauen.« Außerdem habe ich genug davon, der junge Liebhaber zu sein, ich würde gern eine junge Geliebte kennenlernen.

19. Oktober 2000
Der Mann aus Colombey-les-deux-Églises

Wie bin ich in der Coupole mit meinem Tischnachbarn ins Gespräch gekommen? Durch das Wetter, wie so häufig.
»Regnet es hier oft?«
»Das Wetter ist typisch für Angers.«

> 12. Januar 1938
>
> Morgen: Der Himmel ist mit schmutzig grauen Wolken überzogen, der Sand des Schulhofes klebt an den Sohlen, die feuchte Luft legt sich wie ein Film auf die Lunge.
>
> Das Klassenzimmer: Dort ist es düster, auf dem schmutzigen Boden liegt schwarzer Kies, die Hefte in dem Regal sind angeschimmelt, die Tische staubig.
>
> Im Bürgermeisteramt ist es wie in einem Keller. Die Tinte des Stempelkissens wird dünn. Die Holzvertäfelungen verfaulen, die Schriftstücke lösen sich auf.
>
> Alles ist Schlamm. Zu Hause bilden sich schwärzliche Marmorierungen auf den Tapeten, die Füllungen zwischen den Pflastersteinen zerfließen gelb, Moos sprießt auf den Bodenplatten. Selbst das Licht fällt vom Himmel wie Sprühregen.
>
> Abend: Die Pantoffeln kleben am Linoleum, der Schlafanzug ist klamm, man schlüpft in feuchte Bettlaken. Das nennen die Dichter »das milde Klima von Angers«.

Ich erfahre von meinem Tischnachbarn, dass er in Colombey-les-deux-Églises wohnt, wo de Gaulle starb. Er freut sich, dass der Ruhm des historischen Bewohners gut fürs Geschäft ist, räumt aber ein, dass er immer mehr nachlässt.

In La Boisserie herrschte eine nüchterne Atmosphäre, es war recht kühl, und das spartanische Essen wurde von einer Frau aus dem Dorf zubereitet. Das Personal belief sich auf zwei oder drei Angestellte. Der Mann erinnert sich daran, dass unter der Vichy-Regierung der Besitz der Familie de Gaulle von den Richtern konfisziert wurde, denselben, die später, als sie Gaullisten geworden waren, die Mitglieder der Vichy-Regierung verurteilten. Von allen Richtern Frankreichs verweigerte nur ein einziger dem Marschall den Eid. Daher hat mein Tischnachbar keine hohe Meinung von den Richtern und macht sich Sorgen, dass sie zu mächtig werden könnten. Erfreuliche Bekanntschaften wie diese würde ich im kommunalen Seniorenzentrum Bellefontaine nicht machen.

21. Oktober 2000

Der 11. November

Ich höre Radio. »Wenn alle Gefallenen Frankreichs in Viererreihen aufmarschierten, würden sechs Tage und fünf Nächte vergehen, bis der letzte an uns vorübergezogen wäre … Zehn Millionen Tote insgesamt. Drei Millionen fünfhundertfünfundneunzigtausend Verwundete. Sechsundfünfzigtausend Amputierte. Fünfundsechzigtausend Verstümmelte. Zweitausendfünfhundert Milliarden Goldfranken in den Taschen der Waffenhändler …

Man zähle einmal die Gefallenen auf den Kriegsdenkmälern in unseren Dörfern. In der Bretagne hat ein wahres Gemetzel stattgefunden, zehn Prozent der damaligen Bevölkerung sind gefallen, das heißt fast die Hälfte der Männer zwischen zwanzig und vierzig Jahren. Wer den Schützengraben verließ, war des sicheren Todes ...«

Und das haben wir jedes Jahr am 11. November in Contigné an grauen, vernebelten Vormittagen gefeiert! Wir führten die Schüler zum Denkmal der »für Frankreich« Gefallenen auf dem Friedhof. Mit der christlichen Schule haben wir im Kranzbinden gewetteifert. Bis in die Nacht hinein haben wir bei Madame Lelong, Kriegerwitwe und heftige Kirchengegnerin, Kränze gebunden. Wir sangen die Marseillaise, ohne die blutrünstigen Worte wahrzunehmen. Der Bürgermeister verherrlichte das Opfer der Gefallenen im Namen des Vaterlands, er las die zweiunddreißig Namen vor.

22. Oktober 2000

Der Waffenstillstand in Contigné

Ich habe von 1932 bis 1939 miterlebt, wie jener Waffenstillstand, der den allerletzten Krieg hätte beenden sollen, gefeiert wurde; und 1945 hat man die Tradition dann fortgesetzt. Foyer präsidierte mit gewichtiger Miene, war sich seiner feierlichen Rolle bewusst.

»Fanfare!« Jemand, der stolz sein Clairon hielt, stieß Töne hervor, die mich an Zirkusmusik erinnerten.

»Den Gefallenen!« Foyer warf sich in die Brust. Ich merkte, dass er nie Soldat gewesen war. Er verlas die Namen der Opfer des idiotischen Krieges, und ein Mitglied des Gemeinderats antwortete bei jedem Toten: »Gefallen für Frankreich!«

»Fanfare!«, schrie Foyer mit der Stimme eines Truppenkommandanten. Und die Veteranen, die Schulkinder verließen den Friedhof, die Bistros füllten sich und hallten von den Begrüßungen und dem fröhlichen Gelächter der Trinkenden wider. Einmal war Foyer verhindert, und ich hatte die Gelegenheit, die Feier zum Heldengedenktag am 11. November zu leiten. Ich sprach nicht vom glorreichen Tod auf dem Felde der Ehre, sondern von jungen, zerbrochenen Leben, von verlorener Liebe, von Waisen, denen die Kindheit gestohlen worden war, von den Tränen der Witwen, von all den schlichten Menschen, die geopfert wurden, weil diejenigen, die man die »Großen« nennt, das einfache Volk verachteten.

3. November 2000
Allerheiligen

Ich habe in einem alten Heft, meiner ersten Agenda aus dem Jahr 1927, geblättert. Am Allerheiligentag jenes Jahres war ich nicht fröhlich. Ich war sechzehn und hatte mein erstes Jahr der Lehrerausbildung an der École Normale hinter mir. Bei dem Gedanken an das zweite Jahr wurde mir schwer ums Herz, denn es würde noch anstrengender werden. Wie heute regnete es ohne Unterlass. Ich dachte an die Mädchen von Issoudun ... an Andrée Sery und an ihre schwarzen tiefgründigen Augen. »Ach! Das liegt so weit ... in der Zukunft! Noch fünf Monate (bis Ostern). Und morgen ist erst Allerheiligen! Beeilt euch, Osterglocken, Lerchengesang und Frühlingserwachen!« Auf die Ferien in Issoudun wartete ich sehnsüchtig. Ich zählte die Tage auf einer Zentimeterskala; nach und nach schrumpfte der weiße Teil, und die Abreise nach Issoudun rückte immer näher.

6. November 2000
Den Unschuldigen, mit vollen Händen

Als wir 1932 heirateten, besaßen wir nichts. Mamie brachte ihren Schließkorb aus dem Waisenhaus mit in die Ehe. Meine Eltern waren zwar nicht arm, hatten aber keinen Besitz, sie hatten ihr ganzes Leben zur Miete gewohnt. Ich erinnere mich aber, wie ich meinen Vater einmal zu einem Tresorfach im Untergeschoss des Crédit de l'Ouest begleitete, wo er einige Coupons von Schatzbriefen abschnitt. Ich kann mich überhaupt nicht daran erinnern, wegen des Erbes meiner Eltern mit einem Notar zu tun gehabt zu haben. Da muss doch einer gewesen sein! Habe ich nach dem Tod meines Vaters 1956 und meiner Mutter 1976 etwas geerbt? Ich weiß es nicht mehr. Mamie und ich setzten unser einfaches Leben fort, haben uns aber nie etwas versagt. Unsere Bedürfnisse waren sehr bescheiden. Hingegen waren wir unseren Kindern und auch Bittstellern gegenüber sehr großzügig. Nie etwas geliehen, immer gegeben.

Ich erinnere mich, wie mein Vater erzählte: »Dein Großvater war Lutheraner und hatte Angst davor, reich zu sterben, denn er hatte im Evangelium gelesen: ›Eher geht ein Kamel durch ein Nadelöhr, als dass ein Reicher in das Reich Gottes gelangt.‹«

20. Januar 1990

Menschen, die den Reichtum verachten, sind mir unendlich sympathisch. Ich lese begeistert, wie geradezu besessen de Gaulle davon war, nichts zu besitzen. »Mein einziger Feind und der einzige Frankreichs ist das Geld«, sagte er. Er hat sich nie den Interessen und Zielen des Bürgertums verbunden gefühlt. Als er in den Ruhestand tritt, weigert er sich, die zwei Millionen Francs monatlich anzunehmen, die ihm als Alterspräsident der Republik, Mitglied des Verfassungsgerichts, ehemaligem General und Mitglied der Ehrenlegion zustanden. Er nimmt keine kostenlosen Pressedienste in Anspruch. Er legt Wert darauf, sich seinen Citroën DS selbst zu kaufen und kein vom Staat zur Verfügung gestelltes Auto zu fahren. Keine Juwelen, keine Börsenspekulationen. Als seine Frau in Bas-sur-Aube einen Strafzettel bekommt, bezahlt der Präsident den Fiskus der Republik in bar.

7. November 2000
An dem ich zur Flatterhaftigkeit meiner Jugend zurückkehre

Freudige Überraschung beim Aufwachen: Lili ruft mich wieder morgens an. Was für ein Fähnlein im Winde bin ich doch! Ich freue mich, sie zu hören, empfinde aber nicht dasselbe beglückende Gefühl wie vor einigen Monaten. Hélène ruft mich an: Sie verschiebt ihre Reise … Die Möglichkeit, einige Tage mit ihr allein zu verbringen, hätte mich vor Kurzem noch in den siebten Himmel versetzt, heute beunruhigt mich der Gedanke eher, und wenn sie gar nicht käme, wäre ich auch nicht böse.

Schon 1929, welche Unbeständigkeit! Germaine, Annette, Solange …

22. April 1929

Was für ein toller Sonntag! Zuerst Kintopp mit einem prima Film, der mir gut gemacht schien (denn viel gesehen habe ich nicht), und mit heftiger Knutscherei und Gefummel … Sie macht das toll, ihr Blick verschleiert sich, sie beißt sich auf die Lippen und keucht ein wenig gegen Ende des Kusses … Ach, Germaine, fast hätte ich mich in dich verliebt! Dann gehen wir zusammen in die Cigale, ich habe mich dort viel mehr amüsiert als beim ersten Mal, und wir genierten uns nicht. Sie sitzt auf meinem Schoß, und ich küsse sie ab.

Bevor wir auseinandergehen, umarmen wir uns schließlich in einem Hauseingang. Ich war wohl nie zuvor mit einer solchen Inbrunst bei der Sache. Als du dich heute Abend an meine Schulter gelehnt hast, war ich dir ganz und gar verfallen.

5. Mai 1929

Ich spreche mit meinen Eltern über meine Absicht, nach Algerien zu gehen. Wir diskutieren ein wenig darüber, dann meint mein Vater, er ließe mir freie Hand, ich könne tun, was ich wolle.

Nachmittag. Wir gehen zum Hôtel de la Loire. Gute Idee! Ich lerne dort eine charmante Brünette mit einem reizenden Lächeln kennen: Annette Iselin. Geistreich und allerliebst, elegant und intelligent, ich habe einen Narren an ihr gefressen. Wir tanzen eng aneinandergeschmiegt, Hand in Hand, Auge in Auge; sie hat braune Glutaugen. Und dann verabreden wir uns fest für den 16.

Ich muss heim! Wie ich die Nase voll habe von diesen überstürzten Heimfahrten auf dem Trittbrett.

Beim Lernen abends höre ich die Kommentare zu den Gemeindewahlen. Wie sehr ich darauf pfeife! Ich denke an meine Annette, meine Annette, die ich bereits ein wenig liebe … ein wenig sehr.

24. Mai 1929
Brief von Solange. Poetisch und im Stil Lamartines. Wie sentimental sie ist, doch wie reizend ihr Brief. Und mir wird klar, dass ich nicht nur in Annette verknallt bin.

25. Mai 1929
Ich schreibe an Solange. Ich stelle fest, dass auch sie durchaus einen Platz in meinem Herzen hat und eine ernst zu nehmende Konkurrentin für Annette ist. Ich bin wohl ein wenig unbeständig.

12. November 1929
Im eisigen Regen und bei böigem Wind kehre ich mit dem Rad nach Marcé zurück, in den Schatten eines Kirchturms, der so traurig wie eine Nachtmütze aussieht. Der Wind fährt schauerlich unter die Fensterläden, der Sturm tobt ... Auf Wiedersehen, Annette, der Traum hat sich verflüchtigt! ...

Einige Stunden vorher: die Lichter von Paris und die Liebe! Und dann auf einer matschigen Straße mitten in der Nacht, im peitschenden Regen in die Pedale treten, was für ein Erwachen! Man muss die flüchtigen Glücksmomente bezahlen. Noch glaubte ich leichtfertig an die Versprechungen der Liebe und litt nicht die Qualen der Eifersucht, überzeugt, dass die junge Annette mir treu war, und bekümmert über unsere Trennung. In dem breiten eisigen Bett konnte ich keinen Schlaf finden und dachte nur daran, wieder nach Paris zu fahren, wo eine Madame Senotroussof mir eine Anstellung als Redakteur bei der öffentlichen Fürsorge beschaffen sollte. Ich wollte mich auf das Auswahlverfahren vorbereiten ...

Am nächsten Morgen Fieber, Unwohlsein, Angina!

13. November 2000
Fünf Tage bei Mado

Dank Mado habe ich das Krankenhaus, die Einweisung in ein Altenheim, die häusliche Krankenpflege, die immer eine Belastung ist, umgehen können. Sie hat mich mit Liebe, Aufmerksamkeit, Zärtlichkeit bei sich aufgenommen und war die ganze Zeit ausgeglichen und fröhlich. Ich fühle mich bei ihr wohl, wir sind ein echtes Paar, wie ich es letztlich nie erlebt habe. Sie akzeptiert alles, verzeiht alles. Was mich beunruhigt, ist die sexuelle Anziehung, die mit dem Alter immer schlimmer wird. Wegen dieser unersättlichen Begierde kann ich auf Dauer nicht mit Mado zusammenleben. Sie würde es als eine Beleidigung auffassen, wenn ich im Gästezimmer schlafe. Ihr Körper ist nicht mehr der einer jungen Frau, sie hat Fettpolster auf dem Bauch, ihre Brüste werden allmählich schlaff, aber nichts bremst mein Verlangen nach ihr. Mein beschütztes Junggesellendasein ist ein seltenes Privileg.

Heute Nachmittag bin ich wieder zu mir nach Hause zurückgekehrt.

14. November 2000
Eine neue Art zu leben

Ich rufe ein Taxi, das mich zur Coupole bringen soll. Ich habe Mado zum Mittagessen eingeladen. Wir speisen mit gutem Appetit. Sehen wir uns im Kino einen Film an? Mado würde lieber zu mir nach Hause gehen. Ich zögere leicht …

»Wir werden uns aber nicht lieben?«

Mado verspricht es.

Siesta in ihren Armen. Beim Aufwachen wollüstige Gedanken, die schwer zu vertreiben sind. *La chance aux chansons* ist unsere Rettung. Die guten alten Gassenhauer … »La vie en rose« … »Bal, petit Bal« … Wir liegen uns in den Armen, eng aneinandergeschmiegt, zärtlich, vernünftig.

Ein rarer Glücksfall, dass ich nicht einsam bin, unabhängig lebe und dennoch diese verständnisvolle, wenngleich allzu verliebte Frau habe. Brav lässt sie mich um fünf Uhr alleine.

Hélène ruft an, zärtlich. Die Reise nach Les Sables ist auf den Februar verschoben!

16. November 2000

Mamies hilflose Seele

Françoise Hardy singt »Mon amie la rose«, *Meine Freundin, die Rose*. Das war Mamies Lieblingslied. Sie wollte, dass man es während ihrer Einäscherung singt. Von den siebzig Jahren unseres gemeinsamen Lebens bleibt mir nur die Erinnerung an die Tage vor ihrem Tod, als sie hilflos war, zärtlich und sanft. Ich kann mir die erbitterten Szenen, wenn ich fliehen wollte, nicht mehr vorstellen, die ungerechten Vorwürfe, die Wutanfälle aus irgendeinem nichtigen Grund … Sie liebte mich vom ersten Augenblick an, für immer, ausschließlich, und hielt alle von mir fern, die Interesse an mir zeigten. Kein Tanzen mehr, keine Gesellschaftsspiele, so wenig Kontakt wie möglich mit den anderen. Ich gehörte ihr.

20. November 2000
Gedanken zur Klitoris

Ich musste sehr alt werden, um zu erfahren, dass es die Klitoris gibt. Bei meinen Liebesaffären, selbst mit der erfahrenen Colette und mit Hélène, die alles andere als ein Unschuldslamm war, erfuhr ich nichts von dem kleinen, fiebrigen Knöpfchen. Ich musste erst Mado kennenlernen, um die Feinheiten des weiblichen Geschlechts zu entdecken. Ich betrachte diesen Liebesbrunnen, der das Alter nicht kennt und mit anderen intimen Körperregionen auf geheime Weise verbunden zu sein scheint.

27. November 2000
Zusammenleben möglich, aber wenig wünschenswert

Bin seit einigen Tagen bei meiner Tochter Catherine. Ich gehe auf einen Sprung ins Bistro gegenüber. Die Kinder sind in der Schule. Ich bin allein in dem großen Haus. Ich langweile mich nicht. Alle scheinen den Wunsch zu haben, mich hier zu behalten. Das rührt mich, aber ich würde lieber wieder mein ungebundenes Junggesellenleben aufnehmen. Von zu Hause aus kann ich mit dem Taxi zum Mittagessen in die Coupole fahren; die Nachbarn Le Gal gehen für mich einkaufen und passen auf mich auf. Mich beunruhigen nur jene Zustände, die vor allem abends spürbar werden, wenn ich das Gefühl habe, das Bewusstsein zu verlieren. Ich könnte mir vorstellen, bei Mado zu wohnen, allerdings nicht ohne eine gewisse Selbstständigkeit zu behalten. Nichts hindert uns daran, zusammenzuleben. Ich wäre in Sicherheit. Wie würden die Kinder es aufnehmen, wenn ein Greis und eine Greisin zusammenziehen? Ich brauche keine spezielle Pflege, ich verfüge über die nötigen Mittel, um zu den Ausgaben des Haushalts beizusteuern. Mado würde sich über ein Leben mit mir freuen, sagte sie, als ich mit ihr darüber sprach.

28. November 2000
Die »Pille danach« im Gymnasium

Ich gehöre zu den wenigen Zeitzeugen einer vergangenen Epoche, die wie von einem anderen Planeten scheint. Meine Kindheit hat mehr mit der eines Kindes im 17. Jahrhundert gemein als mit der meiner Enkel. Wenn man von den unerhörten Veränderungen, die wir erlebt haben, spricht, meint man hauptsächlich den technischen Fortschritt ... Vom Waschen der Wäsche im Bach zur automatischen Waschmaschine, von der Pferdekutsche zum Automobil, die Verlängerung der Lebenserwartung vieler Menschen auf hundert Jahre. Und der Spaziergang auf dem Mond – in meiner Kindheit Beispiel für das absolut Unmögliche!

Was mich aber noch viel mehr erstaunt, ist die Revolution im Bereich der Sitten. Ich komme aus einem Schulsystem der streng getrennten Geschlechter; am Prüfungstag mit einem weiblichen Prüfling zu sprechen war verboten; eine schwangere unverheiratete Lehrerin wurde vor die Tür gesetzt; die Schande trieb die jugendliche Mutter dazu, ihr Kind umzubringen; es gab Körperteile, von denen man niemals sprechen durfte. Und nun gehen Mädchen von vierzehn, fünfzehn Jahren, nachdem sie Geschlechtsverkehr hatten, was niemanden entrüstet, bei der Krankenschwester der Schule eine Pille holen, damit sie nicht schwanger werden! Ich will nicht sagen, dass das schlecht ist, aber für mich ist es kaum zu fassen. Wenn meine kleinen Freundinnen 1930 diese Möglichkeit gehabt hätten …

11. Dezember 2000
Erstaunlicher Liebesnachmittag

Ich habe Mado gemieden, weil ich ihr feuriges Temperament fürchte. Vierzehn Tage lang habe ich mich nicht mit ihr getroffen und empfand auch kein Bedürfnis danach. Nach einem Mittagessen in der Coupole gehe ich zu ihr. Sie küsst mich stürmisch. Ich spüre ihre festen, opulenten Brüste. Ich bekomme sofort eine Erektion. Wir atmen nur noch, sagen kein Wort. Wir ziehen uns aus. Ich spüre keine Müdigkeit mehr, meine Luftnot ist wie weggeblasen. Wir sind nackt. Mado wirft sich auf das Bett. Ich dringe sofort in sie ein. Sie wird augenblicklich schwach, ihre Augen leuchten, die blaue Ader an ihrem Hals schwillt an, ihr Mund steht offen, sie kann nicht schreien. Unter meinen Stößen erreicht sie den Höhepunkt, ihr Orgasmus verebbt nicht.

12. Dezember 2000
Ich kann mich nicht mehr an Hélènes Gesicht erinnern

Hélène legt ihren Geburtstagsglückwünschen ein Foto von sich bei. Sie sieht bürgerlich und brav aus. Ihr Blick hat die Jugend verloren. Ich habe keine Lust mehr, sie in den Arm zu nehmen, wie ich es erhofft hatte … »Unsere aneinandergeschmiegten Körper warfen nur einen einzigen Schatten, als ich dich küsste.«

Die *amour fou* ist vorbei, ich habe keine Lust mehr, sie noch einmal zu sehen.

Ich glaube, dass Hélène aufrichtig verliebt war, aber sie lebte nicht in einem Traum wie ich. Wir wären zusammen nicht glücklich geworden. Wir brauchten die Heimlichkeit, die kurzen Treffen, den Wahnsinn der gestohlenen Stunden.

Ach! Sich lieben, berauscht! Ich erinnere mich an Annette, meine erste Liebestollheit …

21. Juni 1929

Nachmittag im Jardin des Plantes mit Annette. Romantische Fotos am Wasserfall und Knutscherei, die unterbrochen wurde, als »La Pudeur« auftauchte, der alte, schnauzbärtige Wächter, der uns zusammensch… Was für ein Fossil! Er ist neidisch. Nein, ohne Witz, in seinem Alter sollte man sich lieber zurückhalten! Wir verlassen den Garten, während er uns angriffslustig mit seinem Stock droht.

Inzwischen habe ich von der kleinen Annette erfahren, dass eine Kartenleserin ihr gesagt habe, sie gehe mit einem sehr netten jungen Mann aus, der im Schuldienst sei, dass sie sich mit ihm verheiraten werde, »aber nicht gleich, meine Dame!«, und dass besagter junger Mann sehr ehrgeizig sei und sie ganz und gar glücklich machen werde …

16. Juli 1929

Nachmittag mit Annette auf einer kleinen Wiese oben an der Route de Paris. Wir haben eine wahnsinnige Liebe füreinander empfunden. Endlich vollkommen allein, miteinander! Wie berauschend! Ich hielt ihre Taille fest umfangen, mein Kopf ruhte auf ihrer Brust, und ihre Finger spielten mit meinem Haar …

Annette! Unsere Lippen sind zusammengewachsen, ich spüre den Druck deiner kleinen Zähne, meine Hände suchen die wohlige Wärme deiner Brüste … Annette! Dein Blick verschleiert sich! Deine Schenkel pressen sich nervös aneinander … du bist halb ausgezogen, und ich spüre, dass du mir fast gehörst. Annette! Wie sehr ich dich will. Aber du flehst, mit entstellter Stimme, kaum hörbar: »Marcel! Sei vernünftig!« Das Verlangen, dich zu besitzen, war blitzartig vorbei, aber mir blieb das Gefühl deines Körpers, den du mir unbewusst hingegeben hast, zuckend entgegengestreckt. Annette! Erregt, sinnlich, zitternd, so will ich dich … aber ich habe Achtung vor dir, kleine Verlobte, ich respektiere das Erröten, das du in meinen Armen versteckst, die kleine Scham vor dem beinahe begangenen Fehltritt, der großen Liebessünde …

28. Juli 1929

Nachmittag mit Annette im Hôtel de la Loire. Maman Iselin, die mich wirklich für sehr vertrauenswürdig hält, war zu einer Verkaufsveranstaltung gegangen und hatte mir ihre Tochter sozusagen anvertraut. Wir haben unsere letzten schönen Augenblicke in einer kleinen Gartenlaube erlebt, man war so nett, uns nicht zu stören. Annette wollte mein Tagebuch lesen. Ich war so unklug gewesen, es eines Tages beiläufig zu erwähnen. Die böse kleine Annette ist nämlich neugierig! Und ich kann ihr den Wunsch kaum verweigern. Sie ist äußerst zufrieden, als sie sieht, wie hoch ich sie schätze, aber da steht ein Name, der sie beunruhigt: Solange! Und ich entdecke einen zweiten Fehler bei Annette: Sie ist eifersüchtig. Unsere beiden letzten Tänze: »La Java des girouettes«, »C'est sur la bouche, oh! oh! oh! Mam'z'elle« – und wir müssen uns trennen. Auf Wiedersehen, Annette! Auf recht bald ... Die Straßenbahn fährt ab, und das Haus der Geliebten verblasst in der Ferne.

14. Dezember 2000
So lautet mein Letzter Wille

Ich gehe mit meiner Tochter Catherine zum Notar. Ich möchte mein Erbe regeln, damit ich in Ruhe leben kann.

»So lautet mein Letzter Wille.« Die Formel hat immer etwas Feierliches. Man wird sie Jean, Catherine und den vier Kindern Pierres vorlesen. Die Häuser in d'Avrillé und Contigné sollen verkauft werden und der Erlös zu dem Geld hinzugefügt werden, das Mamie und ich, ohne dass wir uns darüber klar waren, angesammelt haben. Und die Möbel, die Tagebücher, die Erinnerungsstücke? Ich werde mich mit Jean und Catherine beraten. Das Schicksal der Pléiade-Bände beschäftigt mich auch. Mamie und ich werden nur mehr Asche sein, die im Wind verstreut wurde. Wir werden nur noch Erinnerung sein.

17. Dezember 2000
Die dunklen Dezembertage

Der Tag bricht immer später an, und es wird sehr schnell wieder Nacht. Das ist nicht besonders erfreulich, schon gar nicht auf dem Land. Und doch war ich selten so glücklich wie an den Dezemberabenden des Jahres 1939, an denen ich Hélène wegen der Verdunkelung im *drôle de guerre*, wie er genannt wurde, im Stockdunkeln nach Hause brachte und wir uns auf dem ganzen Weg durch den Faubourg Jean-Jaurès küssten …

Ich erinnere mich an den Dezember 1929, das glückliche Jahr, als ich achtzehn war. Ich war Lehrer in Marcé und war auf dem besten Weg, mich von der Depression zu erholen, die mich bei meiner Ankunft im Oktober in dem matschigen Marktflecken heimsuchte. Ich begeisterte mich für die Romane dieses an Literatur so reichen Winters. Marcel Arland war für *Heilige Ordnung* mit dem Prix Goncourt ausgezeichnet worden. Die deutschen Kriegsromane, insbesondere *Im Westen nichts Neues*, fesselten mich. Der Wind toste um das Haus, aber ich genoss die Ruhe meiner gemütlichen Pension bei der guten Madame Montrieux, die ihrem jungen Mieter jeden Wunsch von den Augen ablas. Die Plänkelei mit meiner geistreichen und nicht allzu sittenstrengen Kollegin Maud Antier missfiel mir nicht, und so trotzte ich Wind und Regen und fuhr mit dem Fahrrad oft nach Angers, anstatt im Dorf zu bleiben.

19. Dezember 2000
Siebzig Jahre

Der 19. Dezember 1931 war ein Donnerstag, unser freier Tag. Ich muss Marcé am Vorabend mit dem Fahrrad verlassen haben, gemeinsam mit Maud und Lombard. Ich war um ein Uhr ins Bett gegangen und bis um neun in den

Federn geblieben. Abends war ich mit Annette verabredet, die aus Paris zurück war, wo sie einen Nähkurs gemacht hatte. Wie im »Frühlingsfieber« habe ich sie an mich gedrückt und »den geliebten Mund mit Küssen bedeckt«.

Am Abend jenes 19. Dezember brachte sie mich in La Flèche zum Zug, ich traf einige Kollegen aus der Gegend. Und ich radelte in der schwarzen Dezembernacht auf einer mit Schlaglöchern übersäten Straße zu meiner weit von Annette entfernten Schule auf dem Lande zurück.

25. Dezember 2000
Weihnachtsfeste

Heute fahren wir nach Nantes zu Madeleine und Guy. Verteilung der Geschenke. Man hat auch an mich gedacht und mir Platten geschenkt. Alle sind um mich herum versammelt. Ich bin der Ahn, erstaunt, dass ich so alt bin.

Ich sehe mich noch als Kind in der Weihnachtszeit. Viele Geschenke bekam ich nicht, das war damals nicht üblich. Ein Nachschlagewerk von Larousse, das ich noch immer besitze und das noch intakt ist, ein Metallbaukasten … Während des Krieges von 14 bis 18 bekam ich nur Pistazienbonbons, ein Zeichenheft, dessen raues Papier kleine Holzstückchen enthielt, und einen Stift, dessen Mine ständig brach.

27. Dezember 2000
Von Kiki-des-Bois zu Mamie

Ich muss gestehen, dass mich der Tod meiner Gefährtin befreit hat. Dennoch, stünde es in meiner Macht, sie zu neuem Leben zu erwecken, täte ich es sofort. Als ich sie wegen Hélène verlassen wollte, 1940 und 1980, spürte ich, dass sie darüber den Verstand verlieren würde. Sie hat meine Untreue ertragen. Dass ich wieder zu ihr zurückgekehrt bin, hat an ihrem tyrannischen Verhalten nichts geändert. Wem kommt ein größeres Verdienst zu? Demjenigen, der auf die Untreue verzichtete, die ihn glücklich machte, oder derjenigen, die immer treu zu dem Mann hielt, der für sie der richtige war?

An diesen grauen Dezembertagen steht mir manchmal die Frau vor Augen, die Kiki-des-Bois war und Mamie wurde, die nicht für ein freies, sorgloses Leben geboren war und sich der Lebensfreude verweigerte.

2001

1. Januar 2001
Fontenelle, das vergessene Herz

Monsieur de Fontenelle lebte hundert Jahre, von 1657 bis 1757. Er dachte, die Vorsehung habe ihn vergessen. Der Neffe Corneilles und materialistische Philosoph hatte nichts für Gefühle übrig und leugnete, dass es so etwas wie die Liebe gebe. Im Film *Un cœur oublié* mit Michel Serrault geht es um das späte Erwachen des alten Einzelgängers. Mit fünfundneunzig macht er die Bekanntschaft einer Zwanzigjährigen, die sich sehr für sein Buch *Die Gespräche von mehr als einer Welt zwischen einem Frauenzimmer und einem Gelehrten* und auch für seine astronomischen Kenntnisse interessiert. Beide freuen sich, wenn sie sich sehen, das junge Mädchen küsst Fontenelle zum Abschied auf die Wange. Fontenelles altes Herz erwacht. Er schmückt seine Kleidung mit Bändern, er pudert sich das Gesicht. Zum ersten Mal in seinem Leben ist Monsieur de Fontenelle verliebt!

»Ihr habt in Eurer Enzyklopädie das Herz vergessen«, sagt er zu Diderot.

7. Januar 2001
Unglaubliche Sinnlichkeit

Ich warte so lange, wie es irgend geht, bevor ich Mado wieder besuche, denn jedes Mal liegen wir uns in den Armen, als wären wir frisch verheiratet. Gehörten wir zu den »normalen Erwachsenen« und nicht zu den »Alten«, würde das unserer Beziehung schmeicheln. Warum sollten wir uns in unserem hohen Alter schuldig fühlen? Paradoxerweise haben meine Attacken von Lüsternheit zur Folge, dass ich Mado meide. Wenn sie nicht da ist, bin ich vollkommen ruhig, verspüre keine sexuellen Bedürfnisse, kein erotisches Verlangen. Und doch haben wir uns an diesem Sonntag und am Montagmorgen viermal stundenlang geliebt und das Bett nur zum Essen verlassen!

25. Januar 2001
Die Tage vergehen, ich bleibe …

Léo Ferré sang »Unterm Pont Mirabeau fließt die Seine dahin«. Das war sehr schön. Ich wurde der Melodie nicht müde, denn auch ich hatte den Eindruck, dass die Tage dahinfließen, und empfinde es immer stärker.

Meine Lieben am Ufer wurden mitgerissen: Meine Eltern, Pierre, Mamie, alle Kameraden der Jugend …

»Und ich bleibe …«, mitten in der Strömung, vergessen, ohne mir bewusst zu sein, dass sich der Abgrund nähert, noch immer mit Sorgen beschäftigt, die keine Zukunft mehr haben. Wann erhalte ich die Miete von Avrillé? Wie bezahle ich weniger Telefongebühren? Wie mache ich die neue Steuererklärung nach dem 1. Juli 2000?

»Unsrer Liebe so gleich, mir kommt es wieder in den Sinn, die Freude kam, der Schmerz verging.« Wer wird Hélènes Liebesbriefe lesen? Eine meiner Enkelinnen, wenn sie achtzig ist? So wie ich die Briefe einer Dame des Bürgertums gelesen habe, die 1905 an meinen Vater schrieb?

Ja, »Mit der Zeit vergeht …, vergeht alles …«

11. September 1993

Habe auf dem Speicher eine vergilbte Visitenkarte mit dem Datum vom 3. Januar 1904 gefunden, die an Monsieur Mathiot, zweiter Kapellmeister des 72. Infanterieregiments in Amiens, adressiert ist. Monsieur und Madame Henri Autin, Fabrikbesitzer in Hermès (Oise), hoffen, dass Monsieur Mathiot sie in guter Erinnerung behält, und übersenden ihm die allerbesten Wünsche. Bei Madames Erinnerungen scheint es sich mir um mehr als nur eine Frage der Höflichkeit zu handeln. Die Gesellschaftsdame und Katholikin hat meinem Vater, der damals noch Junggeselle war, einen ganzen Packen leidenschaftlicher Liebesbriefe geschickt. Er war während eines großen Manövers bei dem Paar einquartiert gewesen. Der Dame, die sich in der Kleinstadt langweilte, hatte es der schöne Soldat mit dem eleganten Schnurrbart angetan.

29. Januar 2001

Es ist die reinste Unvernunft!

Montagmorgen. Ich reiße mich aus den Armen Mados. Die vordere Scheibe meines Autos ist von Eis überzogen, von innen beschlagen die Scheiben ständig. In meinem Alter! Ich bin erschöpft, außer Atem, obwohl ich Ventoline genommen habe. So kann das nicht weitergehen! Ich bringe mich um! Wir haben uns wie besessen geliebt: am Samstagnachmittag und Abend, am Sonntagmorgen, am Nachmittag und am Abend, am Montagmorgen. Sechsmal an diesem Wochenende! Es ist nichts zu machen, kaum berührt sich unsere nackte Haut, steigt ein unwiderstehliches Verlangen in uns auf.

Ich muss etwas dagegen tun, sonst gehe ich daran zugrunde.

1. Februar 2001
Der erste Februar an der École Normale

Am 1. Februar 1927, ich war sechzehn, litt ich an heftigen Kopfschmerzen, verursacht, wie sich herausstellte, durch zu kräftige Stärkungsmittel. Ich nahm die Schule ernst, und ich hielt mich für verliebt, in ein Mädchen namens Simone Boucq.

Am 1. Februar 1928, ich war siebzehn, hatte ich gerade eine Gelbsucht überstanden, ich stopfte mich mit Lektüre voll, und meine verliebte Sehnsucht nach Simone raubte mir den Schlaf. Mein Gesundheitszustand machte dem Direktor große Sorgen, man verhätschelte mich: Um fünf Uhr bekam ich eine Schale Milch, Aufstehen erst um sieben, nicht um fünf. Im Zeugnis des vierten Ausbildungsjahres wird meine schwache Konstitution erwähnt, da sie für die Verwaltung das Risiko kostspieliger Ausfälle wegen Krankheit barg. Ich war in vierzig Jahren nur einmal krank!

Der 1. Februar 1929, ich war achtzehn. Das Leben war

schön: Erfolg in der Schule, Tanzvergnügen und Liebeleien mit Mädchen, die leicht zu haben waren.

2. März 2001
Der Liederreigen

Das Volkslied spielte in meiner Jugend eine große Rolle. Ich sang gerne und viel, und ich achtete sehr auf die Worte. Es kam vor, dass sie mir gefielen, auch wenn sie eigentlich dumm waren und die melodramatischen Texte mich häufig eher zum Lachen als zum Weinen brachten. Beispielsweise die sich ewig wiederholende Geschichte von der kleinen Arbeiterin, die von einem Medizinstudenten verführt wird und im Krankenhaus stirbt, und wenn nicht sie, dann das Kind der Sünde, und bei dem berühmten Arzt, der sie wiedererkannt hat, Gewissensbisse auslöst. Und die des Vorstadtmädels, verführt und sitzen gelassen, und des kleinen Jungen, der seiner hübschen Maman weiße Rosen ans Krankenbett bringt, bis zum verhängnisvollen »du hast keine Maman mehr«. Wie viele Tränen hat diese romantische Geschichte hervorgerufen! Es wurde auch häufig an Tuberkulose gestorben, man vergaß die traurigen Geschichten aber schnell bei Liedern wie »Pétronille, Pétronille, sie tanzte den Java!«

1. September 1985

In den Jahren 1920 und 1930 sang alle Welt: die Arbeiter bei der Arbeit, die Näherinnen in ihrer Werkstatt, die Schüler in den Pausen und selbst die Lehramtsanwarter in der École Normale. Man lernte die Lieder am Markttag von den Straßensängern, und sie verbreiteten sich von Mund zu Mund. Eines der Lieder, die mich ihres tollen Rhythmus wegen bezauberten, war »La matchiche«. »Das ist der neue Tanz, Mademoiselle.« Ich war mir der Schlüpfrigkeit dieser Schlager nicht bewusst. In jener Zeit bezog man sich nur andeutungsweise auf intime Dinge der Liebe. In »La matchiche« hat man kein Blatt vor den Mund genommen, Rhythmus und Text imitierten deutlich den Liebesakt:

Bewegen wir uns langsam,
machen wir nicht zu rasch,
zuckend und ruckend
dauert es länger!

14. März 2001
Ein Schreiber

Ein Schreiber, so lautet der Begriff, der auf mich passt. Ein alter Kauz auf Wanderschaft, der seine Zeit damit verbringt, Skulpturen aus Zement zu formen, hat ihn auf mich angewendet. Ein Schriftsteller erfindet Personen, Situationen, arbeitet an seinem Stil, verfeinert ihn. Ich schreibe, wie es mir aus der Feder läuft, ohne zu verbessern, ohne Entwurf, wie ich es schon in der Schule immer gemacht habe, wenn ich eine Ansprache entwarf. Ich schreibe langsam, bilde meine Buchstaben nach der Methode des Père Becque, meines Lehrers, der eine Kalotte trug und Ärmelschützer aus Lüsterstoff. Gotisch, Bâtarde, Ronde, der gute Mann brachte uns diese edlen Varianten der Schönschrift bei.

Proust entzückt mich und bringt mich gleichzeitig zur

Verzweiflung, wenn ich ihn lese. Niemals wird es mir gelingen, die Treuherzigkeit meiner Liebe für die kleine Paulette Echavidre so zu beschreiben wie Proust seine Begegnung als Kind mit Gilberte Swann an der Rotdornhecke.

Beim Schreiben erhole ich mich, es verhindert, dass ich mich gedanklich verzettele. »Du sitzt an deiner Seite«, sagte Mamie immer. Ich beschränke mich auf eine Seite am Tag, und gleichgültig welches Thema ich behandele, wenn die Seite voll ist, bin ich fertig. Es ist nicht wirklich ein Tagebuch. Erst seit ich wieder Junggeselle bin, versuche ich, alles zu sagen und mich über Tabus hinwegzusetzen.

23. März 2001
Ein Freund, Iero Malik

1931. Ich bin zwanzig, junger Lehrer und gehe nach Algerien, um dort meinen Militärdienst abzuleisten. Ich freue mich: Ich werde diesem Volk das schöne Antlitz Frankreichs zeigen, das aufgeklärte. Das ist meine Vorstellung von Patriotismus. Ich bin Zouave. In der Kaserne neben uns: senegalesische Schützen, alle Schwarzen waren Senegalesen. Ich beeile mich, ihre Bekanntschaft zu machen. Mit Iero Malik aus Ouagadougou freunde ich mich an. Er hat nicht das fröhliche Gesicht des Schwarzen der Banania-Kakao-Reklame, er ist immer bedrückt, weil er Frau und Kinder in der Heimat zurücklassen musste. Er hat zwei oder drei Freunde, sie sind weniger ernst als er. Ich nehme sie mit ins Kino in einen Film über Afrika.

Mir fallen die missbilligenden Blicke der Franzosen auf, die man damals noch nicht als Pieds-Noirs bezeichnete. Ich sehe die Blicke noch deutlich vor mir. Mit den »Negern« und den maghrebinischen »Bicots« fühle ich mich wohler. Aber es fällt mir im Traum nicht ein, dass sie sich selbst regieren könnten. Mein Großmut ist patriarchalisch, sie sind meine Schützlinge.

22. November 1992

Noch einmal zu unseren Begriffsbestimmungen. Chinesen waren arglistig, Neger faul, Araber heimtückisch und verlogen. Der Schütze war Senegalese, der Gourmier Marokkaner, der Spahi kam aus der Sahara und war der Jäger Afrikas. Von den Kolonien hatte man nur ein glückliches Bild. Der Pfarrer war von Weitem erkennbar, Nonnen konnten nur gut sein. Die Leute vom Lande waren leicht zu unterscheiden; die Arbeiter trugen die Kleidung ihres Berufs. Die Dienstmädchen, meistens Bretoninnen wie Bécassine, nannten sich weder Haushaltshilfen noch Reinigungskräfte. Die Blinden waren nicht die Sehbehinderten und die Tauben nicht die Hörbehinderten.

30. März 2001

Erschöpfung, erotischer Überdruss?

Nicht zum ersten Mal bezeichne ich mich als erschöpft. Atem und Beine. Ich steige aus Mados Bett und fahre mit dem Auto nach Hause. Ich muss die Steuererklärung für das Jahr 2000 machen. Ich habe nicht die Kraft, den Bus zu nehmen, was ich sonst jeden Tag von mir verlange.

»Du hast die Nase voll von mir«, sagt eine verzweifelte Mado. Heute Morgen hatte ich kein Verlangen mehr nach ihr. Restaurant, Kino, ja, aber nicht mehr das Bett!

31. März 2001
In den Klauen einer Nymphomanin

In Marcé gab es zwei Schulen, wie in allen Dörfern damals, die Jungen- und die Mädchenschule. Ich unterrichtete die Jungen; Maud die Mädchen. Maud Antier stand im Ruf, es mit der Moral nicht allzu genau zu nehmen. Dass sie ins selbe Dorf wie ich versetzt wurde, löste bei meinen Freunden spöttische Bemerkungen aus. Von Anfang an provozierte sie mich, schickte eine ihrer Schülerinnen mit einem Briefchen, um den »schüchternen Monsieur« zu einem Besuch einzuladen.

Sie wäre eine ausgezeichnete Kameradin gewesen, denn es machte Spaß, sich mit ihr zu unterhalten, sie war recht geistreich und gebildet. Leider verhehlte sie nicht, dass sie mich begehrte und körperlichen Kontakt zu mir suchte. Sie war nicht ausgesprochen hässlich, aber ihr fettiges Gesicht, die irgendwie stumpfen Augen und der Mund mit den dicken Lippen weckten nicht mein Interesse. Sie nannte mich den »jungfräulichen Mann«, nach einem Roman, der gerade sehr in Mode war, und erbot sich, mich aus diesem Zustand zu erlösen. Ich hielt Distanz zu ihr. Als ich dann schließlich in die schöne Annette verliebt war …

Eines Morgens im Winter kehrten wir mit dem Zug um 4.50 Uhr von Angers zurück. Wir warteten unter dem Dach des Pausenhofes von Seiches, dass es hell wurde.

Maud, mit offener Bluse und neugierigen Händen, wollte Zärtlichkeiten von mir, und ich machte, innerlich abgestoßen, aber erregt, die Erfahrung ihrer groben Haut und ihres heiseren Keuchens.

1. April 2001
April im Berry

Die Ferien im April 1931 in Issoudun sollten die letzten sein, in denen ich ungebunden war. Der Mai wurde »der köstliche Monat«, der Juni »die glückliche Zeit«. Mein zwanzigstes Lebensjahr verlief wie in den Schlagern. Es war die Zeit der großen Liebe zu Kiki-des-Bois.

Ach, die Sorglosigkeit, das schönste Geschenk des Lebens, sollte bald ein Ende nehmen. Ich sah am Horizont die »schreckliche Heirat«, den Zwang der Verpflichtungen auf mich zukommen. Mich interessierte allein die Liebe. Ich war mir vollkommen darüber im Klaren, dass ich meine Freiheit nur aus charakterlicher Schwäche verlieren und mich anschließend sechzig Jahre lang über meine Dummheit ärgern würde. Kiki drängte zur Heirat.

17. April 1932
Kiki hat den ganzen Nachmittag geweint. Sie hofft, dass wir bald heiraten, aber ich weiß nicht, wie ich ihr sagen soll, dass ich nicht will. Ich brauche lange, um einzuschlafen, denke über die beängstigende Situation nach, in der ich mich befinde.

Ich blieb fest: »Warten wir ab.« Ich genoss mein Junggesellenleben zu sehr. So sollte es mein ganzes Leben bleiben.

Ich war dafür gemacht, jung zu sein, und je älter ich werde, desto klarer wird mir das.

4. April 2001
»Die Internationale«

Die Internationale habe ich wohl zum ersten Mal aus dem Mund der Eingezogenen gehört, die als Besatzung ins Ruhrgebiet sollten und von den Nachwirkungen des Krieges die Nase voll hatten. Das dürfte so um 1920 herum gewesen sein. Mein Vater hielt nicht viel von dem aufrührerischen Lied, räumte aber ein, dass die Melodie schön sei. In späteren Jahren, als ich mich dem romantischen Sozialismus zuwandte, hörte ich das Lied, seine erhebende Melodie, mit großer Freude. In meinem Herzen hat es seinen Platz neben der Marseillaise. Beide Lieder erlebten später moralische Verirrungen, die Marseillaise wurde zur faschistischen Hymne und die Internationale zur Hymne der stalinistischen Diktatur. Doch 1936 war sie das Lied der Hoffnung.

Wenn ich nicht Angst davor hätte, die Trauergäste zu schockieren, würde ich bei meiner Einäscherung die Internationale spielen lassen.

11. April 2001
Ostern mit zwanzig

Ich habe die Nase voll von dem grauen Himmel, meiner Müdigkeit und dem Husten. Ich ziehe es vor, zum Osterfest von 1931 zurückzukehren: »Es ist einmalig schönes Wetter, der Himmel ist blau, die Wege blenden … die Sonne taucht die Straßen ins Licht … alle Bäume stehen in Blüte, die zarten Kastanienblätter sind durchsichtig … und Sisi ist mein Frühlingsschwarm.« Wer war diese Sisi? Ein »unbekümmertes« Lächeln. Und »wir tanzen, lachen«.

Was für ein Glück ich hatte, solch sonnige Frühlingstage zu erleben, so unschuldig zu sein, dass ein Lächeln von Sisi reichte, um mich vollkommen glücklich zu machen. Ich mache meine Jugend nicht schöner, als sie war, so habe ich es tatsächlich erlebt, so steht es Tag für Tag geschrieben. Ich werde nicht wie die Alten sagen: »Damals war es besser«, aber im Frühjahr 1931 strahlte die Sonne.

12. April 2001
Jugend, ade!

An jenem Sonntag Quasimodo, dem 12. April 1931, stehe ich um acht Uhr auf und wasche mir das Gesicht mit kaltem Wasser in der Scheune, trinke eine Schale Milchkaffee und gehe zum Treffen mit meinen neuen kleinen Freundinnen im Jardin des Champs-Elysées. Es ist herrliches Sonnenwetter, ich habe das Gefühl, Bäume ausreißen zu können. »Alles ist heil und glänzt.« Nénette bummelt auf der Suche nach einer verwandten Seele durch die Rue de la République. Auf der Avenue des Champs-Elysées (aber ja doch, Issoudun hatte seine Avenue!) höre ich ein Trippeln hinter mir: Nénette!

An der Route de Bourges pflücken wir an der Böschung Veilchen; frisch, fröhlich, elegant, plaudert Nénette ohne Unterlass und mit dem Charme ihrer siebzehn Jahre. Sie legt mir ihre Lebensphilosophie dar. Wir sind im Jardin d'Epicure, und in der Rue des Champs d'Amour pflücke ich von ihren Lippen schelmische, zarte Frühlingsküsse. Mit halb gesenkten Lidern schenkt sie mir einen zärtlichen Blick.

14. April 2001
Mado rettet mich vor dem Altersheim

Den gestrigen Nachmittag und die Nacht habe ich bei Mado verbracht. Die Nächte bei Mado sind brav. Es reicht ihr, beim Einschlafen und vor dem Aufstehen nackt in meinen Armen zu liegen. Sie stellt keine Forderungen, aber ich spüre, dass sie auf das leiseste Anzeichen einer Erektion lauert und hofft, dass mein Begehren trotz allem erwacht. Sie presst die Schenkel fester zusammen, dehnt ihre Liebkosungen weiter in Richtung meines Geschlechts aus.

Beim Anblick ihres flehenden Blicks schlage ich ihr vor, sich auf mich zu setzen, was sie besonders liebt. Keuchend reitet sie auf mir. Sie bedankt sich. »Verzeih mir, aber ich hatte so große Lust darauf!«

19. April 2001
Lebensende?

Catherine hat mich am Dienstag, den 17. April, in Angers abgeholt und zu sich nach La Roche-sur-Yon gebracht. Heute geht es mir nicht gut. Ich habe keinerlei

Kraft. »Wie wird das alles enden?«, fragte Mamie wenige Tage vor ihrem Tod. Sie ist einen Monat vor Vollendung ihres 91. Lebensjahres gestorben. Wenn ich so lange aushielte wie sie, würde ich im November sterben. Noch einen weiteren Winter kann ich mir nicht vorstellen. Mado befindet sich im gleichen Zustand wie ich, ist aber allein. Mich umgibt die Zuneigung der Familie, besser könnte ich es nicht haben. Aber hier in La Roche-sur-Yon kann ich nicht ewig bleiben. Bevor ich das Leben verliere, verliere ich meine Freiheit. Einzuschlafen und nicht mehr aufzuwachen, das wäre ideal.

25. April 2001
Bei guter Gesundheit sterben

Hat Mamie wirklich an ihren Tod gedacht? Das Wort wurde nie ausgesprochen. Ich muss daran denken, weil ich extrem matt und sichtbar abgemagert bin. Wie werde ich sterben? Werde ich keine Luft mehr bekommen? Steht am Ende das Beatmungsgerät? Eine tödliche Krankheit ist bei mir nicht festzustellen. Ich dürfte bei guter Gesundheit sterben. Ich sehe, dass man in Candé den 115. Geburtstag einer Frau Brémont feiert. Siechtum wünsche ich mir nicht. Ich sehe dem Tod heiter entgegen, ohne ihn zu wünschen.

6. August 1999

Alles vergeht: die flüchtigen Momente des Glücks, die Kindergesichter, die Menschen, mit denen man gestritten, gelacht, von Ereignissen gesprochen hat, die einem wesentlich schienen, die Menschen, mit denen man sich begeistert hat für eine bessere Zukunft. All das ist bereits vergangen: die erlernten Ideen und erworbenen Überzeugungen, die Feiern vergessener Ereignisse, die Verleihung von Auszeichnungen, die man ehrenvoll nannte, alles, was man glaubte, liebte oder verabscheute, alles ist weg, vom Fluss des Vergessens ins Nichts gespült. Alles, alles, was ich mit Mühe gelernt habe, um ein gebildeter Mensch zu werden, hat mein Bewusstsein verlassen. Alle unsere Bekanntschaften, unsere Kollegen, unsere Freunde, bereits von allen vergessen.

Mein Vater, meine Mutter, unser Pierre, die Onkel, Tanten, Neffen und Nichten, sie alle sind gegangen, und nie wird man wissen, wohin, oder warum sie geboren wurden, wofür sie gelebt haben. Sorgen, Streitereien, Konflikte, Eheschließungen, Scheidungen, Todesfälle, Jagd nach Erfolg, gesellschaftlicher Stellung, Geld, all das ist nicht mehr und wird niemals mehr sein. Und selbst unter den Lebenden werden wir den kleinen Jean nicht mehr finden oder die kleine Catherine, die verlangte, dass ich sie doch bitte in Ruhe ihre »Lisette« lesen lasse.

1. Mai 2001
Eine neue Art zu leben, verlangsamtes Leben

Am 30. April beginnen die Mahlzeiten zu Hause. Ich bin zu müde, um jeden Tag in die Coupole zu gehen. Beim ersten Essen daheim leisten mir meine Haushaltshilfe Nicole und Monique Le Gal Gesellschaft, deren Großherzigkeit und effiziente, ständige Unterstützung bewundernswert sind. Welch ein Glück, dass ich das

Ehepaar Le Gal kennengelernt habe! Die beiden sind gütig, bescheiden, menschlich.

3. Mai 2001
Endlich! ... Das wahre Gesicht der Sexseller

Am 15. April stellte ich mir nach der Lektüre des Buchs von Catherine Millet, *Das Sexualleben der Catherine M.*, die Frage: Wer wird es wagen, sich darüber zu entrüsten? Heute fällt Jerome Garcin im *Nouvel Observateur* ein humoriges Urteil über die endlose Zurschaustellung von Sexpartys und Gebumse. Seit sie achtzehn ist, vögelt Mrs. Millet so oft, wie andere Leute Atem holen. Sie bietet sich jedem an, der will, ob schön oder hässlich, mager oder beleibt, sauber oder schmutzig. Auf Sexpartys mit hundertfünfzig Leuten (!) kopuliert sie mit einem Viertel oder einem Fünftel, also mit mehr als dreißig Männchen ... Ist der erste fertig, rückt ein anderer nach, wie am Fließband. Zwangsläufig ist das Buch ein Erfolg, die Kritiker sind begeistert!

Ein klebriges Buch, eine papierne Sexparty. Ein Nacktfoto der Dame, banal, keine opulenten Brüste.

7. Juni 2001
Die Tage vergehen, ich bleibe

Ich habe beschlossen, mich im September am grauen Star operieren zu lassen. Ich tue es ungern. Noch immer habe ich das Gefühl, als würde ich den Winter nicht überleben. In der Coupole treffe ich Monsieur Huguenin, eine angesehene Persönlichkeit aus Bissarthe, in Begleitung von Madame Martinez, einer eleganten Dame mit feurigem Blick. Sie ist neunzig Jahre alt! Ich hätte sie höchstens auf siebzig geschätzt.

»Ich werde mich in sie verlieben«, sagte ich zu Maurice, dem Wirt.

»Das möchte ich Ihnen nicht raten«, erwidert er mit einem Augenzwinkern. »Sie ist sehr anspruchsvoll und schwierig. Behalten Sie lieber Ihre nette ›Sekretärin‹«.

Monsieur Huguenin überschüttet mich mit Komplimenten.

»Spielen Sie nicht den Bescheidenen«, sagt Madame Martinez, »Sie sind ein schöner Mann!«

Und ich platze vor Eitelkeit!

11. August 1999

Eine Birne, die vom alten Birnbaum im Garten gefallen ist, erinnert mich an die Redensart aus meiner Kinderzeit: »Zwischen den beiden Lieben Frauen kann man alle Birnen pflücken.« Wer waren die beiden Lieben Frauen? Die Maria der Himmelfahrt, die am 15. August gefeiert wird, und die Muttergottes in Sacré-Cœur zu Issoudun, zu der am 8. September eine berühmte Wallfahrt stattfindet. Die beiden Lieben Frauen waren ein und dieselbe Person, die Heilige Jungfrau verwandelte sich in zahlreiche mehr oder weniger wundertätige Frauen.

Beigebracht hat mir die Redensart Monsieur Dagot, von dem ich weiß, wie man eine Birne viertelt, um das Kerngehäuse leichter zu entfernen. Er zeigte mir, wie man die Frucht mithilfe des am Ende der langen Stange befestigten Pflückers vom Ast entfernt, sie vom Baum löst, ohne ihren Stiel abzubrechen.

In unserem riesigen Gemüsegarten standen an die zwanzig Birnbäume, lauter verschiedene Sorten. Ich kannte jede beim Namen und wusste auch, wie sie schmeckten. Ich wanderte dort frei herum. Zu den Bäumen unterhielt ich herzliche Beziehungen. Sie trugen charmante Namen, wie die Gute Luise, die Butterbirnen Amanlis und Clairgean, die Pastorenbirne. Keine Vereinheitlichung, eine jede hatte ihre eigene Persönlichkeit.

10. Juni 2001
Mahnung

Im Juni 1932 gelang es mir nicht, Kiki beizubringen, dass ich nicht mehr heiraten wollte.

7. Juni 1932

Habe einen Brief von Kiki bekommen. Ich werde aufgefordert, eine Entscheidung zu fällen. Die Liste der Stellen, die sich für ein Ehepaar eignen könnten, wird bald veröffentlicht, und Kiki will meine Entscheidung bis September.

Sie ist gefällt: Ich will nicht heiraten! Das bemühe ich mich, ihr in dem Brief zu sagen, den ich ihr schicken will und der sehr schwierig zu schreiben ist.

18. Juni 1932

Ich fahre nach Tours, um eine Lösung für Kiki und mich zu finden. Schluss machen oder zusammenbleiben? Ich fühle mich bereits besiegt. Kiki braucht nur zu erscheinen, zu sprechen … In Tours entdecke ich für uns in der Rue Pascal das hübsche Little Hôtel, ein klein wenig suspekt. Gleich wird Kiki eintreffen, ich erwarte sie ungeduldig auf dem Bahnhofsplatz. Endlich ist sie da! Nett, frisch, hübsch angezogen, und wir verkriechen uns in dem blauen Zimmer, wo wir uns in einem großen niedrigen Bett die ganze Nacht hindurch lieben werden.

19. Juni 1932

Das wird die letzte Liebesnacht mit Kiki sein. Gleich muss ich den Mund aufmachen!

Kiki trägt ein hübsches schottisches Kleid, ein grünes Hütchen, das ihr keck über einem Ohr sitzt, und ihre Wangen sind rosenrot. Ich muss eine Entscheidung fällen. Ich will mich nicht im September verheiraten. Ich kann es nicht begründen. Ich schlage vor, dass wir den Termin verschieben. Das ist reine Feigheit, denn die Gründe, die mich von einer Ehe mit Kiki abhalten, sind an Ostern ebenso gültig wie heute. Kiki will die Heirat nicht verschieben. Also Bruch. Ich schäme mich, ich habe das Gefühl, etwas Schlechtes zu tun. Und trotzdem! Was für ein Leben werden wir beide uns aufbauen?

Auf dem Bahnsteig: letzte Minuten, lange, mühsam, während man so tut, als würde man sich für eine Menge Belanglosigkeiten interessieren. Ich spüre, dass Kiki den Tränen nahe ist, und ich schäme mich, schäme mich. Ich habe sie zu ihrem Omnibus gebracht, sie hat etwas gemurmelt, was nach »das wäre doch nicht nötig gewesen …« klang. Ich habe sie gebeten, es noch einmal zu wiederholen, sie hat gestammelt. Ich habe es nicht verstanden. Ich bin geflüchtet, habe einen Augenblick den Gedanken gehabt, umzukehren und zu ihr zu sagen: »Es ist nicht wahr! Kiki, ich liebe dich! Wir werden in einem grünen Ländchen heiraten, wie wir es uns in diesem Winter erträumt haben …«

Ich habe mich ins 2.-Klasse-Abteil der Vorortbahn nach

Saint-Pierre-des-Corps geflüchtet. Was ich getan habe, ist gemein! In Saint-Pierre habe ich eine Stunde im Wartesaal verbracht und eine Zeitschrift überflogen. Die kleine Kiki ist abgereist, ganz alleine abgereist. Heute Abend wird sie nach Hause kommen, sehr spät, nachdem sie drei Stunden mit dem Bus gefahren ist und dreißig Kilometer mit dem Fahrrad. Allein wird sie das leere, kalte Haus betreten. Keine schöne Rolle, die der Monsieur da gespielt hat.

27. Juni 1932

Heute Morgen ein Brief von Kiki. Sie fordert mich zum Nachdenken auf, der Brief klingt ein wenig verbittert, ein wenig drohend, aber rührend. Arme kleine Kiki! Werde ich den Mut haben, sie zu verlassen? Und doch muss es sein!

30. Juni 1932

Brief von Kiki, die mich am Sonntag zu einem Treffen in Tours zitiert.

Noch ein Brief von Kiki, vollkommen verzweifelt, sie droht, sich umzubringen. Und Monsieur ist gerührt. Er hat sie sehr geliebt, seine Kiki! Sie war oft so lieb! Seit über einem Jahr schien sie mich auch sehr zu lieben. Man muss ein guter Mensch sein. Man muss ständig ein sehr guter Mensch sein.

Monsieur wird morgen Abend nach Tours fahren. Er wird seine Kiki wiedersehen, er wird freundlich auf sie zugehen mit einem ironischen Lächeln, lieb und nachsichtig, und seine Niederlage wird ihn erheben!

31. Juli 1932

So hat Kiki gewonnen. Am ersten Sonntag dieses Monats, Jubiläum unseres ersten Abenteuers, hat Kiki in Tours in einem Zimmer des Little Hôtel gewonnen. Kiki ist auch sehr lieb gewesen, so sanft, dass sie unwiderstehlich war. Und Marcel bedauert es nicht: Sie werden im September heiraten und versuchen, brav ein ruhiges Leben zu führen. Lange Radwanderung. Haben Walderdbeeren an einem entzückenden Weg gepflückt, Erdbeeren, die ich aus Kikis Hand gegessen habe. Sollte es ein hübscher Traum sein?

Wieder in Tours, in einer kleinen Kaschemme am Bahnhof, habe ich unsere gemeinsame Bewerbung um eine Stelle geschrieben. Heirat mit Mademoiselle Strzelecki. *Alea jacta est!*

Kiki-des-Bois

Welch ein Unterschied zum Abschied vor vierzehn Tagen! Heute bin ich glücklich. Ich habe einem betörenden Mädchen schöne Augen gemacht, habe mich auf der Place Daumesnil verlaufen, und als ich wieder in dem dunklen Schlafsaal war, habe ich mich zufrieden in mein Bett gelegt.

15. Juni 2001
Machen Sie so lange wie möglich weiter wie bisher

Wie lange ist es her, dass ich den Kardiologen aufgesucht habe? Einen Monat oder zwei? Ein ganzes Jahr! Seit etwa zwanzig Jahren lasse ich den Zustand meines Herzens regelmäßig überprüfen, die Untersuchung ändert sich ebenso wenig wie das Ergebnis: »Nichts, worauf Sie achten müssten, ich sehe keinen Grund, Ihnen ein Medikament zu verschreiben. Machen Sie so lange wie möglich weiter wie bisher.«

Zu Mado sage ich hinterher: »Der Arzt hat mir jegliche sexuelle Betätigung verboten!« Mado hat den Verdacht, dass ich scherze. Die versteckte Drohung beunruhigt sie dennoch.

16. Juni 2001
Eine Glücksperiode?

Ich bekomme wieder besser Luft. Ich werde wieder mit dem Bus fahren und jeden Mittag in der Coupole essen. Ich lebe fast wie ein normaler erwachsener Mensch. Man ruft mich häufig an. Ich merke, dass ich die Sympathie derjenigen habe, mit denen ich verkehre, angefangen von Halima, der algerischen Haushaltshilfe, bis hin zu Sylvia, der Friseuse, und ihren Kolleginnen. Das Ehepaar Le Gal hat mich adoptiert und erspart mir dadurch das Altersheim, vor allem aber hilft mir Mado, die meine Gefährtin geworden ist.

Gestern Abend haben wir fassungslos zugehört, wie Jungen und Mädchen im Fernsehen über Sex sprachen. »Die machen es auch nicht besser als wir«, sagte Mado gleichgültig.

5. August 1993

Da sind wir also wieder in unserem Haus in Contigné. Fünfzig Jahre haben wir hier gewohnt, haben unsere Kinder und zwei unserer Enkel großgezogen. 1982 haben wir es verlassen und sind nach Angers in eine Wohnung gezogen. Ich bedauere es nicht, denn mit jedem Sommer wird das Leben in dem großen Haus beschwerlicher. Es beherbergt die Archive der Familie und der Schule. Werden sie die Wechselfälle des Lebens überdauern und den Wunsch zukünftiger Bewohner, aufzuräumen? Werden diese daran denken, die Unterlagen als Zeugnisse des Lebens unserer Generation einem Museum zu vermachen?

18. Juni 2001

Verkauf des Wohnsitzes der Familie

Ich frage mich, warum ich das Haus in Contigné verkaufe, mit dem mich so viele Erinnerungen verbinden und das so praktisch ist, um dort Unterlagen und sperrige Gegenstände zu lagern. Es verursacht mir keine großen Kosten. Was mache ich mit den ganzen Moneten, die bei dem Verkauf herauskommen? Ich brauche sie nicht.

Es war nicht lange auf dem Markt. Eine Lehrerin, die sich als Keramikerin bezeichnet, hat sich in die alte Schule verliebt. Ich hatte 900 000 Francs verlangt, sie hat 700 000 geboten, ich lasse mich auf einen Kompromiss von 800 000 ein. Ich bin so nachsichtig, weil sie Lehrerin ist.

Mado rät mir zur Vorsicht. Sie meint, eine alleinstehende Frau mit einem Kind braucht kein Haus mit acht Zimmern.

»Ich kenne dich«, sagt sie, »wenn sie charmant zu dir ist und nicht ganz hässlich, lässt du dich übers Ohr hauen und akzeptierst alles.«

Ich lese ihr das Horoskop aus dem Bus vor. Unter Schütze heißt es: »Lassen Sie sich nicht von anderen manipulieren.« Ich werde mich am Mittwoch, dem 20., um 14 Uhr mit der Dame in ihrem Haus treffen.

22. Juni 2001
Emmanuelle B.

Wieder einmal bin ich ein Glückspilz! Ich bin hingerissen von der Käuferin des Hauses in Contigné. Sie ist um die dreißig, schlank, distinguiert, venezianischer Typ. Sie wohnt in einem entzückenden Haus, das vollgehängt ist mit halbrealistisch gemalten Bildern von Menschen, die aus dem Nebel treten.

Der Makler liest einen endlos langen Vertrag vor. Ich habe den Eindruck, als wäre meine Käuferin daran ebenso wenig interessiert wie ich. Sie dankt mir, dass ich den Preis von 900 000 auf 800 000 Francs gesenkt habe. Sie findet Haus und Garten bezaubernd.

Wir besuchen das Haus, Mado begleitet mich. Wir unterhalten uns mühelos, wir verstehen uns sehr gut. Es werde ihr ein Vergnügen sein, wenn ich sie besuche, sie werde mich sogar abholen. Sie darf als mein Gast dort wohnen, noch bevor sie den Kaufpreis bezahlt hat, damit ihr Sohn dort rechtzeitig in der Schule anfangen kann.

30. Juni 2001
Die Essais

Ich habe das Gefühl, wieder im Jahr 1931 zu sein. Ich las damals mit Vorliebe die Essais von Montaigne. »Der köstliche Skeptiker, klassisch, menschlich, französisch. Welch vernünftige, erfrischende Lektüre. Die Gedanken klären sich. Alles wird einfacher, und man spürt in sich eine Kraft wachsen, eine intelligente Kraft, die aus Klarheit besteht, Ordnung und einem richtigen Verständnis der Dinge und Menschen. Ich ziehe diese Lektüre den komplizierten, hochtrabenden, sektiererischen Romanen unseres dummen 20. Jahrhunderts vor.«

Ich war zwanzig, als ich das schrieb. Nun bin ich neunzig. Meine Meinung habe ich nicht geändert.

3. Juli 2001
Welch ein Glück, dumm geblieben zu sein!

Am 18. Juni schrieb ich: »Was soll ich mit den ganzen Moneten machen, die bei dem Kauf herauskommen?«

Ich hatte vollständig vergessen, dass ich den Kindern eine Schenkung gemacht hatte und keinen Sou von dem Geld sehen würde. Ich freue mich, bin erleichtert.

Mir sind die freundschaftlichen Beziehungen zur Käuferin des Hauses viel wichtiger. Ich werde es öfter besuchen, wenn es mir nicht mehr gehört. Wenn meine Beine, mein Atem und meine Augen mich nicht ständig an mein Alter erinnerten, würde ich leben wie 1931, hätte dieselben Interessen, wäre ebenso unbeteiligt, würde bei Mondlicht träumen, die Sonne genießen, ein blühendes junges Mädchen suchen, nur wäre ich weniger sinnlich als heute.

7. Juli 2001
Es war wohl feige ...

Ich lese Briefe Hélènes. Ich bin erstaunt über den flüssigen Stil dieser jungen Frau von sechzig Jahren, die nur einen Grundschulabschluss hat. Wenige Lehrer wissen sich so gewandt auszudrücken. Vier Jahre lang haben wir uns jeden Tag geschrieben und angerufen. Nach Stunden, manchmal Tagen der inneren Rastlosigkeit, riss ich mich von Geneviève los, um mich in Paris, La Baule, Reims mit Hélène zu treffen. Sie hegte immer die Hoffnung, dass ich mich scheiden lassen würde. Ich wich aus. Ein mutiger Mann hätte sich lieber scheiden lassen, als zu lügen. Ich dachte, dass Geneviève nicht dafür gemacht sei, allein zu sein, dass sie die Schande nicht überleben würde, wenn ich sie in diesem Dorf, wo wir als Musterpaar galten, im Stich ließe. Ich hatte aber auch nicht den Mut, mit Hélène Schluss zu machen. Ich war innerlich völlig zerrissen. Ich ging zum Psychiater, ich erlitt Nervenzusammenbrüche. Ich war feige, letztlich gab ich Hélène und die leidenschaftliche Liebe auf.

8. Juli 2001
Vertrauen

Ich verbringe den Nachmittag mit Emmanuelle B., der Käuferin des Hauses in Contigné. Wir essen in Châteauneuf zu Mittag. Ich habe großes Vertrauen zu dieser jungen Frau. Ihre Großmutter wurde wie ich 1910 geboren. Wenn es nach mir ginge, würde ich sie in das Haus einziehen lassen, wann sie will. Man rät mir davon ab, zu Recht. Sie sagt mir, sie stehe in dem Ruf, unbedarft zu sein. Wir verstehen uns auf Anhieb. Sie hat ein gutes Verhältnis zu ihrem Ex-Mann und dessen Freundin. Ich glaube ihr, wenn sie mir versichert, das Haus bliebe auch weiterhin das meine.

10. Juli 2001
Es lächelt die Freiheit im Juli 1931

Welch gute Idee, dass ich mit zwanzig dieses Tagebuch geführt habe! Ich hatte keine Ahnung, dass es mir so viel Freude machen würde, es mit neunzig zu lesen. Ich erlebe jene glücklichen Tage wieder, wobei ich die von uns gegangenen teuren Wesen wie den kleinen Pierre und die dornige Kiki ausklammere. Gütiger Gott, was habe ich getan, um eine so glückliche Jugend, solch ein behütetes Alter zu verdienen? Ich habe ohne

Ehrgeiz gelebt, ironisch und nachsichtig, egoistisch, aber allen nur Gutes wünschend. Ich war gleichgültig, aber nicht gegen das Leiden, und habe an das Glück geglaubt.

16. Juli 2001
»Die feige Erleichterung nach dem Münchener Abkommen«

Berühmter Ausspruch Léon Blums. Man hatte Hitler alles zugestanden, man hatte unsere Freunde, die Tschechen, im Stich gelassen wie vorher die spanischen Republikaner. Und dieser feige Verrat wurde mit Begeisterung aufgenommen. Leider auch von mir! »Es gibt nichts Schöneres in der Weltgeschichte als diesen Frieden, der vor dem Krieg unterzeichnet wurde«, schrieb ich in mein Tagebuch. Ich wehrte mich gegen die Pessimisten, die zu Recht voraussahen, dass der Krieg unvermeidbar und Hitler unersättlich war.

In diesem kindlichen Optimismus blieb ich so lange befangen, bis 1945 die »Taten der Bestie« ans Licht kamen. Alles, was ich mich zu glauben geweigert hatte, war also doch wahr.

30. September 1938
Heute Morgen höre ich als Erstes, dass das Münchener Abkommen unter Dach und Fach ist. »Der Trojanische Krieg findet nicht statt!« Alle freuen sich und atmen auf, nur die ewigen Pessimisten sagen: »Aufgeschoben ist nicht aufgehoben«, und prophezeien, dass es im Mai 1939 so weit sein würde. Die düsteren, vollkommen blödsinnigen Voraus-

sagen höre ich nur mit halbem Ohr. Ich glaube im Gegenteil, dass uns der Frieden noch eine Weile erhalten bleibt.

Am Nachmittag wenden wir uns wieder den jahreszeitlich bedingten Beschäftigungen zu, unter anderem dem Aufhängen der Bilder zu Schulbeginn. Im Radio eine Sendung über die begeisterte Aufnahme Daladiers in Deutschland. Es herrscht allgemeine Freude, und es gibt nichts Schöneres in der Weltgeschichte als diesen vor dem Krieg unterzeichneten Frieden!

17. Juli 2001
Rückkehr ins Jahr 1938

Ich habe das Tagebuch von 1938 vor mir liegen, dem Jahr des Sieges der Faschisten. Minets Gesundheit macht mir große Sorgen. Sie kommt nicht über den Schock hinweg, den ihr die Totgeburt unseres Kindes im Juli 1936 versetzt hat. Unser Zusammenleben ist ein weiterer Krieg …

10. Januar 1938

Minet ist noch immer krank. Vor allem die Nächte sind schwierig. Nachts übertreibt man Probleme und Leid. Sie fährt aus dem Schlaf hoch, schluchzt, bebt am ganzen Körper. Es ist unmöglich, wieder einzuschlafen. Es ist ein Kampf gegen Chimären, eingebildete Bedrohungen, Phantasiegebilde.

Heute fiel es ihr sehr schwer zu unterrichten. Wird sie weiterarbeiten können?

Heute Nachmittag gegen vier bin ich nach Miré geradelt, um dem Maler Maillard eine Rechnung zu bringen. Wie gern ich auf der guten, festen Straße fuhr! Welch ein Gefühl der Befreiung! Ein schlichtes Vergnügen, ohne großen Aufwand. Am Ausgang des Dorfes rollt das Fahrrad einen Kilometer lang, ohne dass ich treten muss. Dann macht die Straße einen leichten Knick in Richtung Veaufoulon, und ich kann mich bis nach Miré rollen lassen.

15. Januar 1938

Heute haben wir unseren abendlichen Spaziergang nach dem Essen entlang der Straße nach Miré gemacht. Der Mond schien hell. Die Bäume zeichneten sich schwarz gegen den Himmel ab. Wolken segelten vor dem Mond dahin. Die Holzschuhe klapperten auf dem Asphalt. Auf diesem Spaziergang ist Minet ein wenig fröhlicher als sonst: Sie macht Luftsprünge, spielt den Possenreißer, erleichtert sich hinter einem Zaun. Arme Minet! Ihr kreisen ständig bedrückende Gedanken durch den Kopf! Wenn sie nur gegen ihre tatsächliche Krankheit angehen müsste, wäre alles halb so schlimm. Doch sich gegen diese Wahnideen zu wehren ist wirklich sehr schwer.

Der Kampf spannt mich an: Mein Kopf schmerzt zwischen den Augenbrauen.

18. Juli 2001

Bücher ade

Catherine, Barbara, Rodolphe und Denis holen mich ab. Wir essen in Châteauneuf. Dann geht es weiter nach Contigné, wo wir uns mit David und Nicolas treffen, die mit einem Umzugswagen die Möbel abholen und mit dem Ausräumen des Hauses beginnen wollen. Das Wetter ist scheußlich, es schüttet, und die Veranda, in der ich Zuflucht gesucht habe, erbebt in den Sturmböen. Unterdessen bringen David und Denis den Bücherschrank weg, in den ich die gebundenen Bände gestellt habe, an denen mir viel gelegen ist. Ich sehe die kostbaren Bücher in alle Winde verstreut. Wird man sie zu schätzen wissen? Noch immer sind es viele. Ich würde sie gern Emmanuelle B. überlassen oder der Stadtbibliothek übereignen.

20. Juli 2001
Das Schicksal unseres Hauses

Geneviève und ich bezogen das Haus in Contigné am 1. Oktober 1932. Seit 1870 war darin die Mädchenschule untergebracht. 1905 von der Gemeinde übernommen, wurde sie laizistisch, die Nonnen zogen sich zurück. Von 1932 bis 1961 leitete Mamie die Schule, die aus einer einzigen Klasse bestand. 1969 wurde das Gebäude wieder zum Privathaus, zu unserem. Am 1. Oktober 1982 verließen wir es, weil wir nach Angers umzogen.

Das Haus hatte ein kurioses Schicksal. Bei unserer Ankunft am 1. Oktober 1932 betrug die Zahl der Schülerinnen etwa ein Dutzend; allmählich wurden es mehr, sodass man schließlich eine zweite Klasse einrichtete. Einige Jahre später zog die Schule um, und es wurde wieder zum Privathaus.

Der Garten war wirklich sehr schön. Ursprünglich war er ein Nutzgarten. Dann gehörte er den unterrichtenden Nonnen unter der Leitung von Schwester Sainte-Claire. Nach der Trennung von Kirche und Staat nutzte ihn die staatliche Lehrerin, und von 1932 an bewirtschafteten wir ihn. Nach unserer Pensionierung machte unser Kollege Bitot einen einfachen Ziergarten daraus.

22. März 1938

Endlich ist der Frühling ausgebrochen! Im Garten blüht rosa der Pfirsichbaum, die weißen Blüten der Birnbäume lassen ihre Stempel mit den roten Köpfen sehen; der Kirschbaum ist mit grünen Perlen bedeckt, die Stachelbeersträucher mit gezackten, zarten Blättern. Die Spatzen hausen bereits in dem Mauerloch hinter dem Klassenzimmer. Einmal hatten sich dort Stare mit gelben Schnäbeln eingenistet und einen solchen Lärm gemacht, dass sie den Unterricht störten.

Auf der Fensterbank schwimmen Kaulquappen in einem Einmachglas in der Sonne. Wenn sie schlafen, hängen sie unbeweglich im Wasser, den Kopf halten sie an die Luft. Schüttelt man das Glas, zappeln sie und retten sich, mit ihrem durchsichtigen Schwanz paddelnd, auf den Boden des Gefäßes. Die Schüler sehen sich die »Dingerchen« oft an. In Töpfen, gut geschützt in feuchtem Moos, schwellen die Bohnen, damit irgendwann der Keimvorgang beobachtet werden kann.

Seit Mamies Tod am 23. Januar 2000 bin ich im Sommer nicht mehr in unserem Haus gewesen. Es tut mir nicht allzu sehr weh, es an Emmanuelle B. zu verkaufen.

21. Juli 2001

Jules Pinier ist gestorben

Am 1. Oktober 1930 wurde ich Lehrer einer Klasse von über vierzig Kindern in Vauchrétien. Ich blieb nicht länger als zwei oder drei Tage.

In der ersten Unterrichtsstunde in französischer Geschichte ging es um unsere gallischen Vorfahren.

Der junge Schulmeister von neunzehn Jahren prüft seine Schüler:

»Du da, wer hat Gallien erobert?«

– »Mmm …«

– »Jul … Jul …?«

– »Jules Pinier, Monsieur!«

Den Namen habe ich nicht vergessen.

Unter den Todesanzeigen des heutigen Tages entdecke ich, dass Jules Pinier mit achtzig Jahren in Vauchrétien gestorben ist. Als ich seine Bekanntschaft machte, war er neun. Der gute Mann hatte wohl keinerlei Erinnerung an mein kurzes Zwischenspiel in seiner Schule. Er ahnte nicht, dass sein Tod seinem ehemaligen Lehrer nahegehen würde. Wäre ich noch besser bei Kräften, ginge ich zu seiner Beerdigung.

Da fällt mir wieder ein, wie ich bei Todesfällen im Dorf den betroffenen Familien Kondolenzbesuche abstatten musste. Der Tote lag im Sonntagsanzug auf dem Bett, die Hände über dem Kruzifix gefaltet. Er war von der Gemeindeschwester zurechtgemacht worden. Die Verwandten wachten schweigsam und regungslos bei der Leiche. Um keine Gefühle zu verletzen, bekreuzigte ich mich. Und dann war es üblich zu fragen, wie denn der Tod eingetreten sei.

»Sie ist ganz plötzlich gestorben. Zum Glück hatte sie gut zu Mittag gegessen«, lautete beispielsweise die Antwort des alten Desestres.

»Der Doktor wäre ganz schön enttäuscht gewesen, wenn er nicht gestorben wäre«, meinte die Tochter der Familie Hodeline.

»Er hatte das Alter erreicht, wo man stirbt!« (Mein Alter!)

Ergeben wohnte ich der Messe bei und hörte mir an, wie der Pfarrer den Trauernden bei der Auferstehung die Wiedervereinigung mit den Angehörigen in Aussicht stellte.

Die meisten Witwen legten darauf keinen Wert.

Der Leichenzug bewegte sich in Richtung Friedhof, wer plaudern wollte, reihte sich am Ende ein …

Nach der Trauerfeier verteilte man sich auf die Wirtshäuser und freute sich über das Wiedersehen mit alten Bekannten, die man vergessen hatte.

30. Juli 2001
Vertrauen

Ich gehe mit Emma – sie bat mich, sie so zu nennen – in Chenillé-Changé essen. Es ist sehr heiß, die Sonne brennt, aber ich habe neun Monate lang so sehr unter dem grauen Himmel und dem Regen gelitten, dass ich mich nicht beklage.

Auf dem Rückweg fahren wir nach Contigné. Das Vertrauen, das sich zwischen uns gebildet hat, erfüllt mich mit Freude. Ich empfinde keine Traurigkeit mehr, unser altes Haus verlassen zu müssen. Sie und ihr Sohn werden es zu neuem Leben erwecken.

Ich gebe ihr die Schlüssel, auch wenn man mir davon abgeraten hat.

7. August 2001

Hélène

Wir gingen zum Tanzen ins Eldorado am Boulevard de Magenta, in der Nähe des Gare de l'Est. Das Licht im Saal war gedämpft. An der Decke drehte sich eine dicke Kugel aus Spiegelmosaik. Wir setzten uns auf eine Bank in eine dunkle Ecke. Wir waren »die Kinder, die sich lieben«. Nein, es war nicht lächerlich. Wir hatten kein Alter mehr. Wir schmiegten uns aneinander, drückten einander die Hände. Wir wiegten uns in zärtlicher Benommenheit. Glücklich, allein auf der Welt. Begann alles wieder von Neuem? Das Orchester setzte zu einem Slow Fox an. Wir hielten uns umschlungen, unsere Körper erwachten, unsere Beine schmiegten sich aneinander. Ihr Kopf ruhte auf meiner Schulter. Von Zeit zu Zeit hob sie ihn, unsere Blicke liebkosten sich. Unsere Lippen trafen sich im dämmrigen Licht. Die verspiegelten Säulen reflektierten das Bild unserer verschmolzenen Körper. Betäubt traten wir auf den Boulevard. Zum Hotel war es nicht weit.

8. August 2001

August 1931, in Les Sables

Geneviève, genannt Kiki, begleitete meine Eltern und mich nach Les Sables-d'Olonne, wo wir die Ferien verbrachten. Ich war zwanzig, im Schülerjargon nannte ich meine Eltern »les Patern's« und die Ferien »les Vac's«. Bei unserer Ankunft regnete es … Sieh an, wie heute! Radtouren, Schwimmen, Zärtlichkeiten. »Boulangeages«

mit Kiki. Boulangeages? Das müssen Liebkosungen von Kikis Brust gewesen sein.

9. August 2001
Beunruhigende Erklärung

Meine Beziehung zu Emma ist angenehm. Wir sind Freunde geworden. Sie ruft mich häufig an und nicht nur wegen des Hauses.

Heute Abend um 21 Uhr erhalte ich einen seltsamen Anruf. Er beunruhigt mich, stimmt mich nachdenklich.

»Sind Sie allein?«

»Ja.«

»Ich habe meinen Sohn ins Bett gebracht, um ungestört sprechen zu können … Sie haben mir bei unserem Mittagessen in Chenillé-Changé gesagt, dass der Altersunterschied zwischen uns jede Zweideutigkeit unserer Freundschaft ausschließe. Wissen Sie, ich hätte gern etwas für Sie bedeutet.«

»Sie wünschten sich, dass ich Ihr Großvater wäre?«

Sie stottert.

»Nein, das nicht, ich hätte Sie gern glücklich gemacht, ich bin bereit, viel für Sie zu tun … einen Mann wie Sie lernt man nicht oft kennen. Ich habe den ganzen Abend darüber nachgedacht und wollte es Ihnen sagen.«

Was hat das wohl zu bedeuten? Ich bin nicht so eitel, darin eine Liebeserklärung zu sehen. Ich habe niemanden, dem ich mich anvertrauen könnte. Außer – vielleicht Lili?

Heute Nacht werde ich nicht gut schlafen.

10. August 2001
Mados Ahnungen

Verliebte haben einen sechsten Sinn! Als Hélène 1987 nach Angers kam, hat Mado es erraten! Sie ist beunruhigt wegen Emma, tröstet sich jedoch mit dem Gedanken, dass sich eine Sechsunddreißigjährige unmöglich in einen neunzigjährigen Greis verlieben kann.

Wenn Mado wüsste!

11. August 2001
Unglaubliche Liebe

Also doch! Emma gesteht mir, dass sie mich liebt. Heute waren wir einen Augenblick allein, sie hatte ihren Sohn unter einem Vorwand weggeschickt.

»Hat Sie mein Geständnis gestern Abend nicht schockiert? Ich musste es Ihnen einfach sagen.«

»Nein, ich war verdutzt. Sehen Sie mich nicht, wie ich bin? Alt, müde?«

»Das ist alles nicht mehr wichtig. Man muss glücklich sein, das Beste aus dem Leben machen.«

Wir sehen uns an, ihre Augen strahlen. Unsere Gesichter nähern sich einander, unsere Lippen finden sich. Heftige Gefühle und ein Schauer des Begehrens überkommen mich.

»Emmanuelle, es ist nicht möglich, ich liebe und begehre Sie.«

»Aber ich doch auch. Wir werden miteinander schlafen.«

Wieso wollte die junge Frau mit dem neunzigjährigen

Greis schlafen? Man könnte auf den Gedanken kommen, dass sie es auf das Haus abgesehen hat. Das ist aber nicht möglich, der Vorvertrag ist unterschrieben, der Kaufvertrag fertig. Sie hat nichts davon, sich mir hinzugeben. Ich sollte geschmeichelt sein, bin aber ratlos.

Ich frage sie, ob ich das nicht geträumt habe. »Nein«, antwortet sie, »wir haben uns auf den Mund geküsst, wir sind verliebt, wir begehren uns, und wenn ich ein paar freie Minuten habe, verbringen wir sie gemeinsam.«

Ich werde mit einer sechsunddreißigjährigen Frau ins Bett gehen!

Bei Mado läuft alles reibungslos. Wir verstehen uns bestens, vor ihren Kommentaren habe ich keine Angst, und wir schämen uns nicht voreinander. Aber wie stelle ich mich wohl bei einer intimen Beziehung mit dieser jungen Unbekannten an, die so gebildet und geistreich ist?

12. August 2001
Ein Tag bei Mado

Es ist mir gelungen, Mado ein wenig zu dämpfen. Unsere sexuellen Beziehungen beschränken sich wieder auf ein harmloses Mittagsschläfchen am Samstag und eines am Sonntag. Ich habe zwei zärtliche Nächte im Schlafanzug und ohne erotische Schlacht verbracht. Sie fügt sich, trägt selbst aber nur ein Negligé, in der Hoffnung, dass sich meine Finger verirren.

13. August 2001
Glücklich, wer nichts sein Eigen nennt

Zu meiner Tochter Catherine habe ich immer ein gutes Verhältnis gehabt. Doch gestern, als es um Emma B.s vorgezogenen Einzug ging, wurde sie sehr wütend. Andererseits soll David bereits am 14. mit einem Lastwagen nach Contigné fahren, um die restlichen Möbel abzuholen. Die Eile erstaunt mich. Die Möbel hätte ich an Emma verkaufen und Mado von dem Geld einen Fernseher schenken können.

Catherine verdächtigt mich, Emma zu begünstigen. »Du beschenkst diese Frau zum Schaden deiner Familie.« Ich mache sie darauf aufmerksam, dass ich das Recht auf ein Privatleben habe. Ich habe meinen Kindern Millionen gegeben und obendrein alles Geld aus dem Verkauf des Hauses und des Inventars. Kann man noch selbstloser sein? Diese Verbissenheit ist mir unbegreiflich. Catherine hat sich kurz danach entschuldigt. Dank Emmas Klugheit kommt alles ins Lot! Welch erstaunliches Schicksal hat mir nur diese Frau geschickt.

14. August 2001
Meine Unbeständigkeit

Beim Aufstehen und bevor ich zu Bett gehe, rufe ich Mado an. Gestern Abend hätte ich es beinahe vergessen. Heute Morgen weiß ich nicht, was ich sagen soll. Ihr gestehen, dass ich mit Emma essen gehe? Ihr gestehen, dass ich lieber mit Emma allein bin?

Sie fragt mich nicht, warum ich sie heute nicht in die

Coupole einlade, wie immer ist sie diskret, ergeben, liebevoll. Geliebte Mado, sie weiß nicht, dass meine Gedanken nur noch um Emma kreisen, um das Essen, das wir gleich gemeinsam einnehmen werden, vielleicht allein. Mado mit ihren dreiundachtzig Jahren scheint mir im Vergleich zu Emma mit ihren sechsunddreißig nicht mehr so sehr begehrenswert. Bin ich wirklich verliebt? Oder bin ich verblendet von der Jugend Emmas, von ihrer verwirrenden, völlig unerwarteten Liebeserklärung?

Anruf nach dem Essen: Emma will wissen, wie es mir geht.

15. August 2001
In der Auberge de Chanteclair

Wir waren in Bouchemaine am Flussufer und haben wie Verliebte in der Laube der Auberge de Chanteclair gegessen. Als ihr Sohn uns allein ließ, haben wir uns verstohlen geküsst. Es ist nicht zu glauben! Da bin ich wieder in der Zeit meiner Liebe zu Annette, in einem Restaurant am selben Ort, an einem sonnigen Sommertag. Die Freude macht Angst.

Ich habe ihr gesagt, dass ich Befürchtungen wegen unserer sexuellen Beziehungen hege. »Machen Sie sich keine Sorgen, das kommt nach und nach, mit der Zärtlichkeit, dem Verständnis zweier intelligenter Menschen füreinander.«

17. August 2001
Emma und Mado

Wie ziehe ich mich aus der Affäre? Emma rät mir, alles so zu belassen, wie es ist, und keine Schuldgefühle zu haben. Es handele sich um verschiedene Formen der Liebe, die nebeneinander bestehen könnten. Ich werde nicht mit meiner alten Mätresse brechen, es würde ihr bitteres Leid verursachen. Doch es wird schwierig sein, weiterhin ihre körperlichen Bedürfnisse zu befriedigen. Neulich abends verspürte ich keinerlei Verlangen. Sie drückte sich an mich, wie sie es so gerne tut. Ich sah, wie alt sie ist, wie wenig begehrenswert. Sie bestand nicht auf dem Liebesakt, der sonst immer dem Schlaf vorausgeht.

Unruhig wache ich auf: Ich darf nicht impotent werden, wenn ich mit Emma schlafen will. Um mich zu beruhigen, wecke ich Mado mit Liebkosungen, sie reagiert sofort, ist entzückt …

Ich bin beruhigt!

20. August 2001
Junge Verliebte duzen sich

Ich habe Emma einen Brief geschrieben. Sie freut sich darüber.

»Duzen Sie mich, dann bin ich Ihnen näher … Dir näher.«

»Ja, duzen wir uns!«

Bin ich also wieder einmal verliebt? Ich finde bei Emma die Seelenverwandtschaft wieder, die mich mit

Lili verbindet. Emma hat den großen Vorteil, in meiner Nähe zu wohnen und frei zu sein.

20. August 2001
Ist es ein Traum?

Anruf: Emma lädt mich ein, den Tag in Contigné in »unserem« Haus zu verbringen. Was für eine reizende Überraschung! Für mich nimmt sie eine Autofahrt von siebzig Kilometern auf sich. Wir essen in der Sonne. Ich bin den ganzen Tag wie berauscht … Wir küssen uns verstohlen.

Meine Putzhilfe Séverine hat bei Emma den Haushalt gemacht. Das ist die einzige Art, wie ich Emma, die dauernd unglaublich viel um die Ohren hat, helfen kann. Drei Fahrten zur Mülldeponie von Châteauneuf, das Auto mit Kartons beladen. Und alles mit einer solchen Eleganz! Ich lese ihr die Seiten aus meinem Tagebuch vor, die sich mit ihr befassen, vor dem beunruhigenden Anruf vom 9. August.

Sie löst das Haar.

Ich liebe sie, ich kann es nicht glauben.

22. August 2001
Die körperliche Liebe mit Emma

Sie ruft mich am Morgen des 21. an. Ihre Stimme hat einen kindlichen Charme. Ich bin so glücklich, sie zu hören. Sie spricht von der Liebe, nicht der platonischen, nein, von der körperlichen Liebe.

»Möchtest du ein Kind von mir?«

Aber Emma, ich brauche zwar keine Mittel, die mir zu einer Erektion verhelfen, aber das »kleine Samenkorn«, das Leben schenkt, habe ich nicht mehr. Und das ist auch besser so! Siehst du mich mit zweiundneunzig als Papa? Und wie stünde es um das von einem Greis gezeugte Kind? Da waren zwar Boas und Ruth, der Patriarch und die junge Moabiterin, als »alles ruhte in Ur und Jerimadeth«, aber die biblischen Zeiten sind vorbei.

Heiraten?

Wir wären auf dem Titelbild von *Paris Match*!

22. August 2001

Emmas Brüste

14 Uhr. Ich habe Emmas Brüste gesehen! Sie sind klein, verschmitzt, beredt und geistreich. Sie recken die Nase unter meinen Liebkosungen, sie freuen sich an dem Geschäker, das das Begehren schürt. Im 18. Jahrhundert war es so beim Liebesvorspiel der Marquisen. Emmas Brüste gehören zur erotischen Aristokratie. Unsere Lippen liebkosen einander, suchen sich wollüstig, werden nie satt. Plötzlich erwacht in mir die Lust, auch ihren anderen Mund zu kennen …

Eines Nachts werden sich unsere Körper liebkosen.

»Ich helfe dir«, flüstert sie.

23. August 2001
Unvergleichliche Emma

Sie ist mein ganzes Leben. Wir reden jeden Morgen und Abend lange miteinander, und ich habe den Eindruck, ihr nichts von dem zu sagen, worauf es ankommt. Sie liest meine Aufzeichnungen, interessiert sich dafür, und das freut mich sehr. Sie liest mir auch vor, was sie einmal über den Sinn des Lebens geschrieben hat. Ich finde, dass sie viel tiefgründiger denken kann als ich. Ich beschränke mich auf eine Seite pro Tag, dadurch schränke ich auch mein Denken ein und lasse es in der Routine erstarren. Wieder einmal fühle ich mich ihr sehr unterlegen, weil ich meinem grundsätzlich kartesianischen Denken nicht entkommen kann.

12.30: Mich ergreift panische Angst. Ich rufe sie auf ihrem Mobiltelefon an, obwohl ich das nicht tun sollte, wenn sie am Steuer sitzt.

»Ich bin auf der Brücke!«

Sie ist unterwegs zu mir! Sie ist vorhanden! Es gibt sie tatsächlich, sie ist kein Phantom.

25. August 2001
Mit neunzig eine unbekannte Liebe erleben

Gestern Abend haben wir uns lange unterhalten und auch heute an diesem schönen Sommermorgen. Das ist das Glück! Ich frage mich, was es mit Emmas Sexualität auf sich hat. Sie war noch Jungfrau am Abend ihrer Hochzeit, sie hatte niemandem nachgegeben, obwohl man ihr eifrig den Hof gemacht hatte. Die sexuellen Beziehungen mit ihrem Mann brachten ihr keine Erfüllung, noch weniger die mit dem zweiten Mann, der ihr Leben teilte. Hat sie schon einen Orgasmus gehabt? Sie selbst glaubt es nicht.

Wir haben uns geküsst, sie schien mir Spaß daran zu haben.

26. August 2001
Liebesbeziehung zu Emma

Emma hat mich für das Wochenende nach Contigné geholt. Wir haben bei Kerzenschein im Garten zu Abend gegessen. Wir sind ins Bett gegangen. Ich habe sie nackt gesehen, ihren zartgliedrigen, eleganten Körper, wie die Bronzestatue eines Künstlers, mit diesem Haarbüschel am Ursprung der Welt. Ich empfinde nicht die erotischen Gelüste, die der Anblick von Mados Brüsten bei mir auslöst.

Mit einer Schlichtheit, die mich entzückt, gibt sie sich mir hin … Im Halbdunkel sehe ich, wie ihre Augen glitzern, lachen, ein unschuldiges Glück ausdrücken.

28. August 2001
Eine erste Liebe

13 Uhr: Mittagessen in der Coupole. Glück! Ein halbes Jahrhundert trennt uns!

»Du bist meine erste Liebe!«

»Das gilt auch für mich!«

Ich habe noch immer Mühe, es zu glauben. Ich denke

daran, wie die Zeit entflieht, spüre mehr denn je, wie wenig Lebenszeit mir noch bleibt. Emma fegt alle Einwände beiseite, sieht eine Zukunft gemeinsamen Glücks vor sich. Ich lasse mich von dieser unsinnigen Hoffnung anstecken, vergesse den langsamen, aber unbarmherzigen Verfall meiner Sinne, die Müdigkeit in meinen Beinen, meinen unsicheren Gang, meine Schwierigkeiten beim Sprechen.

29. August 2001
Die Zeit steht still, wenn ich mit meiner schönen Italienerin zu Mittag esse

Die Sommersonne strahlte noch heute Morgen. Ich bin bei der Friseuse Martine vorbeigegangen. Arnaud, der Hidalgo mit den langen Beinen, und Romain, der Cherubim, scherzen:

»Gehen Sie zu einem Rendezvous? Mit wem?«

»Mit einer Frau.«

»Das haben wir uns gedacht. Wie heißt sie?«

»Das sage ich Ihnen nicht.«

»Wir werden es erfahren!«

13 Uhr: Emma! Endlich, sie ist da! Egal, was die Leute denken! Wir küssen uns mitten auf den Mund.

30. August 2001
Die Unterzeichnung des Kaufvertrags

Alles lief gut, in bester Stimmung. Der Notar, der üblicherweise da ist, wurde von einem geistreichen, freundlichen Kollegen vertreten. Emma kommt mit ihrem Notar. Eine unbekannte Emma, ernst, fast streng. Ist das die Frau, die ich liebe? Haben wir uns geliebt? Haben wir miteinander geschlafen? Ich kann es nicht glauben.

Vorlesen des Vertrags … Wir unterschreiben. Es ist vollbracht: Emma ist Eigentümerin »unseres« Hauses. Es ist vorbei!

Zu Hause überfällt mich jäh die Angst. Zum Glück ruft Emma mich an, liebevoll, verliebt. Eine Welle der Freude hebt mich empor, ich bin wieder fröhlich. Wir wollen am Abend um elf Uhr miteinander telefonieren.

2. September 2001

Ich werde niemals den Mut haben, frei zu leben

Auf dem Anrufbeantworter: Hélène! Ihre Stimme ist traurig, hoffnungslos. Welche Welten uns trennen! Eine erloschene Liebe. Ich hätte nie geglaubt, dass ich den Tod dieser Liebe erleben würde. Emma ist in mein Leben getreten, und alles, was ich bisher erlebt habe, kam mir schal vor. Ich rufe sie an. Ihr Handy funktioniert nicht! Sie hat gesagt: »Um 10.30 in Contigné.« Bis dahin dauert es noch eine Ewigkeit, die Angst lastet auf mir.

Am 10. muss ich mich am grauen Star operieren lassen. Wenn ich nicht mehr aus der Narkose erwache, wird sie nicht zusehen müssen, wie es mit mir abwärtsgeht. Alle meine Sinne werden nur immer schlechter werden. Sterben, bevor man ein Greis ist …

7. September 2001
Sorgen wegen Emma

Ich rufe Emma an. Ihre Stimme! Die leuchtende Welt der Intelligenz nach all den unerträglichen Plattitüden. Ich mache mir Sorgen um sie. Kann sie in dem alten Klassenzimmer malen, das in diesem Winter eisig ist? Es gibt bestimmt starke Heizgeräte. Ich werde ihr eines schenken, von ihrem Geld, da ich etwas vom Verkaufserlös bekommen habe. Es sieht so aus, als würde ich ihr ein Geschenk machen, aber sie ist diejenige, die es bezahlt. Es würde mich glücklich machen, wenn ich wüsste, dass sie es warm hat. Ich mache mir eine Freude, indem ich mich großzügig gebe.

13. September 2001
Muss man das Glück mit Angst bezahlen?

Seit dem 8. September habe ich nichts mehr geschrieben, denn ich hatte mein Tagebuch Emma gegeben. Ich bin in die Klinik gegangen, um den grauen Star im linken Auge operieren zu lassen. Montag, den 10., Operation. Keine Unannehmlichkeiten, ich spürte hinterher nichts. Noch nie habe ich so gut gesehen! Ich sehe das Gebäude gegenüber außerordentlich scharf. Es ist unglaublich!

Dienstag, den 11. September, verlasse ich die Klinik frei und unbeschwert und esse mit Catherine in der Coupole zu Mittag! Das Leben ist schön. Und am Dienstag, dem 11. September, gegen 15 Uhr: Entsetzen, ein unglaublicher Albtraum. Kamikaze-Flugzeuge zerstören die beiden Türme des World Trade Centers und das Pentagon, den ultra-bewachten Sitz des amerikanischen Verteidigungsministeriums.

5. Oktober 2001
Emma, du verlangst zu viel vom Leben

Ich liebe dich, aber du erschreckst mich. Heute Mittag warst du exaltiert, zu keinem Zugeständnis bereit.

Ich bin erstaunt, dass eine alleinstehende Frau mit einem Kind ein so großes Haus kauft. Ich gewähre dir einen Nachlass von 100 000 Francs, weil du mir gefällst … Zufrieden, dass du dem Haus eine Seele gibst, lasse ich dich sofort einziehen. Ich freue mich, wie schön du alles machst. Man will dir die Waschmaschine nehmen? Ich kaufe dir eine neue. Ich bemühe mich, dir den Aufenthalt angenehm zu machen, dir so viele Dinge wie möglich zu überlassen … Du könntest frieren? Hier sind viertausend Francs, kauf dir ein Heizgerät … Du hast keine Zeit, um zu malen? Ich lasse dir viertausend Francs monatlich anweisen, damit du mehr Zeit dafür hast … Dein Auto ist kaputt? Ich leihe dir meines. Du bist nicht mit einem Gebrauchtwagen zufrieden … wie mein Sohn und alle meine Enkel?

Dieses Mal zögere ich …

6. Oktober 2001
Vielleicht steht am Ende das Nichts

Alphonse Colleau, der 1932 unser Arzt war, ist mit sechsundneunzig Jahren gestorben. Ich hatte ihn noch vor einiger Zeit getroffen, hellwach, mit frischem Teint, fröhlich plaudernd. Jetzt ist er von uns gegangen … Und die liebe Madame Ferré, Lebensmittelhändlerin in Contigné, sprühend vor Energie und geschwätzig, als ich sie vor einigen Tagen im Bus gesehen habe, ist mit siebenundsiebzig verschieden … Und ich, der ich so geschwächt bin, werde ich durch den Winter kommen? Vor mehr als sechstausend Jahren haben sich die Pharaonen Pyramiden bauen lassen, weil sie auf eine glückliche Ewigkeit hofften. Die Menschen finden sich nicht damit ab, einmal vergessen zu sein. Wenn ich sicher wäre, dass es ein endgültiger Schlaf ist, ein Versinken ins Nichts, würde ich beruhigt den Tod erwarten. Den Schlaf wünscht man sich ja oft.

Liebe Eltern, warum habt ihr euer unschuldiges Kind in den Religionsunterricht geschickt, wo man ihm die Furcht vor dem Tode beigebracht hat?

7. Oktober 2001
Entwicklung oder Bruch?

Ich muss gestehen, das Fieber ist gefallen. Ich sehe Emma nicht mehr mit derselben verliebten Gutgläubigkeit. Mein Verstand kommt wieder zu seinem Recht. Leider! Wodurch wurde das Bild zerstört? Vielleicht war es die Sache mit dem Geld, das sie von mir leihen wollte. Ihr Vater, der bessergestellt ist als ich, fand einen Vorwand, es ihr zu verweigern. Habe ich geahnt, dass sie mich schätzte, weil ich ihr half, und nicht, weil sie mich liebte?

Egal. Vielen Dank für die Freude, die du mir gemacht hast. So enden Liebesgeschichten. Emma ist nicht mehr die Emma vom August, wie vor nunmehr zweiundsiebzig Jahren die Annette vom Herbst nicht mehr meine Annette vom Juli war …

3. November 1929
Nachmittag mit Annette beim Tanz im Saal Massenet in Poitiers. Wir haben getanzt wie früher, sehr eng, aber … es gibt ein Aber … sie ist nicht mehr die Annette vom Juli. Ich täusche mich vielleicht, aber sie erscheint mir weniger zärtlich, weniger verliebt als früher.

18. November 1929
Ich habe Annette wiedergesehen! Ehrlich gesagt ist das Vergnügen, das ich dabei empfand, nichts im Vergleich mit dem Schmerz, den ich fühlte, als ich sie im Juli verließ und sie im Oktober wiedersah. Es kam mir ganz normal vor. Nicht das geringste Gefühl. »Sieh einer an, da bist du ja! Ah! Gut siehst du aus!«

19. Oktober 2001
La Frénaye. Lili, erinnerst du dich an 1947?

Du warst sechsundzwanzig und ich sechsunddreißig. Du hast die Vertretung in Saint-Laurent-des Mortiers gemacht. Deine lachenden Augen gefielen mir sehr. Ich habe dich zu deiner Wirtin zurückgebracht, der guten Madame Goualier, über der Chalouère. Ich habe dich geküsst, du hast dich nicht gewehrt. Nach dem Unterricht fuhr ich mit dem Rad durch die Dunkelheit (elf Kilometer!), nur, um einige Minuten mit dir verbringen zu können. Wir haben uns geküsst, wir lachten, und es will mir scheinen, obwohl du es abstreitest, dass du mir eines Abends den Gürtel gelöst hast. Der Zeitmangel und die wenig günstigen Umstände haben verhindert, dass wir ein Liebespaar wurden, aber wir blieben verliebt und haben es bedauert, nicht heiraten zu können.

21. Oktober 2001
La Roche-sur-Yon

Jean bringt mich zum Mittagessen nach La Roche-sur-Yon. Die Fahrt geht schnell vorbei. Wir sprechen von der »Affäre« Emmanuelle. Jean hat Verständnis für mich. Doch er wirft mir vor, nicht bedacht zu haben, dass eine Beziehung zwischen einer sechsunddreißigjährigen jungen Frau und einem neunzigjährigen Greis eine bürgerliche Familie schockieren musste. Ich hatte die überraschende Situation mit Humor betrachtet, ohne darin etwas Unmoralisches zu sehen. Wir waren zwei freie Menschen, die niemandem geschadet und niemandem ein Leid zugefügt haben (außer Mado).

Nie wieder wird mein Verhältnis zu meiner Tochter und meinem Schwiegersohn so ungezwungen sein wie zuvor.

27. Oktober 2001
Liebe, Zuneigung, Verlangen …

Wie soll ich das intensive Vergnügen erklären, das mir Lilis Anruf heute Morgen bereitet hat? Ich hatte geglaubt, dass sie über meine Beziehung zu Emma enttäuscht sei.

Wenn wir zusammen in La Frénaye sind, haben wir größere Schwierigkeiten, miteinander zu reden, als wenn wir telefonieren. Heute Morgen fand ich die Freude an unseren Gesprächen wieder, ihre Leichtigkeit, Lilis ironisches Verständnis für meine Eskapaden.

Gestern Abend hat mich Emma besucht, sie kam extra aus Contigné hierher, um mich zu sehen. Es hat uns glücklich gemacht, zusammen zu sein. Sie steht mir nicht so nah wie Lili, aber sie löst ein großes Glücksgefühl in mir aus. Meine Empfindung für sie hat sich weiterentwickelt. Sie ist für mich wie eine geliebte Tochter, mir durch zärtliche Bande verbunden.

Mado? Die aufrichtig in mich Verliebte, die Einzige, die seit 1946 mein leidenschaftliches Begehren weckt, die Einzige, die ich nicht ohne Gewissensbisse verlassen kann.

Bleibt Hélène, bleibt die Sehnsucht nach der *amour fou*, die wie ein Feuer noch immer unter der Asche schwelt, eine wunderbare Erinnerung, die mit der Zeit nicht verblasst, sondern immer schöner wird.

9. November 2001
Einige Fragen

Dennoch habe ich für Emma, die ich vor dem Hauskauf überhaupt nicht kannte, mehr getan als je für ein Mitglied meiner Familie. Ich war erstaunt, dass sie mich gebeten hat, ihr eine Vollmacht zu geben, was immerhin eine ernste Sache ist; dass sie mich gebeten hat, ihr vierzigtausend Francs zu leihen, nachdem ich ihr bereits zehntausend gegeben hatte.

11. November 2001
Der ungerechte Tod Pierres

Am 11. November 1990 starb mein Sohn Pierre. Er war ein goldiges Kind gewesen, sensibel, lieb. Es wurde ein guter Mensch aus ihm, gerecht, selbstlos, von allen geliebt. Bei seiner Einäscherung sah ich die Frauen der Angestellten weinen, deren Chef er gewesen war. Obzwar er nicht an Gott glaubte, hatte er sich die Achtung der Katholiken erworben, und nach seiner Einäscherung ließen sie für ihn eine Messe lesen. Ich habe ihn nicht genug geliebt, ich habe nicht genug versucht, ihn zu verstehen, wir haben nicht genug miteinander geredet.

Ich war ein unverbesserlicher Schürzenjäger und habe mich nicht genug für meine Kinder interessiert. Als ich so verrückt nach Hélène war, habe ich die beiden miteinander bekannt gemacht. Ich glaube, dass ihm das nicht recht war.

Er war mit seinen Kollegen solidarisch, war aktiv bei der CGT und erhielt immer viel Besuch von Freunden. »Les copains d'abord«, *An erster Stelle die Freunde*, dieses Chanson von Brassens passte perfekt auf ihn. Er starb mit sechsundvierzig Jahren an Lungenkrebs, unter großen Schmerzen.

Ich sehe mich noch an jenem Donnerstag um acht Uhr morgens die Clinique Saint-Sauveur betreten, die ich seither so hasse. Wie würde ich Pierre antreffen? Feige wünschte ich mir, dass er tief schlafen möge. Er tauchte aus dem Dämmerzustand auf, in den man ihn versetzt hatte, um ihm unerträgliches Leiden zu ersparen. Er sah verzweifelt aus, er weinte leise und hauchte mühsam:

»Ich werde sterben!« Ich konnte nur mit ihm weinen, dabei hätte ich ihm Mut machen und ihn trösten sollen. Niemals habe ich jemanden so verzweifelt gesehen.

Ich wollte mir einreden, dass in seinem benommenen Geist ein Dämmerzustand entstanden war, der seine Schmerzen linderte. Am Abend vorher war einer seiner Freunde gekommen, und wie durch ein Wunder hatte Pierre mit ihm gescherzt und sogar gelacht. Einige Minuten lang war es, als sei er genesen. Sobald die Schmerzen wieder einsetzten, brachte die Krankenschwester die Spritze, und er fiel zurück in die Bewusstlosigkeit.

14. November 2001

Der Pont Mirabeau

Unterm Pont Mirabeau fließt die Seine dahin
Unserer Liebe so gleich
Mir kommt es wieder in den Sinn
Die Freude kam der Schmerz verging

Nacht komm näher Stunde eile
Tage gehen ich verweile

Reich mir die Hände sieh mich an
Dass unter einem Brückenbogen
Den unsre Arme bilden dann
Der ew'gen Blicke müde jede Welle fließen kann

Nacht komm näher Stunde eile
Tage gehen ich verweile

Die Liebe verrinnt wie das Wasser so sacht
Die Liebe verrinnt

Wie ist doch das Leben so lang schon verflacht
Wie packt uns die Hoffnung mit stürmischer Macht

Nacht komm näher Stunde eile
Tage gehen ich verweile

Die Tage vergehen die Wochen entfliehn
Und wie die verflossene Zeit
Die Liebe die Lust ins Nirgendwo ziehn
Unterm Pont Mirabeau fließt die Seine dahin
Nacht komm näher Stunde verweile
Tage gehen ich verweile

Lied für meine Einäscherung.

21. November 2001
Ich fange doch nicht etwa von Neuem an?

Lili hatte mir Hoffnung gemacht, heute nach Angers kommen zu können. Ich habe nichts von ihr gehört. Emma ist sehr müde, was mich nicht erstaunt, wenn ich bedenke, was für ein Leben sie führt. Mado scheint alt zu werden. Daran habe ich noch nie gedacht. Ich beschließe, mit dem Bus zur Coupole zu fahren. Dadurch bin ich zwar gezwungen, zu Fuß zu gehen, aber ich bleibe unter normalen erwachsenen Menschen. Auf dem Weg begegnet mir die Witwe meines Freundes Hays, der vor einem Jahr gestorben ist. Sie küsst mich herzlich auf die Wange. Das pummelige Frauchen ist recht kokett, und als sie mich küsst und ein wenig an sich drückt, empfinde ich etwas, das ich wohl als erotische Gefühle bezeichnen muss. Sie klagt darüber, dass sie sich einsam fühlt.

»Und wenn ich Sie besuchte?«

»Ja, mit Vergnügen.«

Ich ahne, was geschehen könnte, wenn wir eines Nachmittags allein sind. Wir wohnen im gleichen Haus, was Begegnungen erleichtern würde.

30. November 2001

Die Wehrpflicht wird abgeschafft

Die Wehrpflicht war eine heilige Einrichtung, eine nationale Pflicht. Sie dürfte mehr als hundert Jahre alt sein. Ursprünglich dauerte sie sieben Jahre, danach zwei Jahre, dann man hat sie wieder auf drei Jahre erhöht, und als ich 1931 eingezogen wurde, dauerte sie schließlich ein Jahr.

Mein Großvater väterlicherseits, der sieben Jahre dienen musste, hatte die Möglichkeit, einen bezahlten Vertreter zu stellen. Der desertierte.

Mein Großvater brach zu Fuß von Blamont (Jura) nach Arras auf, wo sein Regiment lag. Dann ging es, noch immer zu Fuß, weiter nach Marseille, wo er sich für den Krimkrieg (1854) einschiffte. Beinahe wäre er an einer jener Infektionskrankheiten gestorben, denen damals mehr Menschen zum Opfer fielen als den Kämpfen.

Ich kam am 22. Oktober 1932 nach Oran, wo ich zum 20. Sanitätszug gesteckt wurde. Begeistert war ich nicht, aber ich hätte es als demütigend empfunden, nicht dabei gewesen zu sein. Die idiotische Disziplin, die Verachtung der Menschenwürde haben mich vom ersten Tag an empört.

1. Dezember 2001
Der Militärdienst 1931

Die erste Begegnung mit dem Soldatenleben war hart. Ich stieg in einen Zug voll Burschen vom Lande, die größtenteils betrunken waren und sich einbildeten, herumbrüllen zu müssen. Ich hatte die sehr verliebte Kiki zurückgelassen. In der Kaserne Holzpritschen, geplatzte Strohsäcke, fünfhundert Meter von den »Scheißhäusern« entfernt, wie es in der Kasernensprache hieß. Marseille: sintflutartiger Regen, Schlamm auf den Straßen. Wahlplakate der Zeit: »Ihr Feiglinge!«, »Ihr Mörderbanden!« Heutzutage sind die Wahlgefechte höflicher.

Das Lager Sainte-Marthe, der schmutzigste Ort, den ich je erlebt habe. In den nie gewarteten Latrinen quoll der Kot über. Mit meinen Kreppsohlen rutschte ich in dem Dreck aus. Ständige Appelle, Barackenwechsel ohne Begründung, und das alles bei strömendem Regen.

2. Dezember 2001
Was empfinde ich für Emma?

Emma hat mich gestern Abend besucht. Ich freue mich, sie zu sehen. Dennoch erwarte ich sie nicht mit der fieberhaften Ungeduld, die ich bei meinen Rendezvous mit Hélène empfand. Wegen ihrer Verpflichtungen widmet sie mir sehr wenig Zeit, hat aber immer eine Rechtfertigung parat. Ich muss zugeben, dass sie mir letztendlich mehr Sorgen bereitet als Freude. Ich habe Catherine und Mado sehr viel Kummer gemacht.

Ich darf sie nicht mehr finanziell unterstützen.

7. Dezember 2001
Bin ich dieser Greis?

Ich habe mich im Spiegel auf den Toiletten der Coupole betrachtet: abgemagertes Gesicht, faltig, knochig, unerfreulich, zu bleich. Was an mir kann mir noch die Sympathie der Frauen einbringen? »Du bist schön!«, sagt Emma. Vielleicht mein Blick, mein weißes Haar? Wenn ich die Gesichter der Leute im Bus oder im Restaurant sehe, finde ich sie eher ausdruckslos, häufig dumm oder feindselig.

10. Oktober 2001
Einundneunzig Jahre!

Heute Morgen kam Emma vorbei, um mir einen guten Tag zu wünschen, bevor sie nach Orléans fährt.

Wir haben miteinander geplaudert. Sie lachte kindlich, als wir uns auf den Mund küssten. Ich wäre jedoch nicht auf die Idee gekommen, ihr die Kasackbluse aus der Kleidersammlung zu öffnen, ihr mit der Hand unter den Rock zu fassen.

Ich esse mit Mado in der Bahnhofsgaststätte zu Mittag. Wir kehren heim. Ich schlafe an ihrer Brust ein.

20. Dezember 2001
Emma, verliebte Freundschaft

Wir waren in der Brasserie des Theaters. Ich hatte Spaß an unserer Unterhaltung, kam aber zu einem klaren Urteil über Emma. Sie neigt zum Größenwahn, begeistert sich für das Modellieren und Bildhauern, hat aber davon abgesehen keinerlei Bildung. Ihr Gesicht schuppte sich, und es sah aus, als habe sie eine Art Fell am Kinn. Ich litt darunter, sie so hässlich zu sehen. Wir fühlen uns wohl zusammen, aber die meiste Zeit redet sie, immer über sich.

Es ist etwas zerbrochen.

29. Dezember 2001
Essen im Sozialzentrum

Wenn ich wieder in das Restaurant neben dem Sozialzentrum Bellefontaine gehen würde? Ich habe noch einige Essensmarken von vor zwei Jahren. Ich würde »umsonst« zu Mittag essen. Was für ein Anblick! Alte Frauen mit ausdruckslosen Gesichtern, schicksalsergeben, trübsinnig, feindselig. In meiner Nähe einige alte Männer, Jammergestalten, die nichts Interessantes zu sagen haben. Ich habe das Gefühl, als Einziger in dieser Versammlung jung zu sein.

Ich warte eine Ewigkeit, bis das Essen kommt. Ich kann es kaum erwarten, ins Freie, in meine Einsamkeit zurückzukehren. Ich denke daran, was für ein Glück ich habe, selbstständig leben zu können, mithilfe des Ehepaares Le Gal, meiner Tochter und meines Sohnes; gute Beziehungen zu meinen zwölf Enkeln zu haben, von Mado körperlich, von Emma nicht ganz eindeutig, von Lili geistig geliebt zu werden.

2002

7. Januar 2002
Emma zeigt ihr wahres Gesicht

Ich bekomme einen Anruf von Emma, die mir ausführlich von zwei neuen »Verehrern« aus Künstlerkreisen erzählt. Mit dem einen, ernsthaften, verbinde sie einiges, wenn er sie auch erotisch nicht anziehe, aber sie könne sich mit ihm ein dauerhaftes Vernunftverhältnis vorstellen, denn ihre Einsamkeit erscheine ihr plötzlich unerträglich; in den anderen, einen schwedischen Bildhauer, sei sie verliebt. Sie vergisst auch nicht die Schwierigkeiten zu erwähnen, die ihr drohen könnten, wenn ich jede finanzielle Hilfe einstelle. Sie überlegt schon, das Haus in Contigné zu verkaufen, an dem sie angeblich so hängt! Der neunzigjährige Liebhaber, den sie vor Kurzem noch anhimmelte, scheint vergessen zu sein.

26. Januar 2002

Ich war mit so wenigem zufrieden …

Ich werde gewiss nie mehr kuriert werden von meiner Kindheit. Wie kann ein Leben als Einzelkind, ohne nennenswerte Abenteuer, ohne Spielsachen, so voller Zauber in Erinnerung bleiben? Mein einziges Spielzeug war ein Pferd aus Pappmaché, das wir »Grand Blanc« nannten. Ich wünschte mir kein anderes.

Ein Fahrrad bekam ich erst mit achtzehn Jahren, als ich Lehrer in Marcé wurde, weil der Bahnhof mehrere Kilometer entfernt lag. Man kaufte nichts nur zum Vergnügen. Ich hatte keine anderen Bücher als meine Schulbücher. Die Freude, die sie mir bereiteten, mag heutigen Kindern unglaublich erscheinen. Meine erste Fibel von 1916 war bescheiden mit Alltagsszenen illustriert, einige davon farbig! Ich brachte diese Bildchen zum Leben, ich unterhielt mich mit den Figuren. Als ich in die Oberschule kam, machte ich Bekanntschaft mit dem Geschichtsbuch von Lavisse. Ich verschlang es begeistert, war den Lektionen des Lehrers weit voraus.

Eines Tages sah ich in der Auslage einer Buchhandlung an der Place d'Armes ein ausführlicheres Geschichtsbuch für Schüler, die vor dem Abschlussexamen standen. Ich war acht. Mit diesem Buch eröffneten sich mir geschichtliche Räume, von denen ich bisher nichts geahnt hatte. Es verschaffte mir eine der großen Freuden meiner Kindheit. Kann man glücklicher sein, als ich es in jener Kindheit war, von der es nichts zu erzählen gibt?

12. Januar 1993

Es muss 1930 gewesen sein. Zum ersten Mal kam ich in den Osterferien als Besitzer eines Fahrrads nach Issoudun. Bis dahin war ich immer nur zu Fuß gegangen. Ich würde nun die weitere Umgebung meiner Heimatstadt kennenlernen können. Ich erinnere mich an Les Morelles, den Weinberg, wo ich mich als Kind in den Ranken verfangen habe, ein Ereignis, mit dem mich Jules oft neckte. Zu Fuß war ich kaum über Les Quatre-Routes hinausgekommen, wo die Wege nach Thizay oder Vouillon abzweigten. Ich fuhr Richtung Vouillon, über Les Sept-Noyers hinaus.

Der kleine Hügel von Les Morelles ist von dem berühmten Wein bedeckt. Dicke graue Wolken verhängen den Himmel, die Luft ist lau. Ich blicke hinunter auf die unbekannte, düstere Ebene. Ein Glücksgefühl überkommt mich, eine süße Wohligkeit, die ich jetzt noch spüre. Adieu Les Morelles! Bei Les Quatre-Routes entdecke ich die Furche im Sand, wo ich mit der kleinen Paulette Feldblumen pflanzte.

Die Kindheit ist wirklich vorbei, ich bin ein junger Mann mit Fahrrad.

30. Januar 2002

Bis einen Tag vor dem Tod

Ich bin in der Bank. Vor mir sitzt ein alter Herr, dick, kahl, der sichtlich zum gehobenen Bürgertum gehört. Er studiert aufmerksam die Börsenkurse, die auf einer Tafel angezeigt werden. Sein Finanzberater ruft ihn … Morgen wird er einen Schlaganfall erleiden und in die ewige Finsternis eingehen. Börse, Aktien, Zinseinnahmen, Gewinnstreben, adieu! Wenn ich Emma von ihren Geldsorgen befreie, verhalte ich mich immer noch intelligenter, als wenn ich meine Schätze horte.

2. Februar 2002
Die Feuer an Lichtmess

Die Strohfackeln! Wer denkt heute noch an die Lichtmess-Feuer? Wer erinnert sich daran? Jedes Jahr kommen mir die Lichter in der Avenue de la Caserne von 1919 wieder in Erinnerung. Es war der Tag der Crêpes. Die Madame lud ihre Freunde ein, Maman und mich, die zur Familie gehörten, Jules' Nichte, die Tochter der »Kleinen«, ihre Schwester, die mit dem Friseur Boutaud verheiratet war, und deren Tochter Madeleine. Mit den Boutauds kamen die Echavidres, ihre Nachbarn, Händler in Schirmen und Wachstuch an der Place Félix-Pyat (wer weiß heute noch, dass der Platz nach einem Mitglied der Commune von 1871 benannt ist?).

Die Echavidres wurden von ihren beiden Töchtern begleitet, der brünetten Hélène, zehn Jahre alt, und der blonden Paulette, sechs Jahre alt. Und an jenem Tag, dem 2. Februar 1919, trat die Liebe in mein Leben. Das blonde, zarte, unbekümmerte, duftende kleine Mädchen wandte sich an mich, den schüchternen, eher ungehobelten Jungen, zog mich in die dunkle Scheune und sagte: »Ich liebe dich, ich werde dich heiraten!« Ich war betört, und jedes Jahr lasse ich diesen Freudenschauer in der Erinnerung wieder aufleben.

3. Februar 2002

So sprachen wir im schönen Sommer 1928

Brimbal und ich spazierten in unserer lieben Stadt Issoudun unter dem mächtigen Blätterdach der Kastanien den Boulevard Baron entlang. »Wir sagten also, Matteo, dass diese Frau schön ist, dass Burgund ein glückliches Land ist, dass die Wellen hoch wie Kathedralen sind und das Rauschen des Meeres die kleinen Fische am Schlafen hindert!«

Brimbal, der als Ganove galt, war Ladengehilfe beim Eisenwarenhändler Fantômas, einer ausgemergelten Gestalt in langem grauem Kittel. Wie hatte ich ihn kennengelernt? Er gefiel mir, weil er so lässig war und Erfolg bei den Frauen hatte.

6. Februar 2002

Vor achtundsechzig Jahren

Eine fiebrige Zeit. Der Faschismus triumphierte in Deutschland und Italien, drohte, in Spanien Einzug zu halten. In Frankreich formierten sich die aufrührerischen Ligen und spotteten der Demokratie. Der Stavisky-Skandal hatte die Abgeordneten der Radikalen, die das Rückgrat des Parlaments bildeten, unter Druck gesetzt. Der Antiparlamentarismus schweißte die stark antisemitischen Ligen der extremen Rechten zusammen. Die royalistische *Action française*, die *Jeunesses patriotes*, die Kriegsveteranen der UNC (*Union nationale des anciens combattants*) und die Feuerkreuzler organisierten eine riesige Demonstration, bei der versucht wurde, in die

Abgeordnetenkammer vorzudringen. Die Polizei konnte das Vorhaben vereiteln, doch zahlreiche Demonstranten wurden getötet. Wir verfolgten diesen Abend am Radioapparat, der in Contigné in der Küche stand. Wir hatten Angst. Würde sich der Faschismus durchsetzen? Bahnte sich ein Bürgerkrieg an?

28. Oktober 1994

Jean Giono. Das war 1935 unser liebster Schriftsteller, er pries die Rückbesinnung auf die Schätze der Natur, die Wiederbelebung der verfallenen Dörfer der Haute-Provence, den totalen Pazifismus, die absolute Ablehnung jeden Krieges. Damals wollte man das tollwütige Gebell Hitlers, dieses Charlie Chaplin mit Bärtchen, nicht hören. In seinem Buch *Die große Herde* hatte Giono die grausamen Wunden, die den Frontkämpfern in vergeblichen Offensiven zugefügt wurden, mit unerträglichem Realismus beschrieben. Unmöglich, den Wahnsinn von Blut, Schlamm, Toten noch einmal zu erleben. Die Vichy-Regierung machte sich jene Rückbesinnung auf die Natur, »die nicht lügt«, auf ihre Weise zu eigen. Das, was kommen sollte, widerlegte die pastoralen Visionen und die Gewissheit, dass der Mensch ein vernunftbegabtes Wesen ist.

10. Februar 2002

Der nahe Tod

Mamie ist am 23. Januar 2000 gegangen, Pierre am 11. November 1990, und ich werde auch nicht mehr lange da sein, wenn ich bedenke, wie die Zeit vergeht. Mai 68 kommt mir vor wie gestern, dabei liegen diese

Ereignisse vierunddreißig Jahre zurück! Die Religionen liefern mir keine Antwort. Ich glaube, dass am Ende des Lebens das Nichts steht, bin mir aber nicht sicher.

13. Februar 2002
Ein Neunzigjähriger träumt

Ich war in der Brasserie du Théâtre, Place du Ralliement. Ein Spiegel reflektierte mein Gesicht.

»Warum hat man mich zu dem blöden Alten da gesetzt?«, sage ich zu Pascale. »Er schaut mich dauernd an. Stellen Sie sich vor, ich würde so aussehen!«

»Zum Glück sehen Sie besser aus als er«, versichert mir die stets zum Scherzen aufgelegte Kellnerin.

17. Februar 2002
Ein kleines Mädchen schreibt

Ich warte bei der Krankengymnastik. Ein kleines Mädchen schreibt mit Feuereifer in ein großes Heft auf ihren Knien.

»Was machst du da?«

»Ich erfinde eine Geschichte.«

Ich lese verstohlen mit. Was für eine Phantasie! Ein erstaunlicher Stil.

20. Februar 2002

Der Mond der Zwanzigerjahre

Wir wohnten in dieser möblierten Wohnung in der Nummer sechsundfünfzig der Route de Paris, die in Avenue Pasteur umbenannt wurde. Die Wohnung missfiel mir. Ich sah immer unser großes schönes Haus in Issoudun vor mir, seinen Hof, seinen Garten. Ich vertrieb mir die Langeweile, indem ich Jules Vernes *Von der Erde zum Mond* las. Durch das Fenster des Schlafzimmers, das auf einen tristen Hof mit einem Blechdach hinausging, betrachtete ich den Märzmond. Gab es Leben auf diesem Nachtgestirn? Das runde Gesicht blickte mich fragend an. Es erschien mir kalt in diesem düsteren Rahmen, wohingegen ich es am Strand von Saint-Brévin aphrodisisch finden sollte, nachsichtig gegenüber meiner Liebelei mit Nancy, der Soubrette. Mussets *Ballade an den Mond* bezauberte mich. Inzwischen sind Menschen dort gewesen. Ich kann mich erinnern, wie stark es mich berührte, als ich in jener Nacht des 21. Juli 1969 Armstrong auf dem Mond herumspazieren und Cyranos Traum verwirklichen sah. Aber es gab nichts auf dem Mond außer Steine. Für Verlaine-Liebhaber war es eher betrüblich.

Ach, Cyrano! Ich erinnere mich, wie unser Französischlehrer, Gréaud, in unserem kleinen Klassenzimmer der École Chevrollier – einem engen, dunklen Raum, verpestet vom Rauch des Mülls, den der Pedell ständig unter dem Fenster verbrannte – *Cyrano de Bergerac* vor uns zum Leben erweckte. Er deklamierte, ließ die gascognischen Silben vibrieren, tötete sich, ein unsichtbares Schwert in der Faust, beim Duell im Hôtel de Bourgogne, stampfte mit dem Fuß auf und sprach mit funkelnden Augen die nostalgischen, glorreichen Worte: »Hört die Gascogner und ihr hört die ganze Gascogne!«

26. Februar 2002
Meine Pfarrer

Der Pfarrer war per definitionem mein Feind. Ich beschloss, diese Tatsache zu ignorieren und, wenn möglich, eine herzliche Beziehung zu ihm herzustellen. So hatte ich es schon in Marcé gehalten, wo der arme Abbé Chasles mir »aus Freundschaft und vollkommen gratis« das *Leben des seligen Theophranus* schenkte.

In Contigné übte der Abbé Amant Déan sein heiliges Amt mit einer gewissen Unbekümmertheit aus. Er trank, wie auch sein Hausmädchen, gern ein Glas zu viel und umgab sich mit einem zweifelhaften Klüngel, weshalb er von den ehrbaren Leuten heftig kritisiert wurde. Unser Verhältnis war ungetrübt, »friedliche Gleichgültigkeit«.

»Er geht uns auf die Nerven mit seinen beschissenen Pharisäern«, tönte ein gewisser Pater Talineau, der sich gelegentlich als Grubenleerer betätigte. Als ihm einmal unglücklicherweise auf der Hauptstraße sein Fäkalienfass umkippte, soll ihm der Fluch »Gottverdammte Scheiße!« entfahren sein.

1. März 2002
Emma, ein seltsamer Mensch

Mittwoch, den 27., um elf Uhr ein Anruf: »Ich bin unten, ich möchte dich sehen.« Es ist Emma. Wir essen im Ralliement. »Ich verkaufe das Haus in Contigné«, sagt sie, »ich hoffe, es macht dir nichts aus. Meine Großmutter ist gestorben, und ich werde ihr Haus kaufen.« Ehrlich gesagt ist mir die Sache gleichgültig geworden. Sie verkauft es sicher für eine Million dieser verschwundenen Francs. Sie kommt mir müde vor, gealtert. Pascale, die intelligente Kellnerin, merkt es auch. »Wir werden uns weiterhin sehen, daran ändert sich nichts. Ich bleibe deine Freundin«, sagt sie. Ich hege immer noch Sympathie für diese Frau, die sich so merkwürdig verhält. Sie amüsiert mich. Lächelnd denke ich an ihre Liebeserklärungen im Sommer, die bis zu einem Heiratsantrag gingen!

2. März 2002
Solange man nicht tot ist, hat man noch Zeit, jung zu sein

Wenn ich alten Männern begegne, scheinen sie mir älter zu sein als ich. Ich finde sie dick, sie haben Bäuche, ausdruckslose Gesichter, in ihren Augen sehe ich nur Lebensüberdruss, schlechte Laune. »Zu ihrer Zeit« war alles besser. Sie beschönigen vielleicht die Erinnerungen an ihre Jugend, so wie ich, aber den Geist der Jugend haben sie verloren. Ich befinde mich im Einklang mit meinen Enkeln, geistig bin ich so alt wie sie. Ich finde sie intelligenter als meine Generation, klarsichtiger und daher weniger geneigt, den Verheißungen einer besseren Zukunft zu glauben. Die »Alten« dagegen und ihre gute alte Zeit!

In meinen Tagebüchern vom Februar und vom Dezember 1983 finde ich diese beiden Lebensläufe:

24. Februar 1983

Wir besuchen Isabelle Cottier. Isabelle ist eine ehemalige Insassin des städtischen Waisenhauses von Angers. Sie ist fünfundsiebzig, aber herausgeputzt und elegant gekleidet wirkt sie viel jünger.

Das Gespräch kommt auf die unablässig beschworenen harten Zeiten. Die drei ehemaligen Waisenhausinsassinnen brechen in Gelächter aus. Harte Zeiten, da wissen sie, wovon sie reden: von den eiskalten Schlafsälen; den Frostbeulen an den Händen; den zu großen Holzschuhen, den vor Schmutz starrenden schwarzen Kleidern, die von den Großen an die Kleinen weitergegeben wurden; von den fetten Suppen mit den aufgeweichten Brotstücken; dem obligatorischen Löffelvoll Lebertran, den alle mit demselben Löffel bekamen; den Zöglingen im Gänsemarsch, den Spaziergängen in Zweierreihen, die das Mitleid der Passanten erregten.

Isabelle war, wie die meisten der Mädchen, die mit zwölf oder dreizehn ins Waisenhaus kamen, in Stellung gegeben worden und danach Nonne geworden. Im Kloster lebte sie eingesperrt wie in einem Gefängnis, Besucher konnten nur durch ein Gitter mit ihr sprechen.

Schließlich hatte sie das Kloster verlassen und war ins weltliche Leben zurückgekehrt.

Da sie als Nonne eine Ausbildung zur Krankenschwester gemacht hatte, übte sie nun diesen Beruf aus und lebte mit ihrer Schwester Simone zusammen, die ihr den Haushalt führte. Zwanzig Jahre lang war sie Krankenschwester im Klinikum von Château-Gontier. Sie erzählt von den Ärzten, die sie auf der Entbindungsstation kennengelernt hat: von Cahours, Madame Pompidous Vater, der als allmächtiger Chef regierte, nach Lust und Laune und sehr oft inkompetent über das Geschick der Kranken entschied und vor dem Assistenzärzte und Krankenschwestern zitterten; von Olivieri, der die armen Mädchen, die versucht hatten abzutreiben, ohne Betäubung operierte, »damit sie sich daran erinnern«.

11. Dezember 1983

Alice ist die ältere Schwester von Geneviève. Auguste, ihr Mann, ist behindert, er hinkt von Geburt an. Er hatte eine sehr harte Kindheit. Er ging natürlich zu Fuß in die Schule, hinkend, über zwei Kilometer. Durch seine Behinderung war er zum Schuster prädestiniert. Er hatte das Glück, dass seine Eltern ihn nach Versailles in eine Lehre schickten. Er ließ sich dann in Contigné nieder, wo er wegen seiner Zuverlässigkeit, seines Könnens, seiner Redlichkeit und vor allem seiner Bescheidenheit bald sehr beliebt war. Im Übrigen wurde er in den Gemeinderat und dann zum Stellvertreter des Bürgermeisters gewählt.

1934 hielt er um Alices Hand an.

Alice war bei uns, um ihrer Schwester im Haushalt zu helfen. Bis zu ihrem dreißigsten Lebensjahr war sie im städtischen Waisenhaus geblieben, denn die jungen Mädchen, denen man nicht zutraute, sich allein durchzuschlagen, behielt man dort. Sie hätte da bis ins vorgerückte Alter ohne Kontakt zur Außenwelt weitergelebt, wenn sie nicht in Contigné Auguste begegnet wäre. Als Ehefrau dieses vortrefflichen Mannes errang sie die geachtete Stellung einer Geschäftsfrau. So hatte sie, glaube ich, das beste Leben, das sie erhoffen konnte. 1947 wurde bei Alice Brustkrebs festgestellt. Sie ließ ihn behandeln, obwohl er weit fortgeschritten war. Der Arzt erklärte: »Operieren wäre für die Katz.« Sie wurde trotzdem operiert. Alice war dreiundvierzig, heute ist sie achtzig.

Alice und Auguste sind sehr sympathische Achtzigjährige geworden. Wie allen alten Paaren droht ihnen das Schicksal, dass der eine sterben und den anderen hilflos zurücklassen könnte.

7. März 2002
Die Kasbah 1932

Algier, Militärdienst, Kaserne des 8. Zuavenbataillons. Die Kasbah war das »heiße Viertel, ein Labyrinth enger Gässchen und steinerner Treppen, in dem die *moukères*, die Prostituierten, herrschten«. Im März 1932 zog ich mit meinen Kameraden durch diesen Stadtteil, von dem ich nur das Pittoreske sah, ohne das Elend zu ahnen. Als naiver Kleinbürger fand ich das Los der Prostituierten normal. Einige kannte ich, etwa die kleine Beduinin mit dem strahlenden Lächeln und die Concierge des Bordells Le Soleil. Großtuerisch wagten wir uns in unbeschreibliche Spelunken.

»Meine Kameraden und ich haben beschlossen, die ›Mädchen‹ in der Rue de la Marine zu besuchen. Obwohl es verboten ist, klettern wir rasch unauffällig über das Tor. Ich begleite Barbotin in die Kasbah, wo er das siebte Gebot übertreten wird. Ohne dass ich wüsste, warum, befinde ich mich in einem kühlen, stillen Haus und gerate an eine ganz sympathische, mütterliche und sehr um mich bemühte Marseillerin. In ihrem hübschen Zimmer plaudern wir, widmen uns ein wenig dem Liebesspiel, und als das Verlangen befriedigt ist, philosophieren wir noch eine Weile und rauchen Zigaretten, die sie spendiert. Sie heißt Zaza. Sie findet, dass ich nett aussehe und sympathisch bin. Sie bestätigt mich in der Meinung, die ich mir allmählich über die Mädchen von Algier bilde. Wenn man nicht grob und flegelhaft zu ihnen ist, wenn man sie nicht wie Hündinnen behandelt, sind sie angenehm und erweisen sich als gute Geschäftsfrauen.«

Am 10. März bin ich wieder bei der strahlenden und liebenswürdigen Zaza. Nach leidenschaftlichen Umarmungen erzählt sie von Marseille, »wo sie eine kleine Tochter zurückgelassen hat«.

10. März 2002
Doppelzüngigkeit

Emmas Weigerung, mir mitzuteilen, zu welchem Preis sie ›unser‹ Haus verkauft hat, bedeutet das Ende unserer Beziehung. Obwohl Catherine, Mado und Lili mich gewarnt hatten, wollte ich nie so ganz an ihre Doppelzüngigkeit glauben. Ich schicke ihr einen Abschiedsbrief in Form eines Märchens: »Es war einmal ein sehr alter Herr. Eines Abends empfing er von der Dame eine sonderbare Liebeserklärung. Er glaubte an einen Irrtum. Doch nein! Da er ein bisschen selbstgefällig war, machte es ihn fast stolz! Er vertraute sich einer Freundin an: ›Du glaubst doch nicht, dass sie dich deiner schönen Augen wegen liebt! Nimm dich in Acht!‹ Er fühlte sich jung und verliebt. Er spielte ›Ich bin achtzehn und du sechzehn‹. Das war zwar verrückt, aber nur verrückt ist man glücklich. Doch dann beschlichen ihn allmählich Zweifel …«

16. März 2002
Sie hat mich reingelegt

Emmanuelle B., die mein Haus für 800 000 Francs gekauft hatte, verkauft es ein paar Monate später für 1 200 000 Francs! Sie kennt keine Skrupel!

22. März 2002
Das Fest der Lebensfreude

Ich habe mir »Das Jahrtausendfest« von André Rieu angehört. Ich schäme mich nicht zu gestehen, dass mir die Sendung großen Spaß gemacht hat. Es gefällt mir, wenn glückliche Menschen sich unterhaken und schunkeln und sich von der Musik mitreißen lassen. Ich erkannte den Marsch von Sousa wieder, zu dem ich in den Dreißigerjahren mit der braven Marie-Antoinette de Villeroy getanzt habe, die mich ein wenig zu fest hielt; damals spielte ihn das alte Grammofon der Dame Grillot in ihrem »Schuppen« Le Petit-Poulot in Pornichet.

25. März 2002
Halima

Halima ist »Reinigungsfachkraft«. Sie ist zwar algerischer Herkunft, aus Oran, aber französischer als jede zufällig in Frankreich geborene Bewohnerin von Angers. Als ich ihr das erste Mal im Treppenhaus begegnete, ist sie mir gleich um den Hals gefallen. Seither sind wir Freunde geworden. Halima ersetzt meine kranke Haushaltshilfe. Sie macht gewissenhaft ihre Arbeit, dann setzt sie sich an den Tisch und redet wie ein Wasserfall. Sie ist Muslimin von Geburt, aber Freidenkerin aus Überzeugung. Der Koran? Sie schert sich nicht darum! Ich lache in mich hinein, sie hat vergessen, dass sie zum Putzen gekommen ist!

26. März 2002
Christlich-komisches Zwischenspiel

Der Artikel in einer Lokalzeitung über eine Ausstellung von Emmanuelle B. erinnert mich an meine »Maus« (wie Mado sie nannte). Emma widmet sich der »narrativen Abstraktion«. Als »inspirierte« Künstlerin will sie sich nicht »in Stereotypen erschöpfen«. Ich erfahre aus diesem für mein Verständnis hermetischen Artikel, dass sie keine »weichen Bäuche« mag (kam ihr der meine fest vor?) und dass sie sich entfaltet in Kraft, Bewegung, Gefühl und Reinheit.

Auf dem Zeitungsfoto trägt sie ihre Haare zu einem Knoten aufgesteckt und hat jeglichen Charme verloren.

1. April 2002
Die Unsicherheit

Ich wohne seit zwanzig Jahren in einem friedlichen Viertel, ich bin nie bestohlen oder geschlagen oder beschimpft worden und habe im Bus nie stehen müssen. In der Lokalzeitung vom 10. Dezember 1910, dem Tag meiner Geburt, beklagte sich aber eine Dame unter der Überschrift »Tod der Höflichkeit« darüber, dass die jungen Leute in der Straßenbahn nicht ihren Platz für sie räumten.

Wer die Sicherheit der »guten alten Zeit« rühmt, sei daran erinnert, dass man von 1914 bis 1918 und von 1939 bis 1945 jederzeit Gefahr lief, grundlos verhaftet und ohne Urteil eingesperrt, gequält, erschossen zu werden. Natürlich hatte mein Auto 1930 keinen Schlüssel, ich kannte auch noch kein Fahrradschloss und versperrte nicht immer meine Tür, doch 1914 hörte man zwar selten, dass einer Frau die Handtasche geraubt wurde, sehr häufig aber, dass ein Nachbar, ein Freund getötet oder verstümmelt worden war. »Wie besorgniserregend die Gegenwart auch sein mag«, für mich ist die gute Zeit heute.

Gleichwohl sind die »großen« Ereignisse in Contigné oft glimpflich verlaufen …

17. Februar 1938

Großes Ereignis heute Morgen: In der Kirche ist eingebrochen worden. Strolche haben sich über die leeren Schränke und Opferstöcke hergemacht (die Aristide, der Pfarrer, leert, sobald die kleinste Münze klingelt). Gestohlen wurden nur die fünfundzwanzig Centimes, mit denen Aristide andere Spender zur Freigebigkeit animieren wollte. Großer Aufruhr! Der Feldhüter mit seinem Käppi und seiner Dienstmarke eilt geschäftig hin und her und macht sich wichtig wie ein Untersuchungsrichter. Die ganze Gendarmeriebrigade durchsucht und untersucht. Mutter Brocherie, mit vor Kälte bläulich rotem Gesicht und stotternd vor Erregung, die erschütterte Ordensschwester und Madame Benjamin, die Haushälterin des Pfarrers, treffen sich auf dem Platz zu einem Palaver, bei dem sie mit entrüsteten Mienen die Arme zum Himmel erheben. Und die Zungen stehen nicht mehr still.

Ich bin zu Léon, dem Sattler, gerufen worden. Bei einer Tasse Kaffee haben wir uns mit aller wünschenswerten christlichen Barmherzigkeit über das Ereignis ausgelassen.

8. April 2002
Das Mädchen aus der Rue Daillière

1925. Karneval. Auf der Place du Champ-de-Mars zwei große überdachte Tanzpodien: Alhambra und Apollo. Ein großes Volksfest. Die Leute singen: »Sacavin! Sacavin! C'est comme ça que je t'aime!«, *Weinsack! Weinsack! Wie sehr hab ich dich lieb!*

Festliche, flotte Orchester. Die wilden Jahre! Der Rauch der Zigaretten (dass Tabakrauch schädlich ist, sagte man nicht), der Staub der Parkettböden, die Girlanden, die Konfetti. Ich bin fünfzehn, bin ein glückliches Kind. Ich tanze die einfachen Tänze. Aus dem Nebel tritt eine Elfe hervor, das hübscheste aller Geschöpfe, eine ätherische Ophelia, Aschenputtel, Schneewittchen, Paola, die Venezianerin mit dem goldenen Haar … Damals war ein Blickwechsel mit einem Mädchen schon eine Liebesgeschichte. Wir tanzen beide, lachend, singend. Ich rede mit einer Fee! Ein paar Minuten, eine Ewigkeit. Ich habe sie nie wiedergesehen. Sie bleibt in meinen Träumen, in der Phantasiewelt, die sich verflüchtigt, sobald man sie berühren will.

Und immer noch suche ich dich, Unerreichbare.

17. April 2002

Die weiche Politik

Um mich herum beklagt man sich, dass der Präsidentschaftswahlkampf auf allgemeine Gleichgültigkeit stößt, und befürchtet, dass die Wahlbeteiligung gering sein wird. Ich erinnere mich an die Wahlplakate 1931 in Marseille, an denen ich auf dem Weg zur Einschiffung nach Oran vorbeimarschierte. »Feiglinge! Mörderbande!« Handfeste Argumente, die zwischen den Kandidaten Grisoli und Ambrosini ausgetauscht wurden. Sollte man beklagen, dass die Sprache des Wahlkampfs heute gesitteter ist? Sollen wir der Leidenschaftlichkeit nachtrauern? Bedauern, dass die Wahlprogramme nicht mehr aus Beschimpfungen der anderen Seite bestehen? Hier ist, so scheint mir, ein Fortschritt zu verzeichnen. Als am 6. Februar 1934 die aufrührerischen Ligen versuchten, die Abgeordnetenkammer in ihre Gewalt zu bringen, gab es viele Tote, genauso wie am 12. Februar bei der antifaschistischen Demonstration. Sollen wir dieser Leidenschaftlichkeit nachtrauern?

19. April 2002

Die Klassenbesten

»Rodolphe, da siehst du, dass dein Großvater nicht geschwindelt hat!«

Ich zeige ihm einen Brief, den ich am Sonntag, dem 20. Oktober 1918 an meinen Vater geschrieben habe: »Kleiner Papa, ich bin der Beste meiner Klasse von fünfzig Schülern.« Und Rodolphe ist der Beste von dreißig.

Wir wollen nicht kleinlich sein. 1918 erwarb man sich ein gewisses Ansehen, wenn man Klassenbester wurde. 2002 ist das eher Anlass zu Spott. »Der mit seinem Strebergesicht!«, sagte schon Coluche. In manchen »Problemschulen« sollen die Klassenbesten verfolgt, beschimpft, bedroht werden. 2002 wird ja auch die Gleichheit gepredigt.

21. April 2002
Schande!

Gendarmen holen mich mit dem Taxi ab, damit ich in La Réveillère wählen kann. Was für ein Luxus! Ich wähle Jospin, Mado wählt trotz meiner Warnungen Bayrou. Wir warten die 20-Uhr-Nachrichten ab: Chirac 19,63. Le Pen 17,08!

Ich schäme mich zutiefst für mein Land.

26. April 2002
Der Bahnhof

Mado fährt für zwei oder drei Tage nach Blois zu ihrem Schwager. Ich bringe sie zu dem neuen Bahnhof. Ich bin noch nie dort gewesen. Er ist sehr gelungen, eine riesige lichtdurchflutete Glashalle. Wir setzen uns an die Bar. Mado ist traurig, dass sie ihren Liebhaber verlassen muss. Ihr Schwager ist Gegenstand ritueller Scherze, ich werfe ihm vor, mit Mado schlafen zu wollen, wogegen er heftig protestiert.

Dieser Bahnhof! Mich bewegen an diesem Tag nur

Erinnerungen. Vor allem an die Fahrten, um Hélène zu treffen. Im Morgengrauen trank ich am Tresen des »Univers« noch einen Kaffee mit den Leuten der Frühschicht, die immer entspannter waren als die der Nachmittagsschicht. Dann stieg ich närrisch vor Freude in den Zug, suchte mir einen Platz im Abteil: Ich war frei! Auf mich wartete die Liebe. Auf diesem Bahnsteig haben wir auch unsere Ringe getauscht.

2. Mai 2002
Hoffnung

So lautet der Titel von *Paris Match*! »Eine Welle republikanischer Begeisterung erfasst Frankreich, um Le Pen eine Absage zu erteilen.«

Natürlich bin ich froh über den Erfolg der Anti-Le-Pen-Demonstrationen, die jubelnde Menge begeistert mich, aber ich erinnere mich an die enormen Demonstrationszüge von 1935 bis 1936. Was ist daraus geworden?

Ich erinnere mich auch an die Studentenrevolte vom Mai 68, die zu einem deutlichen Wahlerfolg der Gaullisten führte. Der Sieg vom Mai 68 war indirekt, die Gesellschaft wurde moralisch erschüttert. Nichts war mehr wie vorher.

Die Konsequenz aus dem beträchtlichen Erfolg des infamen Le Pen wird für mich das Parteibuch der Sozialisten sein. Zum ersten Mal in meinem Leben trete ich in eine politische Partei ein, mit einundneunzig Jahren.

4. Mai 2002
Nachdenken …

Gestern habe ich mit Renaud Hétier darüber gesprochen, wie wenig Zeit man sich zum Nachdenken nimmt. Als ich in Contigné war, beansprucht von einer Klasse mit fünfunddreißig Schülern, von den Abschlusszeugnissen, und, als Gemeindeschreiber, von den verschiedensten Bedürfnissen von achthundert Personen, da hatte ich keine Zeit zum Nachdenken. Erst nach meiner Pensionierung war ich in der Lage, meinen Lebenswandel, die Meinungen und Urteile, die ich akzeptiert und sogar weitergegeben hatte, zu überdenken. Man braucht einen Vorrat an Bildung, um reflektieren zu können.

Die allmorgendliche vierstündige Meditation des Dalai Lama – woraus speist sie sich? Die Ergebnisse sind nicht überzeugend. Es besteht die Gefahr, dass das tibetanische Volk untergeht, bevor der Dalai Lama mit dem Meditieren fertig ist.

Dennoch hätte mir das Nachdenken manchmal Dinge erspart, die ich hinterher bedauerte. Das letzte war mein Abenteuer mit Emmanuelle.

8. Mai 2002
Der vergessene Jahrestag

Am 8. Mai 1945 hat Deutschland bedingungslos kapituliert. Die Übermenschen der Herrenrasse gingen vor den verachtenswerten Asiaten und den judaisierten Amis in die Knie. Wer hätte das bei den hitlerschen Weihefestspielen in Nürnberg vorausgesehen? Für mich Neunzigjährigen ist der 8. Mai lebendig. Für einen Großteil der Bevölkerung bedeutet er nur noch einen zusätzlichen Urlaubstag.

Natürlich habe ich mich sehr gefreut und mich unter die jubelnde Dorfbevölkerung gemischt. Gleichwohl sah ich den Unterschied zu der ausgelassenen Stimmung vom 11. November 1918 in Issoudun. An jenem Tag waren wir die »Sieger«. 1945 sind wir von den Amerikanern und den Russen gerettet worden.

Ich war sehr beliebt, der Bürgermeister hatte sich verdrückt, er trauerte der guten alten Zeit von Pétain und Vichy nach. Ich sehe mich noch auf einem Fass stehen und »La trompette en bois« singen.

31. Dezember 1983

»La trompette en bois« erinnert mich an das traditionelle Festessen bei den Pasquets in Issoudun. Sie hatten Verwandte aus Paris eingeladen, das Ehepaar Rabot mit Tochter Blanche, die ein hübsches junges Mädchen war und vor Fröhlichkeit sprühte. Blanche arbeitete als Schneiderin in der Rue Saint-Louis-en-l'Île und verkörperte, sicherlich besonders für mich, den zehnjährigen Provinzler, die typische ungenierte Pariserin.

Am Ende der Mahlzeit verlangte man ein Lied. Ich sehe Blanche vor mir: Sie sitzt am Ende des Tischs, der den ganzen Raum ausfüllt, nahe bei dem großen Büfett und der Tür zum Schlafzimmer; gegenüber ist das sonst geschlossene Fenster, das auf die Avenue de la Caserne hinausgeht, ausnahmsweise geöffnet, und die Sonne scheint herein.

Blanche steht auf und singt »La trompette en bois«. Nie hat mich ein Lied so bezaubert: seine Fröhlichkeit, die Leichtigkeit, mit der ich einstimmen konnte, es ließ sich so einfach erlernen; ein Musterbeispiel für das volkstümliche Chanson, das mir immer lieb und teuer war. Am Tag, als wir in Contigné unsere Befreiung feierten, verlangte man ein Lied von mir; auf dem Fass im Hof der *Ferme du Puits* stehend stimmte ich ganz selbstverständlich »La trompette en bois« an.

14. Mai 2002
Mein Fluss

Die bescheidene Théols, die in keinem Lexikon erwähnt wird, war der Fluss meiner Träume. Das Haus der Dagots, bei denen Jules Gärtner war, stand auf einer von den Armen der Théols umschlossenen Insel. Das Wasser rauschte über die Staustufen, strömte unter den Holzstegen hindurch. Es gab vier Wasserläufe. Einer trennte sich vom großen Fluss mit einer kleinen Kaskade goldener Steinchen. Ich fand dort Horaz und die Blandusische Quelle wieder. Ein lieblicher Ort, der mir gehörte und den ich mit Wassernymphen bevölkerte.

»Du langweilst dich sicher allein«, sagte man zu mir. Allein? Nach den Nymphen der Quelle traf ich mich mit einem blonden Mädchen im südafrikanischen Veld. Oder ich saß auf einem in der Wiese vergessenen Heuwender und war Wagenlenker im Burenkrieg. Gleich würde ich in den flachen Kahn steigen und auf dem Fluss bis unter den steinernen Brückenbogen der Rue des Alouettes gleiten.

Was für ein Abenteuer!

10. Februar 1980

Es gab nicht nur Katzen bei der Madame, es gab auch einen Hund, Mémère, ein Pferd, Biquon, einen Esel, Hühner, Enten und Kaninchen.

Der Hund pflegte bellend vor den Gespannen herzulaufen – Automobile waren noch äußerst selten. Eines Tages aber wollte er den Zug in dem großen Eisenbahngraben an der Straße nach Châteauroux angreifen. Er brach sich das Genick. Man holte eine Schubkarre, stieg in den tiefen Graben, in dem die Strecke nach Châteauroux verlief, und holte den armen Mémère herauf. Ein oder zwei Tage lang starb er in einer Holzkiste am Kamin. Ich war sehr traurig.

Das Pferd, Biquon, lebte im Stall auf dem Hof. Es brachte Jules bis nach Bourges – sechsunddreißig Kilometer – zum Wochenmarkt. Mit einem langen Planwagen, wie man sie aus Western kennt, machte sich Jules mitten in der Nacht auf den Weg.

Er verkaufte Salat (Kopfsalat, Endivien, Chicorée, Feldsalat), Lauch, Karotten, Schwarzwurzeln, weiße Rübchen, Kartoffeln, grüne Bohnen, Erbsen, Radieschen, Birnen, Äpfel, Erdbeeren ... Seine Spezialität waren Melonen, die er unter Glaszylindern reifen ließ. »Riecht mal dran, Leute«, rief er. »Wenn ihr je so eine Melone gegessen habt, will ich nicht mehr Jean-Pierre heißen!« Aber er hieß ja Jules ...

Wenn Jules schon ein bisschen angeheitert war, fand Biquon den Rückweg allein. Er hielt von selbst vor dem Haus, scharrte mit den Hufen und wieherte, damit man ihn ausspannte und in den Stall brachte. Manchmal reichte das nicht aus, um Jules zu wecken. Dann stand die Madame schimpfend auf, Jules wurde wach und begann sofort zu singen:

Eines Abends meint die Wirtin
Ich käme reichlich spät
Doch ich sag liebe Frau
Ich hab ne Tröte mitgebracht
Für Ihren kleinen Sohn
Ein hübsches Mirliton
Ein hübsches Mirliton
Und wenn es Ihnen recht ist
Dann hören Sie mir zu
Ich spiele auf dem Mirliton
Ich spiele auf dem Mirliton
Ich spiele auf dem Mir, dem Li, dem Ton, dem Mirliton!

Die Madame wiegte den Kopf hin und her und murmelte nachsichtig: »Dieser Dummkopf!«

1918 (Jules war vierundsechzig) rollten auf der Straße nach Bourges die amerikanischen Lastwagen, denn dort befand sich ein Camp. Der verängstigte Biquon konnte seinen im Weinrausch schlummernden Herrn nicht mehr allein zurückbringen. Jules verzichtete auf seine Markttage in Bourges. Die Madame und die Line lösten ihn ab.

Die Line fuhr mit dem Zug nach Vierzon und Argenton und bot ihre Körbe voll Obst und Gemüse in diesen Orten feil. Die Madame verkaufte die Ware auf dem Marktplatz von Issoudun. Der Esel ersetzte Biquon. Die Madame saß auf einem niedrigen Stuhl inmitten ihrer Körbe, umringt von anderen Marktfrauen. Die eine, Mutter Séry, schnupfte wie ein Weltmeister. Sie schlug ihre Schürze aus grobem blauem Tuch zurück, zog aus der Tasche ihres weiten Rocks die Tabakdose, nahm eine Prise und stopfte sie in ihre stets geschwärzten Nasenlöcher.

21. Mai 2002
Der Bahnhof

Mein einziger Spaziergang in dieser tristen Stadt La Roche-sur-Yon, wo ich Catherine besuche, führt mich zum Bahnhof. Da setze ich mich auf eine Bank, an Glückstagen in die Sonne. Der kleine, hässliche Bau nimmt sich im Vergleich mit dem herrlichen Bahnhof von Angers sehr ärmlich aus. Er erinnert mich jedoch an den Bahnhof von Issoudun, den Bahnhof der »Hinduzüge« von 1917. Ich war schon immer fasziniert von Zügen und Bahnhöfen. Issoudun lag zur Zeit des P-O (Paris-Orléans) auf der Strecke Paris-Toulouse. Während des Krieges von 14 bis 18 stiegen meine Mutter und ich dort ein, um meinen Vater nach seinem Urlaub zurückzubegleiten. Es war auch der Bahnhof der heiß ersehnten Ferien. Odette, die Tochter des Schrankenwärters, winkte mir freundschaftlich zu. Sie dachte an die Wiese von Les Topeaux, wo ich sie geküsst hatte.

24. Februar 1980

Der Bahnhof von Issoudun interessierte mich sehr. Die Züge kamen aus Paris und aus Toulouse oder aus den näher gelegenen Orten Vierzon und Châteauroux. Geheimnisvolle, magische Namen: Juvisy, Les Aubrais, Montauban. Dampfgetriebene Schnellzüge rasten mit langem Pfeifen vorüber; die Züge fuhren unten im Eisenbahngraben von Les Cavaliers oder oben auf dem Bahndamm an der Straße nach Châteauroux. Vom Pont des Alouettes aus sah man die Lokomotiven rangieren, sie stießen Waggons an, die dann aufeinanderprallten. Ein langer Stoffschlauch, der in den Tender hing, versorgte die Lokomotive mit Wasser.

Ich fuhr selten mit der Eisenbahn, und es war jedes Mal ein Ereignis.

22. Mai 2002
Vertauschte Rollen

Ich bin in einem Sessel im Wohnzimmer eingedöst. Als ich erwache, sehe ich junge Leute im Garten. Ein Mädchen küsst einen Jungen lange auf den Mund. Eine Erinnerung steigt in mir auf. Am 1. August 1928 hatte mich Marie-Louise Tourneau mit auf ihr Zimmer an der Place de Vouet genommen, während ihre Großmutter Mittagsschlaf hielt. Wir waren leise die Treppe hochgestiegen, und da stand ich also in ihrem Zimmer. Zu jener Zeit war ich noch gläubig, und ich dachte, dass die Mädchen tugendsam sein wollten und dass die Scham allzu gewagte Zärtlichkeiten verbiete. Wir mussten uns mit leidenschaftlichen Küssen begnügen.

23. Mai 2002
Der Jardin du Mail

»Ich werde Ihnen sagen, was ich sehe, wenn ich durch den Luxembourg gehe ...«, schreibt Anatole France. Als ich im Eiscafé des Jardin du Mail saß, sah auch ich ein Kind durch den Park gehen und trällern.

Und ich sah mich an den Sommerabenden zusammen mit meinen Eltern Filme anschauen, die auf ein Laken projiziert wurden, das zwischen zwei Baumstämme gespannt war und im Wind flatterte.

Ich sah meinen Vater im Pavillon dirigieren, die hell gekleideten Zuhörer auf den Gartenstühlen sitzen und die Menge, die um den Pavillon herum flanierte und wenig Notiz von der Musik nahm. Vor einigen zwanzig Jahren haben wir unsere Enkel auf die Holzpferde des Karussells gesetzt.

Dreht euch, dreht euch, ihr Pferdchen dort
Dreht euch weiter, dreht euch weiter,
Dreht euch zum Klang der Musik immer fort

Und sie drehen sich noch heute mit den ewig gleichen Kindern.

31. Mai 2002
Ein »erwachsener« Tag

Der Tag ist sonnig. Ich beschließe, einen Erwachsenentag zu verleben. Ich nehme den volkstümlichen Bus und nicht das bourgeoise Taxi. Ich setze mich in die Coupole, gehe auf die Bank, kaufe den *Canard enchaîné* und scherze mit dem jungen Zeitungsverkäufer, lächle der hübschen Bäckerin zu, lasse mir vom Podologen die Füße pflegen und esse mittags eine Forelle ganz in der Nähe der intelligenten jungen Frau mit dem dunklen Haar, die Albert Cohen liest: *Schöne des Herrn*.

Ich fahre mit dem Bus zurück, gehe beim Friseur vorbei, wo ich die gewohnte herzliche Atmosphäre vorfinde, spaziere zu Fuß nach Hause, halte meinen Mittagsschlaf und widme mich dann wieder den Kreuzworträtseln und dem Radio.

3. Juni 2002
1982: gestern vor zwanzig Jahren

Ich stoße auf das Tagebuch von 1982, einem entscheidenden Jahr in unserem so sesshaften Leben. 1982 erlebte ich die große Liebe mit Hélène. Aus Angst vor Geneviève erwähne ich in meinem Heft nichts davon. Ich erinnere mich an meine ausweglose Situation zwischen der *amour fou* zu Hélène und der von Geneviève geforderten Treue. Ich bekam Wutanfälle. Ich verfluchte die Ehe. »Dummkopf! Du warst frei, niemand hat dich gezwungen, deine Freiheit für immer aufzugeben. Hättest du jemanden ermordet, hättest du zwanzig Jahre bekommen und wärst seit 1952 frei!«

Da ich fürchtete, meine Frau könnte mein Tagebuch lesen, versteckte ich mich hinter dem Pseudonym Martin, das ich dem Helden der *Unerträglichen Leichtigkeit des Seins* von Milan Kundera entlieh.

20. Mai 1984

Martin verspürte ein zunehmendes Desinteresse am Leben und allen anderen Dingen. Politische, berufliche, gewerkschaftliche, medizinische Publikationen, Kataloge und Werbung warf er ungeöffnet in den Müll. Es war ihm egal, was er aß. Ihn interessierten nur Geschichte, Literatur, Philosophie und manchmal Musik und Theater. Er hatte keine Lust zu reisen, nicht einmal, seine Kinder oder andere Familienmitglieder zu besuchen. Übrigens lud man ihn auch nicht ein, und er war es zufrieden. Wenn er ganz ehrlich war, musste er zugeben, dass er sich nur mit sich selbst wohlfühlte und sehnlichst wünschte, ignoriert zu werden. Leider war sein Wunsch unerfüllbar, weil man ihn in seinem Umfeld nicht verstanden hätte. Und so schenkte er die letzten Jahre seines Lebens den anderen und lebte nie für sich selbst.

21. Mai 1984

Martin stellte fest, dass das Leitmotiv der Liebesgeschichte seines Lebens nicht lautete »es muss sein«, sondern vielmehr »es hätte sehr gut anders laufen können«.

Es war Zufall, dass da ein Soldat öfter Pommes frites verlangt hatte; es war Zufall, dass der Feldwebel vorschlug, eine Art Gitter zu kaufen, um Pommes frites in ausreichender Menge zubereiten zu können; es war Zufall, dass dieser Feldwebel und er in eine gewisse Eisenwarenhandlung gingen; es war Zufall, dass sie sich mehr nach links als nach rechts wandten; es war Zufall, dass er auf die kleine Verkäuferin traf, die erst sechzehn war und vor der er wie geblendet stehen blieb. Ein blondes Mädchen mit blauen Augen und einem strahlenden Lächeln, das ihm zu gelten schien, obwohl es vielleicht nur geschäftsmäßig war. Er, Martin, stand sprachlos da, wie vom Blitz getroffen.

23. Mai 1984

Martin war zu alt geworden. Wäre er vor seinem siebzigsten Lebensjahr gestorben, wäre er zwar dumm, aber als glücklicher Tor gestorben. Er säße nicht in dieser Sackgasse fest, die niemand verstehen und aus der ihm niemand heraushelfen konnte. Er sah sich Fotos aus den Dreißigerjahren an und staunte über so viele Verstorbene. Das Schicksal hatte ihm zusätzliche Jahre geschenkt, und dummerweise hatte er sie nicht genutzt, um in Ruhe Boule zu spielen oder zu angeln, sondern um sich in Geschichten zu verstricken, die in ein anderes Lebensalter gehörten ...

26. Mai 1984

Martin war also ein alter Mann. Mit siebzig standen einem während des Krieges besondere Lebensmittelkarten für Alte zu. Er sagte sich, wenn man so alt geworden war, hatte man vielleicht gewisse Rechte: beispielsweise das Recht, in Ruhe gelassen zu werden; das Recht, in den Tag hinein zu leben.

Hat er in seinem Alter nicht das Recht, sich hierhin und dorthin treiben zu lassen, wie in Verlaines Gedicht, ohne Erklärungen, Rechtfertigungen, Nachweise zu liefern?

13. November 1985

Ich werde dieses Tagebuch beenden, das ich geschrieben habe, wie es mir in die Feder kam, eilig, ohne es noch einmal durchzulesen, ohne zu korrigieren, nur um nicht zu explodieren, denn ich konnte mit niemandem reden. Meist habe ich heimlich geschrieben, in der hintersten Ecke eines Bistros.

Ich denke daran, was für ein Bild ich von meinen Lehrern in der École Chevrollier hatte. Sehr würdevolle, respektable alte Herren von höchstens fünfzig, die ihr Leben meisterten. Ich wäre nicht auf die Idee gekommen, dass sie verheiratet sein könnten und gezwungen, sich zu verstecken, um zu schreiben! Es ist erbärmlich! Und all das wegen einer Frau, die ich unbedacht geheiratet habe, in einer schwierigen Zeit, und die mir treu war, die mich geliebt hat und auf ihre Art immer noch liebt.

Ich bin ihr Objekt, ich gehöre ihr. Ich treffe nur die paar bedeutungslosen Leute, die sie kennt.

Die Frau hat natürlich das Recht auf ihrer Seite. Auf ihre Art ist sie mir ergeben. Sie kann nicht ohne mich leben, kann nicht auf mich verzichten. Ich habe ihr nichts vorzuwerfen, als dass sie eben da ist. Meine wenigen Erklärungsversuche waren zum Scheitern verurteilt. Sie wird mich nie verstehen. Ich habe nicht mehr die Kraft, es zu ertragen, ich habe es so satt, dass ich manchmal wünschte, nicht mehr da zu sein.

4. Juni 2002
Was war 1984 noch übrig von meinen Liebschaften?

Trauriges Ende der großen Liebe …

31. Dezember 1984

Wenn ich von kindlichen Schwärmereien, von zahllosen flüchtigen Verliebtheiten, von rein körperlicher Erleichterung, eitlen Befriedigungen einmal absehe, bleibt mir nur die Liebe, die ich als Siebzigjähriger in den letzten vier Jahren mit dem »Mädchen aus Reims« erlebt habe: Hélène, 1939/40 kennengelernt, 1980 wunderbarerweise wiedergetroffen.

Mir bleibt, dass ich das Alter besiegt habe, dass ich die Leidenschaft eines mental Achtzehnjährigen erlebt habe, wie ein Test ergab, den wir an einem sonnigen Frühlingsmorgen auf der Terrasse eines Pariser Cafés gemacht haben.

Mir bleiben die Augenblicke, die ich bis dahin nur im Traum erlebt hatte, jene Minuten, wo man wirklich den irdischen Belanglosigkeiten entkommt. Ich erinnere mich insbesondere an die Ergriffenheit, die ich verspürte, als wir in La Baule umschlungen auf einer Bank am Meer saßen. Nie zuvor hatte ich einen solchen Augenblick wahnsinniger Liebe, ein solches Gefühl von Jugend erlebt.

Diese Bank wird immer bleiben, und auch die Stelle auf der Pointe du Croisic, wo sie einmal stehen blieb, genauso wie zwei Spaziergänge an der Loire, wo wir uns aufführten wie die Lausbuben auf Schmetterlingsjagd in dem Chanson von Brassens; auch die Sitzbank in einem Café von La Baule wird bleiben und *Doktor Schiwago* in einem Kino der Rue d'Odessa in Paris und die Eisenbahnfahrt nach Issoudun, auf der uns der Schaffner halb amüsiert, halb in dem Wunsch, seine Sympathie zu zeigen, zurief: »Na, ihr Turteltäubchen!«

Und bleiben wird, wie wir in der Metro Händchen hielten, das Fenster spiegelte unser Bild, und immer wieder in den Restaurants das verständnisinnige Lächeln eines Gastes, der über die ewig Verliebten staunte; und natürlich das Briefchen jener jungen Frau, die dem »ewigen Liebespaar« ihre Bewunderung aussprach, und unsere Verzückung nach all den körperlichen Vereinigungen in zahllosen Hotelzimmern »unseres« Viertels um den Gare de l'Est, und Versailles, und der Jardin des Tuileries und das Hôtel Chopin …

17. Juni 2002
Annette ist tot

Always, sagten wir zueinander in jenem Juni 1929, der einer der fröhlichsten Monate meines Lebens bleibt. Wir hatten uns am Sonntag, dem 5. Mai 1929, im Hôtel de la Loire in Les Ponts-de-Cé beim Tanz kennengelernt. Man tanzte zu »Oh! ma Rose-Marie!« und »J'ai une touche!«. Ich war sofort verliebt. Sie erwiderte meine Gefühle, und wir verbrachten einen traumhaften Sommer.

Madame Iselin sah unsere junge Liebe mit Wohlwollen und unterstützte uns. Vielleicht sagte sie sich: »Meine leicht entflammbare Tochter könnte doch von diesem netten Jungen schwanger sein, und er könnte sie heiraten, das würde eine gute Ehe geben.« Wir haben uns geliebt, bis Geneviève in mein Leben trat. Wir trennten uns als gute Freunde. Sie heiratete meinen Kumpel Chalain.

Sie machte mir das Angebot, ihr Liebhaber zu werden, aber das lehnte ich ab.

25. Juni 2002
Im Krankenhaus: trübe Stimmung

Nach einem normalen Tag plötzlich Atemnot, heftiges Zittern, Temperatur 38,8 °C. Um zehn Uhr fühle ich mich ganz schwach. Ich rufe Mado an. Selbstlos wie immer eilt sie herbei. Doktor Richard ordnet meine Einweisung ins Krankenhaus an, damit ich Sauerstoff bekomme. Notaufnahme: endloses Warten.

Wo habe ich mir das eingefangen? Man bringt mich in ein Zimmer. Ich bin zwischen zwei sehr unsympathischen Gesellen eingeklemmt. Das Personal wirkt ebenfalls unangenehm oder gleichgültig. Das dauert!

26. Juni 2002
Die beiden Alten aus der tiefsten Provinz

Am Morgen geht es mir besser. Ich muss nur das Radio meines Bettnachbarn ertragen – ein von Hass und Rachsucht strotzender Kerl mit rotem, stumpfem, ständig wütendem Gesicht – und sein rassistisches Gerede: »Die Amerikaner, die haben Kameltreiber abgeschossen, aber nicht genug! Man soll mir bloß keine in mein Kaff bringen, ich knalle sie alle ab.« Gemecker über alles: Essen, Personal … Die nicht reduzierbare Wählerschaft Le Pens.

18. März 1987

»Wenn man eines Tages auch trampende Araber am Straßenrand mitnimmt, gibt es keinen Rassismus mehr«, sagte Coluche in einem Sketch. Genau das haben wir gemacht.

Einmal fuhren wir Richtung Brioude. Ein Schwarzer stand winkend am Straßenrand. Wir hielten nicht an. Nach ein oder zwei Kilometern hatten wir Gewissensbisse: »Er wird glauben, dass wir nicht angehalten haben, weil er schwarz ist.« Wir kehrten um, der Schwarze stand immer noch da. Er fuhr mit uns bis Brioude. Wir erklärten, warum wir zurückgekommen waren, er lachte. Er war Student.

Ein anderes Mal, an einem Regentag, war es ein Nordafrikaner mit dunklem Gesicht und langen Haaren, der am Ortsausgang von Soeurdres stand. Das gleiche Zögern, das gleiche Umkehren. »Er sieht schlimm aus, niemand wird anhalten, um ihn mitzunehmen.« Wir haben ihn nach Angers gebracht. Als er schon beim Gehen ist, fragen wir ihn nach seinen Mitteln: Er ist arbeitslos und hat keinen Sou. Ich gehe ins Gerichtsgebäude, erkläre seine Situation. Man kann ihn nicht im Relais unterbringen, das entlassenen Häftlingen vorbehalten ist, er müsste eine Straftat begehen … Ich suche ein Hotel für ihn: Bei seinem Anblick findet der Geschäftsführer kein freies Zimmer mehr! Schließlich bringe ich ihn ins Nachtasyl, das von Clochards bevölkert ist. Der

Kontakt mit den Säufern ist ihm unerträglich. Er wird noch im Relais enden. »Verlass mich nicht!«, flehte er mich am Telefon an. Es war sehr schwierig, eine Arbeit für ihn zu finden. Ich habe ihn aus den Augen verloren.

Eines Tages erfuhr ich, dass man die Leiche eines Tunesiers aus der Maine gezogen hatte: Das war er.

Seither habe ich keine Tramper mehr mitgenommen.

10. Juli 2002
Die kranke Mado verlässt mich

Ich spüre, dass es vorbei ist. Aber der Grippeanfall hat mich geschwächt. Dadurch, dass Mado für mich sorgte, hat sich mein Eintritt in ein Altersheim verzögert. Mein Vor-Greisenalter ist leider zu Ende! Wir müssen die schmerzliche Wahrheit erkennen: Wir sind zu erschöpft, um zusammenzuleben. Mado kehrt nach Hause zurück. Sie hat in ein paar Tagen vier Kilo verloren, und die Schwellung an ihrem Fuß lässt Diabetes befürchten.

Wir, meine Tochter und ich, ziehen verschiedene Lösungen für meine Zukunft in Betracht. Die Altersheime in Angers sind voll besetzt. Man muss sich einen Monat oder länger im Voraus anmelden. Schließlich finde ich mich damit ab, für eine gewisse Zeit mit nach Luçon zu kommen, in die Reha-Klinik, die Catherine geleitet hat. Mein Junggesellenleben hat nicht lange gedauert, aber nach einundneunzig Jahren bei guter Gesundheit kann ich mich nicht beklagen!

Jean ist wütend. Es graust ihn davor, mich im Heim zu sehen.

23. August 1985

Meine Mutter ist allein in einem Krankenhauszimmer gestorben. Sie hatte gehofft, das Ende ihres Lebens bei uns zu verbringen, auch mein Vater hatte das gedacht. Sie war mit fünfundsiebzig Jahren zu uns gekommen, aber als sie wegen ihrer Gebrechlichkeit eine Last zu werden begann, habe ich sie, indem ich ihre schwache geistige Verfassung ausnützte, im Altersheim von Miré untergebracht. Ihre intellektuellen Fähigkeiten waren sehr eingeschränkt, und das diente mir als Ausrede. Ich dachte, sie würde es gar nicht merken, dass ich sie im Stich gelassen hatte. Sie konnte sich nicht mehr äußern, ich spürte jedoch, dass sie unglücklich war. Ich frage mich, ob man sie schlecht behandelte, denn sie klingelte ständig. Eines Tages klammerte sie sich an meinen Arm und weigerte sich, mich loszulassen, damit ich sie aus diesem Heim wegbrachte. Ich musste sie abschütteln, ich konnte oder wollte sie nicht mitnehmen.

14. Juli 2002

Die Feiern zum 14. Juli

Ich habe so viele erlebt! Ich habe bei so vielen Paraden zum 14. Juli zugeschaut! Wie stolz war ich nach dem Sieg von 1918, Franzose zu sein! Zum ersten, am meisten bewunderten Volk der Welt zu gehören. »Ah, denen haben wir's gezeigt!« Alle verbündeten Völker marschierten die große Avenue hinunter. Ich platzte vor Stolz!

14. Juli 1939: »Wir werden siegen, weil wir die Stärkeren sind!« Dessen war ich mir keineswegs sicher. 1918 waren wir doch in den allerallerletzten Krieg gezogen. Es konnte nicht noch einmal losgehen!

Und doch gab es im Juli 1945 wieder eine Siegesparade. Heute marschieren sie immer noch … zum Vergnügen. Marschiert in der Sonne, das ist schön anzusehen!

18. Juli 2002
Reha in Luçon

Der Sommer, auf den man schon nicht mehr gehofft hatte, ist da: Sonne, Hitze. Am 18. Juli 1932 bin ich durch den Schlamm des Übungsplatzes von Vincennes gewatet, wo ich die letzten Monate meines Militärdiensts ableistete. Ich sage ja, die gute alte Zeit ist eben doch heute.

Ich habe mit Lili telefonisch Kontakt aufgenommen. Von Neuem werden Röntgenaufnahmen, Elektrokardiogramme, Untersuchungen aller Art gemacht. In der medizinischen Versorgung herrscht eine Verschwendung, die mit einer kontinuierlich geführten Krankenakte vermieden werden könnte.

Man hat mir das Telefon abgestellt, weil mein Guthaben aufgebraucht ist. Das ist mir sehr unangenehm wegen Mado, die sich Sorgen machen wird. Das Pflegepersonal ist ausnehmend freundlich.

21. Juli 2002
Sexualität des Greises

Seit ich am 24. Juni wegen einer Virusgrippe ins Krankenhaus gekommen war, hatte ich jede sexuelle Begierde verloren. Zur »Sicherheit« hatte ich mit Mado geschlafen, müde, nichts als ruhebedürftig. Am heutigen Sonntagmorgen aber erwache ich mit einer Erektion und verspüre das deutliche Verlangen nach einem weiblichen Körper. Ich behelfe mir mit einem anzüglichen Brief an Mado und einem wollüstigen Gespräch mit ihr. Sie freut sich, auf diese Art geweckt zu werden.

22. Juli 2002
Die kleine Mirbeau

Die morgendliche Erektion wiederholt sich und auch das Bedürfnis nach dem weiblichen Geschlecht. Es ist mir peinlich, aber es ist unbezähmbar. Mado ist nicht mehr da. Die dicken, festen Brüste der »kleinen« Mirbeau fallen mir wieder ein und ihr Wunsch, den Orgasmus kennenzulernen, den sie nie gehabt haben will. Eine korpulente Frau von neunzig Jahren …! Ich rufe sie an. Wie ich schätzt sie die erotische Sprache der Frauenzeitschriften. Wie dumm wir früher waren, dass wir uns nicht aneinander gefreut haben, weil unsere schamhafte Erziehung uns bremste. Meine Kräfte erlauben mir nicht, sie zu treffen. Wir können nur phantasieren …!

23. Juli 2002
Am Sonntag, dem 17. Juli 1932, bestieg ich, von Neuem sehr verliebt in Kiki, meine offiziöse Verlobte, den Zug nach Paris, um meinen Militärdienst zu beenden …

17. Juli 1932

Und dann begann das wahnsinnige Abenteuer: Im Zug bemerkte ich eine reife, schwarz gekleidete Dame, über deren Lippen hin und wieder ein ermutigendes Lächeln huschte. Besagte Dame trägt ein schönes Kleid, viele Ringe, Colliers … He, warum nicht den Gigolo spielen – gerade in diesen Zeiten, wo der Geldmangel akute Formen annimmt.

Bei Saumur beginnen unsere Hände und Arme mit Annäherungsversuchen, während wir vorgeben, uns für die Landschaft zu interessieren.

In Tours verstärken sich die Berührungen, und vermittelt durch eine Gruppe von Spaßvögeln kommt eine Unterhaltung in Gang.

In Blois hatten wir Zeit, archäologische Überlegungen und gezieltere Zärtlichkeiten auszutauschen.

In Orléans erfahre ich, dass der Ehemann für eine Zeit im Larzac ist. Und dass die Frau frei ist wie ein Vogel.

Auf der Fahrt bis Paris leide ich Tantalusqualen; es gibt bereits nicht mehr viel, was sie mir verweigern kann. Und obwohl es ziemlich voll ist, lerne ich ihre Anatomie einigermaßen gründlich kennen.

Am Bahnhof Orsay springen wir in ein Taxi.

Place Clichy: Wir essen rasch (denn es pressiert) in einer todschicken Bar (auf Kosten der Prinzessin natürlich!), und dann folgen im dunklen Hotelzimmer wilde Umarmungen. Sie ist äußerst erfahren! Und verliebt! Meine Bescheidenheit wird auf eine harte Probe gestellt: Ich bin der kleine Gigolo, den sie sich erträumt hat. Jean Mimil, zu Diensten, Madame.

24. Juli 2002
Die unverwüstliche Tour de France

Ich war zehn. Die Tour de France begeisterte mich. Ich hatte weder Radio noch Fernsehen. Die Rennfahrer in Aktion zu sehen war nicht vorstellbar. Das fiel in den Bereich der Zauberei (man sagte noch nicht: der Fiktion). Sie hießen Alavoine, die Brüder Pélissier, Bartoli (ein Italiener) und Buyse (ein Belgier) – andere Nationalitäten waren nicht dabei. In meiner Vorstadtschule waren sie Berühmtheiten.

25. Juli 2002
Meine Zukunft

Ich gewöhne mich gut an das einsame Leben in der Reha-Klinik. Ich langweile mich nicht besonders. Mein Fernseher, mein Radio, die CDs fehlen mir. Ich werde bald zweiundneunzig. Es ist nicht zu früh fürs Altersheim. Ich werde dort bleiben müssen, bis ich sterbe, aber ich habe frei gelebt, freier als viele andere. Intensive häusliche Pflege läuft nach einem Stundenplan ab, und es gibt riskante Lücken, in denen man allein ist. Das Heim sorgt für mich, beraubt mich aber nicht der Freiheiten, die meine Schwäche mir noch gestattet.

Das gemeinsame Leben mit Mado ist nicht mehr möglich, wir sind zu gebrechlich, und unsere sexuelle Gier würde uns erschöpfen. Sie wird unglücklich und enttäuscht sein. Wir können uns sehen und ein bisschen schmusen, aber das Schlafzimmer ist tabu.

26. Juli 2002
Marcé: meine Freiheit! Das unerkannte Paradies

Am 26. Juli 1930 bereitete ich mich darauf vor, meine erste Stellung als Lehrer in Marcé zu quittieren. Dort war ich im Oktober 1929 zufällig gelandet und hatte das Kaff schrecklich gefunden. Allerdings war ich mit meinen achtzehn Jahren in Marcé ohne jede Aufsicht, ohne Vorgesetzten; meine Eltern in Nantes hatten mir in der Rue Farran ein Zimmer gemietet. Dort schlief ich vier Nächte in der Woche, sonst floh ich aus meiner kalten, leeren Bude mit dem Fahrrad nach Angers. Ich kannte nur meine Wirtin, Frau Montrieu, eine alte Dame, die mich mit Aufmerksamkeiten überschüttete. Sie war sehr fromm und akzeptierte mich als Protestanten; ich war nicht einer dieser Ungläubigen, die in ihrem Bistro Gott lästerten.

Da ich diskret, freundlich, kinderlieb war und mich nicht in die Streitereien zwischen Weißen und Blauen (Konservativen und laizistischen Radikalen) einmischte, verließ ich Marcé zum einhelligen Bedauern der Bevölkerung (Bürgermeister und Pfarrer vorneweg) und unter den Tränen der Kinder und Eltern. Ich hatte Schule gespielt, außerhalb von Marcé mit einer Menge Mädchen getändelt, ohne Lust mit meiner Kollegin, einer nymphomanen Intellektuellen, geschlafen, Geneviève getroffen, in einer schönen Sommernacht ihren »warmen, samtigen« Körper kennengelernt. Und nun war ich im Begriff, mir Fesseln anzulegen – für siebzig Jahre!

Das Wetter ist schön heute, am 29. Januar 1990. Ich werde Marcé wiedersehen, wo ich am 1. Oktober 1929 meine erste

Stelle antrat, da war ich achtzehn. Nach dem Vorort Seiches gelangt man auf die kleine Straße, die am Hof der Vêquetières vorbei nach Marcé führt. Jetzt wird sie von der Autobahn unterquert, aber ohne dass dadurch etwas zerstört wäre. Dann geht es hinunter ins Dorf. Wenn ich im Winter morgens um fünf Uhr hier ankam, war der Ort mit seinem Kirchturm in Nebel gehüllt. Das Dorf ist leer, tot. Kein Mensch. Niemand kommt aus der Messe, kein Kind schreit. Dabei ist es elf Uhr. Schließlich entdecke ich eine Kneipe. Ein paar eher lustige und freundliche Sonntagmorgen-Stammgäste. Ich komme gleich zur Sache: »Ich war hier vor sechzig Jahren Lehrer. Ich suche meine ehemaligen Schüler, die jetzt siebzig und älter sind.« In dieser Kneipe gibt es keine.

Ich erinnere mich an Simon, der Schmied geworden war. Ich erkenne dieses Gesicht wieder, das Gesicht eines guten, braven, folgsamen Jungen mit Eigenschaften, die von Eltern und Lehrern gerühmt wurden: Gehorsam, Respekt, Sorgfalt, Fleiß, Aufmerksamkeit.

Ich gehe zu Ouvrard. »Meister Ouvrard«, sagte Mutter Montrieux, meine Wirtin. Dieser alte Kerl mit dem roten Alkoholikergesicht, das ist der nette kleine Junge von acht Jahren, der seinem Lehrer gefallen wollte wie ein junger Hund. Ich finde die schwarzen Augen wieder und die Liebenswürdigkeit seines Vaters, der mir Perlhühner schenkte. Er wohnt in der Nähe des niedrigen Gebäudes, das die Mädchenschule war; dort regierte Maud Antier, die mich in einer regnerischen Winternacht aufnahm, als ich meinen Hausschlüssel verloren hatte. Ouvrard erinnert sich an ein Fräulein Strzelecki, Lehrerin in Beauvau. Er wusste nicht, dass sie meine Frau war.

Ich fahre weiter bis Beauvau, die sechs Kilometer, die ich

früher mit dem Fahrrad zurücklegte. Die verwahrloste Schule, wo Geneviève nach einer Jugend des Eingesperrtseins im Waisenhaus und in der École Normale die Freiheit kennenlernte. Die gedrungene alte Kirche, so alt, so alt. Ein leeres Dorf ohne das Klingeln des Ambosses in der Schmiede, ohne die Schreie der Schulkinder, ohne das Läuten der Kirchenglocken.

27. Juli 2002
Als man dem Lehrer Blumen mitbrachte

Ich schlage mein Heft vom Mai 1930 auf. »Henri, der Sohn von Meister Ouvrard, bringt mir scharlachrote Pfingstrosen. Am nächsten Tag bringen mir ›die von der Straße nach Bouge‹ – das originelle Trio Chwing, Pépère und Mutter Michel – mit Stoffstreifen zusammengebundene bescheidene Blumen vom Straßenrand. Armselige Feldblumen, Gänseblümchen, Hahnenfuß, simple Grashalme. Ihr kleinen Proletarier der Felder, von diesen lieben Kindern so nett dem jungen Lehrer überreicht, euch steht der Ehrenplatz auf dem Schreibtisch zu, gleich neben den aristokratischen Pfingstrosen.«

»Heute haben Cesbron und Coudray, begeistert von der Strafarbeit gestern Abend, darum gebeten, nach vier Uhr noch dableiben zu dürfen. Sie wischen die Tafeln ab, räumen den Schreibtisch auf, holen Streichhölzer bei Mutter Blain und ziehen dann mit ein paar Münzen ab, die sie in Karamellen anlegen.« So erlebte ich die Schule im Frühjahr 1930. Eine respektvolle Zuneigung, die eine familiäre Ohrfeige nicht trüben konnte, verband Lehrer und Schüler.

15. Oktober 1929

Es ist tolles Wetter, und das ist Balsam für die Seele. Heute Morgen bringt mir der junge Ouvrard, mein Freund Riri mit den großen erstaunten Augen, ein dickes Perlhuhn. Die kleinen Freuden des Berufs. Mittags Besuch bei der Familie Ouvrard, wo ich den unvermeidlichen Weißwein ertragen muss, der den Magen angreift. Es muss eben sein! Aber ich finde es angenehm, dass die Bevölkerung so nett zu mir ist.

28. Juli 2002
Postkarte von Halima

Halima schickt mir eine Postkarte aus den Ferien.

Lieber Monsieur Mathiot,

ich schicke Ihnen diese Karte in der Hoffnung, dass es Ihnen besser geht, ich weiß ja, dass »mon plaisir« gut auf Sie aufpasst, da bin ich sicher. Herzliche Grüße auch an »mon plaisir« von Ihrer Halima.

»Mon plaisir«, das ist Mado. Sie nennt sie scherzhaft so, weil Mado im Viertel Monplaisir wohnt und weil sie etwas ahnt von unseren erotisch-amourösen Beziehungen.

31. Juli 2002
Leute in der Reha-Klinik von Luçon

In den vierzehn Tagen, die ich hier bin, habe ich noch mit niemandem gesprochen außer mit den Krankenschwestern und anderen Pflegekräften. Meine Mitbewohner sind in erster Linie altersschwache, übergewichtige, welke oder verdorrte Frauen. Sie haben mürrische und wenig einnehmende Gesichter.

Zwischen den weiblichen Insassen gibt es drei oder vier Männer im Rollstuhl. Reizlose Gesichter, gerötetes, geschwollenes Fleisch, stumpfe Augen, Blicke der Hoffnungslosigkeit oder auch des Hasses. Im Speisesaal setzt man mich dem traurigsten dieser Unglücklichen gegenüber. Er ist noch jung, bewegt sich in einem technisch hoch entwickelten Rollstuhl. Sein aufgedunsenes, entzündetes Gesicht ist immer vorgebeugt, sein harter Blick drückt nichts als tiefe Verzweiflung aus, er lächelt nie, er spricht kein Wort. Er schaut niemanden an, isst mühsam mit der linken Hand.

3. August 2002
Gute Vorsätze, zweifelhafte Wirkung

Die Lektüre meines Tagebuchs von 1930 hält Überraschungen bereit. Am 12. November notiere ich: »Man muss gut und optimistisch sein ... man muss mit ausgestreckter Hand auf die Welt zugehen ... man muss wie ein guter Mensch, unbekümmert und fröhlich, in den hellen Morgen hinausgehen ... man muss frei, fest, jung, tapfer und ohne Schmach sein ... keinen Hass empfinden, sondern freundliche Gleichgültigkeit gegenüber jedem ...«

Es war ein kühler Morgen, ich wurde bald zwanzig. Ja, aber ich hatte ein Mädchen verlassen, das ich, bevor Geneviève kam, körperlich geliebt hatte, ohne mir über ihr Schicksal Gedanken zu machen. Und wenn sie schwan ger geworden war? Ich hatte nur an mein Vergnügen gedacht, ganz stolz, sie zu besitzen.

4. August 2002
Die Freudenmädchen

Merkwürdige Bezeichnung! Als ich das erste Mal ein Bordell betrat, in der Rue de la Charte, war es, um unseren Erfolg bei der Abschlussprüfung des *brevet supérieur* zu feiern. Wir spielten die großen Herren, obgleich wir in der Sache recht unbedarft waren. Reifere Mädchen in rosa Hemdchen gaben uns Bier zu trinken. Ein Standardwitz in der Schule handelte von einem naiven Kameraden, der eine »bestiegen« hatte.

Das Mädchen:

»Kommst du, Kleiner?«

»O ja, Madame!«

Hätte ich nicht mein Tagebuch von 1931, das mich widerlegt, so würde ich sagen, ich bin nie zu diesen Mädchen gegangen. Während meines Militärdienstes in Algier und in Paris hatte ich trotz der Warnungen vor Syphilis mehrmals Kontakt mit solchen Damen, die ich nicht »Huren« nannte. Es lief stets höflich, kurz, ohne Umschweife, oft lächelnd ab.

5. August 2002
Der 2. August 1914

Von der Spitze der Bretagne bis zur Halbinsel Kamtschatka verließen an jenem Tag Millionen Männer ihre

Familie, ließen ihre Geschäfte im Stich, brachen ihre Beziehungen ab. Ihre Pflicht, ihre Ehre gebot ihnen, andere Menschen zu töten, von deren Existenz sie gar nichts ahnten, mit denen sie sich hätten anfreunden können. Wissenschaftler, Dichter, edle Herzen, zukünftige Mozarts starben. In den Fabriken arbeitete man rund um die Uhr, um noch mehr töten zu können.

Warum diese Mordleidenschaft? Weil ein österreichischer Erzherzog von einem serbischen Patrioten ermordet worden war. Dieses unbedeutende Ereignis sollte den Tod von zwanzig Millionen Menschen verursachen, dazu kamen Hunderttausende Versehrte, Unzählige, die den Verstand verloren, Witwen und Waisen.

Kluge Leute haben nach den Gründen für das Gemetzel gesucht. Sie haben sie gefunden. Sie sind in den Schulen gelehrt worden. Auch ich habe sie stumpf vermittelt, ohne selbst nachzudenken, denn ich vertraute den Gelehrten. Warum bohrte ein Bauer aus dem Berry sein Bajonett in den Bauch eines Bayern? Aus Patriotismus, als Kämpfer für die Gerechtigkeit. »Wir haben unser Vaterland verteidigt, wir waren stolz darauf«, sagte Vater Rondeau zu mir, ein alter Frontkämpfer von 1914.

Welcher Wahnsinn hatte die drei mehr oder weniger eng verwandten Kaiser in Deutschland, Österreich und Russland ergriffen, dass sie sich auf diesen Krieg einließen, in dem sie ihre Macht und Nikolaus II. auch das Leben verlieren sollten? Die Franzosen setzten sich an die Spitze der Verblendung.

Der Mensch tauscht die Vernunft ein gegen den Ruhm, das Heldenlied, das Irrationale. Heute, scheint mir, würde es den Krieg von 1914 nicht mehr geben. Der mörderische Fanatismus ist weitergezogen.

30. Mai 1990

Mein Großvater väterlicherseits hat 1854 den Krimkrieg mitgemacht, mein Großvater mütterlicherseits den Krieg von 1870. Mein Vater den von 1914 bis 1918. Er war Kapellmeister des 68. Infanterieregiments und in Issoudun kaserniert. Während des Krieges wurden die Musiker zu Krankenträgern und mussten Tote und Verletzte von den Schlachtfeldern holen und sie zu den Regimentsverbandsplätzen in vorderster Linie bringen. Ich finde Zitate, die sich auf das Verhalten meines Vaters beziehen. Mit dem Datum des 2. Oktober 1916, unterzeichnet von Oberstleutnant Douce: »Seit Kriegsbeginn an der Front, hat in den Gefechten von August und September 1914 schönsten Mut bewiesen, besonders am 10. September [Marneschlacht]. Hat im April/Mai 1916 [Verdunschlacht] unter sehr heftigem Bombardement den Dienst versehen, mit dem er beauftragt war.«

Mit dem Datum des 30. November 1918: »Kapellmeister mit einer Hingabe und einem Mut, die man nicht laut genug loben kann. Hat sich in Verdun, Hurtobise und in der Picardie durch seinen unermüdlichen Einsatz und seine Furchtlosigkeit hervorgetan. Bestand darauf, auch die vordersten Verbandsplätze persönlich aufzusuchen, um den Mannschaften der Musiker-Krankenträger Mut zu machen. Bewies bei den letzten Vorstößen eine bemerkenswerte Ausdauer. Einundfünfzig Monate Front.«

Mein Vater ist ohne jede Verletzung daraus hervorgegangen.

6. November 1992

Ein Tanzsaal im hinteren Teil des Café Bleux, es ist das Fest des heiligen Vincent, des Schutzpatrons der Winzer,

22. Januar 1914. Ich sehe mich in einer Loge mit der Madame, die damals zweiundfünfzig war. Leute tanzen im aufgewirbelten Staub des Parketts.

Der 2. August 1914, der Flur unseres Hauses in der Rue Garibaldi 96 mit der Treppe im Hintergrund. Mein Vater zieht in den Krieg. Man sagt mir, er gehe zu den großen Manövern ins Lager von La Courtine, was ich »Tourtine« ausspreche. Ich möchte ihn mit meinem Pferd aus Pappmaché begleiten, das wir »Grand Blanc« nennen. Ich sehe meinen Vater in Uniform mit seinem Käppi. Dieser Aufbruch hat für mich nichts Dramatisches, nichts von Hektors Aufbruch in den Trojanischen Krieg. Das Regiment rückt mit blumengeschmücktem Gewehr aus.

6. August 2002

Das Diktat

»Vorwärts!« lautete am 21. Februar 1916 in der staatlichen Mädchenschule von Chemiré-sur-Sarthe die Überschrift des Diktats nach einem Text von Paul Bourget, einem Pantoffelhelden. Am selben Tag fand in Verdun die furchtbarste Schlacht statt.

»Es ist für Frankreich! Schneller! Ah, dumpf zermalmtes Fleisch, brechende Knochen, erstickte Schreie, letzte Schmähungen des Nebenmannes, der fallend den *Boche*, den Deutschen, verflucht! Schneller! Und jetzt wild prasselndes Sperrfeuer, Schrapnells, die drei Meter von den Köpfen entfernt platzen! Vorwärts! Körper prallen aufeinander, Verletzte brechen zusammen, das Bajonett im Fleisch eines anderen Zerschmetterten, flehend, in die Gräben fliehend. Der entsetzliche Nahkampf mit der bloßen Klinge, Verwundete, die sich gegenseitig erdrosseln ...«

Das war die Art von Diktaten, die die ehrenwerte Demoiselle Diss ihren kleinen Schülerinnen gab. Laurence Pertué konnte mit zwölf Jahren »Schrapnell« schreiben und machte nur einen verzeihlichen Fehler. Es gibt gleichsam eine erotische Konnotation in dieser Schilderung von Fleisch und erstickten Schreien, von aufeinanderprallenden Körpern und Nahkampf. Hätte Fräulein Diss 1916 einen Text diktiert, in dem es um Liebesgeplänkel und nicht um Mord gegangen wäre, sie hätte in kirchlichen und weltlichen Kreisen einmütige Empörung ausgelöst und wäre entlassen worden.

7. August 2002
Es hätte nicht viel gefehlt ...

Es hätte nicht viel gefehlt, fünfzig Jahre vielleicht, und ich hätte mich in Aurélie verliebt, die Bedienung mit dem jungen, vollen Busen; oder in Brigitte, die Bäckerin mit dem sanften Lächeln; in meine vertraute Freundin Sylvia, die Friseuse; in die strahlende Bankangestellte, die so verschmitzt lächelt; und in Véronique, die hübsche und wunderbar dralle Blondine, die mir beim Duschen hilft.

9. August 2002
Zurück ins Jahr 1920

Ich sitze allein auf der Bank in einer schlecht gepflegten parkartigen Anlage voller Autos. Immerhin gibt es

Rasenflächen, Hecken und Bäume. So allein war ich auch in dem großen Park der Dagots in Issoudun, wo man die Flüsse rauschen hörte. Ich träumte wie heute, ich träumte von Hoffnungen. Endet mein Leben, wie es angefangen hat? Ich bin seit dreiundzwanzig Tagen hier, ich rede mit niemandem und verspüre auch kein Bedürfnis zu reden. Ich schweige, vielleicht auch, weil meine Stimme heiser und mein Gehör schwach ist. Ich fühle mich den anderen zu fern, weil meine Erinnerungen so weit zurückreichen, und zu jung, weil ich ganz andere Ansichten habe als die Alten.

28. Mai 1980

Die Théols … Damals, als man sich nur zu Fuß fortbewegte, waren zwei oder drei Kilometer entfernte Weiler so weit weg wie Länder in Übersee. Dasselbe galt für die Quellen der Théols. Sie waren für mich ein geheimnisvoller, verzauberter Ort. Ich fuhr mit dem flachen Kahn von Monsieur Dagot nur etwa hundert Meter weit auf jedem der beiden Arme. Der Fluss hatte zwei Abschnitte; auf dem unteren wagte ich mich bis unter den Pont des Alouettes, die Brücke, über die die Landstraße führte, niemals aber bis zu der Eisenbahnbrücke, über die der Zug Paris–Toulouse fuhr; auf dem oberen Abschnitt stoppten mich die Staubretter, die das Wasser zurückhielten und die man von einem Holzsteg aus bediente, und in der anderen Richtung gelangte ich nicht über die weite Biegung hinaus, hinter der die Eselsrückenbrücke Pont Saint-Paterne kommen musste. Die Gegend galt als unzugänglich und war von einem romantischen Geheimnis umwittert.

15. August 2002
Ein unglaubliches Abenteuer

Wenn ich die Seiten über das Abenteuer mit Emmanuelle wieder lese, frage ich mich, wer sie geschrieben hat. Wie konnte ich mit neunzig Jahren an die Liebe einer Sechsunddreißigjährigen glauben? Ein Jahr später finde ich mich lächerlich und komme mir vor wie jene Komödienfigur des Alten, der sich immer noch für verführerisch hält und der von einer jungen Frauensperson, die seine Eitelkeit ausnützt, betrogen wird. Andererseits war ich in jenen Monaten der Illusion glücklich und konnte mich mit einer originellen Person unterhalten. Ich habe besser gelebt als all die vernünftigen Alten um mich herum. Soll ich bedauern, dass ich berauscht war?

19. August 2002
Zurück in Angers

Letzter Tag in der »Reha«. Abschiedsküsschen für meine Freundin Véronique, letzte Visite des netten Doktor Sécher. Herz: 68, Blutdruck: 130 zu 70.

Ich verlasse Luçon in guter Verfassung. Ich bin viel marschiert in diesen Tagen.

Catherine und Ellénore bringen mich nach Angers.

Bei der Ankunft plötzlich große Erschöpfung, wacklige Beine.

Die Hoffnung, mein Junggesellenleben wieder aufnehmen zu können, zerschlägt sich.

Wieder ins Restaurant, ins Kino gehen, wie ich es vorhatte? Ich fürchte, ich bin zum Altersheim verurteilt.

Catherine und Ellénore fahren wieder ab. Mir bleibt das Ehepaar Le Gal, das mir ermöglicht, allein in dieser Wohnung zu leben. Ich kann nicht einschlafen, das Summen des Radioweckers stört mich, aber es ist nicht abzustellen. Ich schlage die Seiten von 1990 auf:

21. Juli 1990

Die Aufzeichnungen in Julien Greens *Tagebuch* sind so vielfältig und abwechslungsreich, dass sie meinem Gedächtnis entweichen wie die Wasser des geistigen Stroms, von dem unser Direktor, Pater Bocquier, im Philosophieunterricht sprach und der in meinem Fall zu einem reißenden Wildbach geworden ist. Lesen fällt mir schwer, denn da ich alles aufnehmen will und weiß, dass ich nicht mehr die Zeit dazu habe, tut mir vor Anspannung der Kopf weh, und meine Augen machen mir Beschwerden. Nur das Schreiben entspannt mich; ich schreibe, wie es mir aus der Feder fließt, um nicht zu sagen: strömt. Ich bin immer froh, wenn die Gedanken des Erzählers sich mit den meinen decken oder wenn er Erinnerungen beschwört, die ich teile. Er spricht von einem Land, das er sich mitsamt seiner Geografie erschaffen hat.

Als Junge hatte ich einmal eine Insel gemalt, die ich deutlich vor mir sehe mit ihren die verschiedenen Vegetationen bezeichnenden bunten Flecken. Es gab ein fruchtbares Delta, von dem ich entdeckte, dass es das Mississippidelta mit seinen Canyons war, einen Wald, der aussah wie der Urwald des Amazonas oder die sibirische Taiga, Steinwüsten und wellige Dünenlandschaften. Es gab auch Städte mit Wolkenkratzern, die mir als der Gipfel der Architektur erschienen. Auf dieser Insel erlebte ich die Westernabenteuer aus den Filmen, die wir im Freiluftkino des Jardin du Mail sahen, und dorthin verlegte ich auch die Geografiestunden von Pater Boudairon.

27. August 2002
Galina Popof

Vor einigen Jahren machte ich in der Coupole die Bekanntschaft einer Madame Popof, sie war russischer Herkunft, orthodoxen Glaubens. Typ Dame der guten Gesellschaft, dezenter Schmuck, stattliche Büste. Wir haben uns oft unterhalten, sie scheint Gefallen daran zu finden. Sie fordert mich auf, mich zum Mittagessen zu ihr zu setzen. Das Gespräch kommt auf die Sexualität. Scheinheilig entrüsten wir uns darüber, wie leichtfertig die jungen Leute heutzutage sexuelle Beziehungen eingehen. Zu unserer Zeit …!

Galina verfolgt jedoch eifrig die Debatten über die Sexualität der sogenannten Senioren. Sie liefert sehr konkrete Details über die Erektionsmittel, die für Personen mit Problemen empfohlen werden. Wie kommen wir dahin, dass wir über die Klitoris sprechen? Galina ist aufgekratzt, ich auch.

»Wenn ich zu Ihnen sagte, ich möchte Sie küssen, wären Sie empört?«

»Oh nein, keineswegs!«

29. August 2002
Das Heft von 1980

1980! Ein Jahr, das mein Leben geprägt hat. Am 18. Mai wähle ich die Nummer von Hélènes Friseursalon in Reims. Vierzig Jahre zuvor, am 1. März 1940, hatte ich sie verlassen.

»Du bist es!«

Sie war damals siebzehn, mit siebenundfünfzig treffe ich sie wieder. Ich war neunundzwanzig, jetzt bin ich neunundsechzig. Und diesmal ist es die große, vollkommene Liebe, wohingegen sie 1940 platonisch geblieben war. Hektische Rendezvous, Lügen, Trennungen im Morgengrauen. Stunden unbändiger Jugend in Paris, in La Baule, in Reims. »Eine Liebe wie unsere gibt es nicht noch einmal!«

Dramatische Aufbrüche mit dem Auto von Contigné; nach 1982 im Taxi von Angers, manchmal stundenlanges Warten im verlassenen nächtlichen Wartesaal von Sablé, einmal saß ich während der ganzen Strecke auf der Toilettenschüssel ... Aber welche Freude, wenn die beiden Augen der Lokomotive endlich die Nacht durchdrangen! Der Eiffelturm kam zum Vorschein, es wurde Tag, ich lief durch die wartende Menge den Zug entlang ... Hélènes Gesicht!

1. September 2002
In Sicherheit

Unter dem Vorwand, das Ehepaar Le Gal verreise, ziehe ich vom 5. bis zum 19. September noch einmal in die Résidence Saint-Claude. So bin ich in Sicherheit vor Mados Umarmungen. Es hat etwas Erbärmliches, dass ich mich dazu gezwungen sehe. Ich werde doch nicht in ein Heim gehen, um Ruhe vor den Frauen zu haben!

7. September 2002
Résidence Saint-Claude

Der Empfang ist herzlich. Ich habe dreißig Tage in Luçon verbracht, ohne mit jemandem zu reden; hier entspinnen sich vom ersten Kontakt an Gespräche. Zum Mittagessen setzt man mich an einen Vierertisch: eine wortgewandte Malerin, ein altes Mütterchen, 1910 geboren, das mir zwanzig Jahre älter vorkommt als ich (eingebildeter Kerl!), freundlich und sanft; mir gegenüber ein alter Mann in Dreiteiler und Krawatte, sehr höflich, aber vollkommen taub.

13. September 2002
Geliebt werden! Charmant sein?

Es lässt sich nicht leugnen, dass sich in diesem Altenheim mit meinen beiden so unterschiedlichen Tischgenossinnen gutnachbarliche Beziehungen entwickelt haben. Wir plaudern, wir scherzen, wir haben es nicht eilig, auseinanderzugehen wie die anderen Speisenden. »Sie sind intelligent«, sagt die bigotte Frau Le Tohic zu mir. Sie trällert: »Mon amant de Saint-Jean.«

»Aber Marie-Louise, das ist kein schickliches Lied!«

Sie lächelt. Adam und Eva, die Erbsünde, daran glaubt sie felsenfest. Ihre grünen Augen strahlen, ihr Pferdegesicht wird noch länger. Um sie in ihrem Glauben nicht vor den Kopf zu stoßen und vielleicht auch in dem Wunsch, ihr zu gefallen, schweige ich.

15. September 2002

Le Pèlerin

In den Jahren von 1920 bis 1930 arbeitete die Line in einem Konfektionsbetrieb in Issoudun, einer Stadt, die von sozialistischem und kommunistischem Gedankengut »infiziert« war. Der konservative Chef des Unternehmens, der seine Arbeiter von den subversiven Ideen fernhalten wollte, verteilte im Betrieb *Le Pèlerin*, ein illustriertes katholisches Wochenblatt, das man heute als fundamentalistisch bezeichnen würde. Es bekämpfte die staatliche Schule und den Laizismus im Allgemeinen. Ich erinnere mich noch an die bunten Bilder mit Szenen der Hungersnot im Sowjetrussland der 1920er-Jahre: Da seht ihr, was passiert, wenn der Kommunismus siegt und die Gebote der Kirche vernachlässigt werden!

Meine Tischnachbarin, Frau Le Tohic, reicht mir eine Nummer des *Pèlerin*, die der Seligsprechung Mutter Teresas gewidmet ist. Was für eine Veränderung! Mai 68 hat seine Spuren hinterlassen! Religion ist kaum noch ein Thema.

17. September 2002

Die alte Dame und der Tod

Beim Mittagessen saß wenige Schritte von mir entfernt eine alte Dame. Ich sehe, wie sie blass wird und in sich zusammensinkt. Das weibliche Personal eilt herbei, man trägt sie weg. Abends frage ich:

»Was ist aus ihr geworden?«

»Sie ist tot.«

Niemand regt sich auf. Ihre Nachbarin, im Dämmerzustand, merkt nicht einmal, dass sie verschwunden ist. Wohl wahr, in dieser Umgebung ist nichts banaler als der Tod. Man ist hier, um zu sterben. Etwas anderes haben die Leute nicht mehr vor sich. Einer nach dem anderen werden sie aus dem Speisesaal verschwinden.

19. September 2002
Die wiedergefundene Freiheit

Monique Le Gal holt mich in Saint-Claude ab. Die Sonne lacht. Ich bin wieder daheim! Gott sei Dank! Ich gehe in die Coupole ... Ich nehme den Bus! Gehe zum Friseur: Arnaud, Romain, die üblichen Scherze über meine Eroberungen. Ich gehe zu Fuß nach Hause zurück. Ich bin zufrieden mit mir. Ich gehöre zur normalen Bevölkerung und bin nicht in der Welt der Alten abgestellt! Ich habe mein Kabelfernsehen wieder und kann den Ton so laut stellen, wie ich möchte. Die Platten, die Bücher ... Ich bin frei ... und jung!

20. September 2002
La Vie promise und der Traum

Ich treffe Mado in der Coupole. Galina Popof ist da, aber in Mados Anwesenheit können wir unsere recht intim gewordene Unterhaltung nicht fortsetzen. Was bin ich doch für ein Schürzenjäger! Wir gehen ins Kino: *La Vie promise*, mit Isabelle Huppert. Ich sehe herrliche, unwahrscheinlich schöne Landschaften, ich höre wunderbare Musik, ich verstehe nichts von der Handlung, ab und zu döse ich ein … Ich bin mit meinen Kameraden aus dem Viertel Les Alouettes an einem Bach unterhalb der Straße nach Aoustrille, dessen durchsichtiges Wasser über Kieselsteine fließt. Winzige Fische, die in der Morgensonne glitzern, treiben mit der Strömung dahin.

25. September 2002
Das Leben und nichts anderes

Die Siegesparade von 1919 war für die Lebenden. Wären die Toten in Reih und Glied und im Gleichschritt aufmarschiert, hätte die Parade elf Tage und elf Nächte gedauert … Die Sieger warfen sich unter Beifall in die Brust, diejenigen, die Glück gehabt hatten, die sich nicht heldenhaft verhalten hatten, die sich in Sicherheit gebracht hatten. Sie genossen die Sonne, den wiedergekehrten Frieden. Einige beglückten die Kriegswitwen.

1918 starb Madame Héaulmé, die mit ihrem Sohn bei uns wohnte, an der spanischen Grippe. Ihr Mann, Feldwebel bei den Gebirgsjägern, zeigte sich tief betrübt, als er aus dem Krieg zurückkehrte. Kurze Zeit später heiratete er eine Kriegswitwe. »Machen wir aus unserem gemeinsamen Unglück ein Gluck«, soll er gesagt haben. Mir ist in Erinnerung, dass die Heirat bei den erzpatriotischen guten Seelen Empörung auslöste.

Das Paar zog an einen anderen Ort. Mit der Zeit legte sich die Empörung.

26. September 2002
»Es sind die Poilus! Es sind die Poilus!

... die von der Yser, die aus Verdun, die von Hurlus!« Dieses mitreißende, fröhliche Lied sangen wir als Kinder... Eine Atmosphäre der Heiterkeit umgab das Leben des Soldaten, des »Poilu«. Man glorifizierte den Wein:

Der Wein, das ist der Rebensaft.
Der tut uns gut und gibt uns Kraft.
Es lebe der Wein!
Es lebe der Wein!

So vermittelte man den Kindern, der Zivilbevölkerung, dem Hinterland ein idyllisches Bild des schmutzigen, blutigen Krieges. Mein Vater sagte zu mir: »Von den Soldaten aus der vordersten Linie der Schützengräben lebt keiner mehr.« Sie marschierten nicht mit bei der Siegesparade auf den Champs-Élysées. Als ich im Bürgermeisteramt die Anträge für die Kriegsveteranenausweise bearbeitete, fand ich nur einen Einzigen, der den ganzen Weltkrieg in den Schützengräben verbracht hatte, und das war der Säufer Jules Quiévrault. Wir lebten in einer Geschichtslüge.

5. Oktober 2002
Vater Pougin und »lebenslänglich«

1980 wurde mein Interesse am fahrenden Volk geweckt, das man damals »Nomaden« nannte. Da gab es die Familie Pougin, spezialisiert auf den Abtransport von Geldschränken aus Bankfilialen, Steuerkassen und Kreditanstalten. Ihre Raubzüge hatten, obgleich zahlreich, keine Menschenleben gekostet. Im Oktober 1980 wurden die Pougins wegen Bandenbildung und Einbruchdiebstählen vor das Schwurgericht in Angers gestellt.

Der sechzigjährige Vater, der als Bandenführer galt, wurde zu lebenslänglichem und die beiden Söhne zu achtzehn und zwanzig Jahren Gefängnis verurteilt! Ich war entsetzt über das ungerechte Urteil, das die Geschworenen des Departements Maine-et-Loire hier gesprochen hatten. Ich besuchte Vater Pougin in den Gefängnissen von Angers, Paris, Nîmes und Liancourt und im Hospital von Fresnes.

29. August 1992

Ich besuche den Vater Pougin, der noch immer bettlägerig ist, in seinem baufälligen Wohnwagen. Mir wird bewusst, dass ich ihn seit vierundzwanzig Jahren kenne! Schon vor zwanzig Jahren, auf der Krankenstation von Fresnes, fragte ich mich, wie dieser Mann, der Analphabet war und rund um die Uhr im Bett liegen musste, ohne Radio, ohne Fernsehen, immer allein, seine Tage und Nächte verbrachte. Jetzt finde ich ihn in der gleichen Situation wieder. Er wird den größten Teil seines Lebens bettlägerig im Gefängnis verbracht haben. Er hat eine unglaubliche Anzahl schwerer Operationen hinter sich, und nun, mit siebenundsiebzig Jahren, hält dieser Körper immer noch stand. Er erinnert mich daran, dass er nach seiner unvorstellbaren Verurteilung zu »lebenslänglich« im Gefängnis gestorben wäre, wenn ich nicht eine Strafverkürzung für ihn erreicht hätte. Während des Krieges wurde er, auf Anordnung der Vichy-Regierung und nicht der Deutschen, als »Nomade« interniert und, weil er ein Gewehr besaß, zum Tod verurteilt. Durch einen glücklichen Zufall kam er noch einmal davon und fand bei den Deutschen menschliche Kerkermeister.

7. Oktober 2002
Mein religiöses Leben

Mein Vater war calvinistischer Protestant, meine Mutter »wie alle anderen« katholisch, aber der Religion gegenüber vollkommen gleichgültig. In Issoudun gab es wohl keine protestantische Kirche, jedenfalls besuchte ich den Katechismusunterricht bei Erzpriester Chevalier in Saint-Cyr. Mein Vater war im Krieg. Meine Spielkameraden, Söhne von Kommunisten, gingen auch in den Katechismusunterricht, um »wie alle anderen« zu sein. Ich war ein williges, gehorsames und treuherziges Kind.

Man versammelte Jungen und Mädchen in einem großen dunklen Raum nicht weit vom Altar. Der Erzpriester fragte uns ab. Ich erinnere mich, wie stolz ich den Finger hob, wenn ich vor den Mädchen eine schwierige Frage beantworten konnte!

Christus, ein junger Mann mit sanftem Gesicht und langem blondem Haar, gefiel mir sehr. Ich bemühte mich, seiner Lehre zu folgen. Dem Bettler vor der Kirchentür gab ich die Münzen, die ich bekommen hatte, um mir in der Konditorei Lambert ein Schokoladen-Éclair zu kaufen. Großes Lob der Gemeindemitglieder!

8. Oktober 2002
» Wie alle anderen «

Maman und unsere Freunde Pasquet wurden von meiner großzügigen Tat unterrichtet. Das verstimmte mich. Jesus wollte, dass wir diskret Barmherzigkeit üben!

Angers, 1919. Die Kirche Saint-Antoine lag in der Nähe. Ich ging in den Katechismusunterricht der Abbés Gabory und Méry, des »Schönen« und des »Hässlichen«, so unterschied sie Maman. Der eine (der »Hässliche«) war sanft, der andere von sich und der Unwiderlegbarkeit des Dogmas überzeugt. Er zeigte uns zwei Bilder: Auf dem einen stirbt ein Mann ruhig und gelassen, nachdem er gebeichtet und die Letzte Ölung empfangen hat, und kommt direkt ins Paradies; auf dem anderen wird der Ungläubige von Teufeln, die sich an sein Leichentuch krallen, in die Hölle gezerrt. Ich war entsetzt. Ich bemühte mich, keine Sünde zu begehen, erlegte mir Bußübungen auf, verzichtete auf den Nachtisch.

Trotz all meiner Anstrengungen kam es vor, dass ich die Sünde des Fleisches beging und den üppigen Busen der Dame betrachtete, die für orientalische Pillen warb, ein Mittel, das den Frauen verführerische Brüste bescheren sollte. Auf dem Bauch liegend machte ich diese Frau zu meinem Besitz. Nach der Ejakulation packte mich schreckliche Reue, ich schwor schriftlich, es nie wieder zu tun. Den Zettel stopfte ich in eine Blechdose, wo das feuchte Papier zerfiel.

Und meine kleine Freundin Paulette? Nur Reinheit, Unschuld! Wenn ich an sie dachte, schämte ich mich. Ich musste mich für sie und für die Kinder, die wir bekommen würden, aufsparen. Ihren Körper stellte ich mir in meinen lüsternen Phantasien nie vor, immer nur den von vulgären, sexbesessenen Frauen.

Dann kam die Erstkommunion. Ich verdoppelte den Eifer. Mein Glaube war tief. Ich hatte am Vortag gewissenhaft gebeichtet. Ich empfing andächtig die Hostie. Eine Prozession schloss sich an die Messe an. Es war schönes warmes Wetter, meine Kommunionskerze schmolz und ließ den Kopf hängen. Mein Glaube war intakt. Er sollte gründlich erschüttert werden …

In der Jungschar ließ der Abbé uns statt eines Lobgesangs Christi »Der Wein, das ist der Rebensaft« singen.

Das hat mich auf den Boden der Tatsachen zurückgeholt.

Die Unmöglichkeit der »Nachfolge Jesu« entfernte mich von der Religion, und ich wurde gleichgültig, »wie alle anderen«.

11. Oktober 2002

Die Bibel mit neunzig Jahren

Als ich Geneviève heiratete, kaufte ich eine Bibel, eine Familienbibel, wie meine Vorfahren sie besaßen. Erst mit neunzig Jahren habe ich sie gelesen. Wir hatten (mal schnell) in der Église de la Trinité geheiratet, um einer Schwester Genevièves, die im Sterben lag und sich darauf freute, ins Paradies zu kommen, keinen Kummer zu machen. Meine eigene Beisetzung und die meiner Eltern stellte ich mir immer noch nach protestantischem Ritus vor. Die blödsinnige Haltung der irischen Protestanten aber machte mich zum Agnostiker à la Epikur.

»Unser Gehirn ist nicht dazu geschaffen, all diese Dinge zu verstehen«, sagt Halima, die algerische Putzfrau. Ich denke wie sie.

27. Oktober 2002
Paola als Psychoanalytikerin

Meine Enkel Joss und Paola sind bei mir. Die junge Paola stöbert in meiner Vergangenheit. Sie möchte verstehen, wie man siebzig Jahre lang mit einer Frau zusammenleben kann, die einen unterdrückt, die man aber nicht verlassen will, auch wenn man sie schamlos mit mehreren Frauen betrügt. Ich erkläre ihr, Geneviève sei eine Waise gewesen und habe seit zwei Jahren bei uns gewohnt, sie habe sich bei uns aufgenommen gefühlt, ich hätte sie mehr aus Pflicht denn aus Leidenschaft geheiratet. Und deshalb hätte ich mich auch nicht zur Treue verpflichtet gefühlt. Trotzdem hätte ich meine Frau geliebt, der Geschlechtsakt diene nach meiner Auffassung nur der sinnlichen Befriedigung.

1. November 2002
Welches ist die echte Lili?

Lili hat mich gestern Morgen angerufen. Ich habe sie bei einem Schulabschlussessen in Durtal kennengelernt. Damals habe ich ein Stück von der Papiertischdecke abgerissen und ihr ein Briefchen geschrieben, und sie hat mit einem verheißungsvollen Lächeln geantwortet. Dann besuchte ich sie in Saint-Laurent-des-Mortiers, wo sie als Lehrerin arbeitete. Um ein paar Minuten mit ihr verbringen zu können, fuhr ich nachts mit dem Fahrrad ohne Licht elf Kilometer über Feldwege zu ihr.

5. November 2002
Gute Nachrichten

Meine Enkelin Paola, die Lebensfreude in Person, wollte an den Präsidenten der Republik schreiben, dass uns das Fernsehen nur gute Nachrichten bringen soll.

14. November 2002
Die alten Damen, die ich als Kind kannte

Andrée Rébeiller lädt mich mit Mado zum Essen ein. Andrée, 1930 geboren, ist 1942, im finstersten Jahr der Nazi-Besatzung, Mamies Schülerin gewesen. Die Fürsorge hatte sie der Mutter Nourry, einer Waschfrau, in Pflege gegeben. Sie wohnte mit ihr in einer baufälligen Hütte mit Lehmboden am Ende eines schlammigen Weges. Elend. Die Mutter Nourry verteidigte ihre Schützlinge energisch, aber ohne Zärtlichkeit. Die intelligente und sensible Andrée litt sehr darunter.

Es war Krieg, es gab keine Transportmittel. Ich brachte Andrée auf dem Gepäckträger meines Fahrrads zu einer Untersuchung nach Tiercé. Mutter Nourry begleitete sie zu Fuß ins Collège im zwanzig Kilometer entfernten Château-Gontier und kehrte am selben Tag zurück! Andrée wurde Redakteurin bei der Fürsorge.

22. November 2002
Koedukation

Ich treffe Monique Guiter in der Coupole.

»Eine ehemalige Schülerin«, sage ich zum Wirt.

»Wie war er?«

»Super! Der Beste!«, antwortet Monique lachend.

Wir erinnern uns an die Zeit, als Mädchen in die Jungenschule aufgenommen wurden. Ich war begeistert. Die lustigen, freundlichen kleinen Mädchen brachten gleichsam einen Sonnenstrahl in die Klasse. Mit dreizehn oder vierzehn waren sie schon junge Damen.

Die Mädchen in meiner alten Klasse wachsten die Tische, scheuerten den Boden, ließen das Licht herein.

25. November 2002
Festessen zum zweiundneunzigsten Geburtstag

Am Samstag, dem 7. Dezember, möchte ich all jene um mich versammeln, die mich unterstützen und mir das Altersheim ersparen oder mir ihre Zuneigung bekunden (abgesehen von meiner Familie).

Wir werden vierzehn sein, die meinen zweiundneunzigsten Geburtstag feiern. Mamie und Pierre sind von uns gegangen. Ich bleibe, verwundert, dass ich so alt bin, im Bewusstsein, ein privilegiertes Leben geführt zu haben, von einer Sympathie getragen, die ich mir nicht erklären kann.

30. November 2002
Das gutherzige Ehepaar Le Gal

Louis Le Gal bringt mir Brot. Er hat gedacht, das könnte mir fehlen. Monique Le Gal kommt dreimal täglich von oben, um mir die Augentropfen zu verabreichen. Beide erledigen für mich Einkäufe aller Art. Wenn die Haushaltshilfe nicht kommt, macht Monique den Abwasch, das Bett. Alles diskret, natürlich, mit guter Laune. Diese einfachen Leute, die zur Arbeiterklasse gehört haben, handeln mit der Gutherzigkeit, die das Evangelium uns nahelegt. Sie bewahren mich vor dem Altersheim.

7. Dezember 2002
Egoistische Solidarität

Ich finde auf einem Heft von 1987 dieses Zitat von Jean d'Ormesson: »Ich wünsche, dass die anderen glücklich sind, um selbst glücklich zu sein.«

So bin ich auch. Ich leide, wenn ich Leute leiden sehe. Es empört mich, dass drei Viertel der Menschheit in extremer Armut oder Not leben. Um mein Gewissen zu beruhigen, spende ich hier und da etwas an karitative Einrichtungen. Ich wundere mich, dass die meisten Leute sich darüber keine Gedanken machen. So funktioniert die Gesellschaft, auf der Grundlage des Profits, der ihnen recht gibt.

2003

5. Januar 2003
Wer gibt mir meine Kindheit zurück?

Ich bin dumm, dass ich mein Alter nicht akzeptiere. Der Krieg von 1914, so habe ich immer wieder betont, war eben nicht die gute alte Zeit. Die großen Probleme heutzutage, der Fanatismus, die von der unsinnigen Bereicherung erzeugte furchtbare Armut, bringen trotz allem weniger Leid, Ruinen und Tote als der Krieg von 1914 bis 1918.

Soll ich bedauern, dass ich so blind war, die schreckliche Wahrheit nicht zu erkennen?

»O die glückliche, glückliche, unwiederbringliche Kinderzeit! Wie soll man die Erinnerungen an sie nicht lieben, nicht sorgsam hegen! Diese Erinnerungen erfrischen und erheben meine Seele und sind für mich ein Quell höchster Freude … Werden sie jemals wiederkehren, diese Frische, diese Sorglosigkeit, dieses Liebesbedürfnis und diese Kraft des Glaubens, die man in der Kindheit besitzt?« Ich verschanze mich hinter diesen Worten Tolstois, um meine wunderbaren Kindheitserinnerungen aus den Jahren von 1914 bis 1918 zu rechtfertigen.

12. Januar 2003
Place Brouette im Winter 1939

»In Reims schneit es«, sagt Hélène. Sie beschwört die Erinnerung an einen Abend, damals, an der Place Brouette. Ich brachte sie nach Hause. Bevor wir hineingingen, setzten wir uns auf eine Bank. Es lag Schnee, er glitzerte im Mondlicht, die Nacht umfing uns mit ihrem Geheimnis. Wir hielten uns umschlungen.

16. Januar 2003
Leben in Unschuld

Wann begann ich, mir meines Lebens bewusst zu werden? 1914? Ich war 1912 nach Issoudun gekommen. Das Haus war groß, schön, zu geräumig für uns drei. Ein Gärtchen vorne, ein großer Garten hinten. Der 2. August 1914 veränderte mein Leben …

Mein Vater zog in den Krieg, um das Vaterland vor den »schändlichen *Boches*« zu retten. Da muss ich schon vertraut gewesen sein mit den Nachbarn von nebenan, Jules und Solange Pasquet und ihrer Tochter, achtundfünfzig, fünfzig und dreißig Jahre alt, Gemüse- und Weinbauern. Solange, die ich immer ›die Madame‹ genannte habe, sagte: »Als er hier ankam, war er nicht größer als der Tisch!«

Meine Eltern waren einfache Leute, die mehr mit den rechtschaffenen Leuten des Volkes Umgang pflegten als mit den Offiziersfamilien, wo der Stand gewahrt werden musste. Als Offizier war es für meinen Vater schwierig gewesen, meine Mutter, die Dienstmädchen war, zu heiraten. Erst nach einem langen Verfahren hatte er 1912 (ich war 1910 geboren) die Heiratsgenehmigung erhalten.

15. August 1999

Ich finde die Briefe wieder, die wir während des Krieges von 1914 bis 1918 mit meinem Vater wechselten. Ich kann sie nur schlecht lesen, weil das oft mit Bleistift Geschriebene verblasst ist; meine Augen lassen nach, und ich bekomme Kopfschmerzen von dieser Lektüre. 1913/14: Briefe meines Vaters aus dem Militärlager La Courline in die Rue Garibaldi 96 in Issoudun.

Die Postkarten von 1914 hat meine Mutter geschrieben. *Gebete für den Abwesenden*: Ein betendes Kind schaut zu Christus auf, im Hintergrund sein Vater auf Patrouille.

Brief an den Papa: Das Kind träumt, dass sein Vater in einer Artilleriekolonne vorbeizieht.

Ich bin dreieinhalb. Meine Mutter schreibt für mich im patriotischen Stil der Zeit: »Ich hoffe, dass du Frankreich mutig verteidigst ... ich möchte gern groß sein und mit dir zusammen kämpfen ...« Viel Sentimentalität, Kreuzchen stehen für Küsse.

17. Januar 2003

Leben in Unschuld – aus Unwissenheit oder Sorglosigkeit?

Mir scheint, als sei mir damals im Flur, am Fuß der Treppe, bewusst gewesen, dass mein Vater in den Krieg zog. Das Gemetzel der nächsten vier Jahre stellte sich niemand vor. Habe ich wirklich gesehen, wie das 68. Regiment die Avenue de la Caserne hinuntermarschierte, mit roten Hosen und Käppis, Blumen am Gewehr, vorneweg die Musik?

Und mein Vater führte die Parade an! Er war der Kapellmeister! Es war ein großes Schauspiel, ein unverhofftes Fest für ein vierjähriges Kind.

18. Januar 2003
Rückkehr der Zuversicht

Am 16. Januar, dem Tag des heiligen Marcellus, erhalte ich einige Anrufe, die meine Lebensfreude wecken: Barbara, Zeit der Verjüngung; wieder Lili, fröhlich. Und ich bekomme eine Karte mit guten Wünschen von Geneviève Prévost, einer ehemaligen Schülerin, die jetzt zweiundachtzig ist, und eine von Claude Théry, der 1942 als Flüchtlingskind aus Paris nach Contigné kam und sich sechzig Jahre später an seinen »guten Lehrer« erinnert. Na also, man hat mich nicht vergessen!

20. Januar 2003
»Le Bosquet« im Juli 1929

Gestern, Sonntag, aß ich mit dem Ehepaar Le Gal im Restaurant »Le Bosquet« in Les Ponts-de-Cé: 111,50 Euro, das sind 731,39 Francs. Was für ein Aberwitz! Es widersprach vollkommen meinen Neigungen und Prinzipien eines einfachen Lebens. All der idiotische Luxus, die gekünstelten Rituale, die drei Servierkräfte für die raffinierten Gerichte, das mit einer Zange gereichte Brot! So viel Geld, mit dem man Unglücklichen hätte helfen können.

Und zur Strafe Sodbrennen. Was für ein Blödsinn!

Am Sonntag, dem 21. Juli 1929, tanzte ich in ebendiesem Lokal mit Annette zum Klang eines altersschwachen mechanischen Klaviers. Wir waren verliebt und »all das hatte keine Bedeutung … Noch nie war ich so glücklich«. Warten auf die nächtliche Straßenbahn, ein Fest, die Feuerwerksraketen verraten unsere Umarmung, »Ein Lied für die Verliebten!«, der Musiker spielt »Bei meiner Blonden«. »Aber sie ist doch brünett, mein Freund!« »Wo ist der Fahrer? Liegt er vielleicht in den Armen der Frau Wirtin?« Man entrüstet sich. Wir freuen uns! Und die Straßenbahn klingelt, und Annettes rotes Kleid verschwindet in der Nacht … Wir tanzen, wir singen, wir halten ein Schläfchen an den Ufern des Louet. Und dann treibt das Leben uns auseinander. Es war kurz, das Leben …

Diese Erinnerungen gingen mir durch den Kopf in dem ärgerlichen Restaurant, das einmal eine Gartenwirtschaft war …

27. Januar 2003
Lucien Fortier ist gestorben

Ich erfahre, dass Fortier mit fünfundneunzig Jahren gestorben ist. Er hatte dreimal die Aufnahmeprüfung für die École Normale gemacht, er war der älteste des Jahrgangs 1926 bis 1929. Wir waren uns sympathisch, ich hatte einen Tag bei ihm in Gennes verbracht, wo sein Vater

Lehrer war, das Musterbeispiel des alten Paukers mit steifem Kragen und unbeweglicher, strenger Miene. Ich hatte mir geschworen, nicht so zu werden wie er. Alle drei Brüder wurden Lehrer. Lucien, der jüngste, war ein ernsthafter Lehramtskandidat, wie sie unser Direktor liebte, nicht so ein Schlingel wie ich. Er wurde ein vorbildlicher Lehrer, ein noch überzeugterer Laizist als ich. Mit Erstaunen sehe ich, dass in der Kirche von Gennes eine Totenmesse für ihn abgehalten wird. Ich galt als zu lax, und ich werde ein weltliches Begräbnis bekommen.

31. Januar 2003
Nichts ändert sich

In einem Heft von 1993 habe ich nach Montaigne-Zitaten gesucht.

»Wenn ich auf die Beteuerungen der Ärzte hin glaube, bei guter Gesundheit zu sein, so vergesse ich, dass ich beim geringsten Unbehagen glaube, mein Tod sei gekommen.« Das ist wie für mich geschrieben. Schon 1993 beklagte ich mich unablässig über meine schlechte Gesundheit und sah mich am Ende meines Lebens angelangt.

Und ich bin immer noch da.

26. Februar 2003
Damals

Damals war es unter jungen Leuten nicht üblich, sich zu duzen. Ich sagte »Sie« zu meinen Freundinnen und eine Zeit lang sogar zu meinem Freund Peron. Man »baggerte« sich nicht an, man verständigte sich mit Blicken, mit einem Lächeln. Man schrieb sich häufig, selbst wenn man sich jeden Tag sah. Geduzt habe ich mich mit meiner Freundin Andrée Dumontet, einem kecken Mädchen, das ich als meine Ratgeberin betrachtete. »Spiel nicht mit dem Feuer, mein kleiner Mathiot!«

1. März 2003
Sie haben meine Bäume getötet

Hör zu, Holzfäller, halt ein wenig ein!
Was du zu Boden wirfst, es ist nicht Holz allein:
Kannst du das Blut nicht sehen, das unaufhaltsam quillt
aus rauer Rinde, die der Nymphe Leib verhüllt?
[…]
Leb wohl, mein alter Wald, lebt wohl, ihr heil'gen
Kronen […]

1560 trauerte Ronsard um die gefällten Bäume des Waldes von Gâtine.

Und ich trauere 2003 um die grüne Blätterfülle, die Leben in meine Landschaft brachte. Sie haben mir nur nackte, schwarze Stämme gelassen.

»Hätten Sie nicht warten können, bis ich tot bin?«, frage ich den Hausmeister.

Ich werde das kleine Blatt nicht mehr sehen, das als erstes am äußersten Ende des höchsten Astes erschien und den Frühling ankündigte. Im November fiel es als letztes ab. Ich werde nicht mehr sehen, wie der Wind an Sturmtagen wütend die Kronen schüttelt.

Wird man diesen Herbst die toten Blätter zusammenschaufeln? Vielleicht gehen sie mit mir. Und im Garten der Erinnerung bläst der Herbstwind die Liebesträume fort, aus denen mein närrisches Leben bestand.

16. März 2003
Eugène Chevet ist tot

Eugène Chevet war achtzig. Meine ehemaligen Schüler sind jetzt Achtzigjährige!

1937 war er vierzehn. Er schien mir noch nicht das ausreichende Niveau zu haben, und so hatte ich seinen Bruder, Bauer in Le Vivier, gebeten, ihn doch ein weiteres Jahr in der Schule zu lassen. Eugène war ein guter Schüler, brav, sehr sorgfältig, einer, der dem Lehrer gar keine Sorgen macht. Tadellose Hefte, in klassischer, formvollendeter Schrift.

Wie die Zeit verflogen ist! Auch seine Söhne wurden meine Schüler.

Ich war einer der letzten Familien-Lehrer, die mit den Hausärzten vergangener Zeiten vergleichbar sind.

Und was ist aus »Ugène« geworden? Als ich 1932 nach Contigné kam, war Eugène, »Ugène«, sieben. Es galt als normal, dass ein Dorf seinen Idioten hatte. In Contigné hätte man auch noch zwei oder drei weitere finden können, Opfer des Alkoholismus ihrer Erzeuger. Doch allein »Ugène« genoss das Vorrecht, Dorftrottel zu sein.

Ganz hinten im kleinen Klassenzimmer des Hilfslehrers Autin teilte er seine Bank mit einem anderen schlichten Gemüt: Lucien Desnos. Um diese beiden kümmerte sich niemand. Der Lehrer wäre nie auf die Idee gekommen, dass man ihnen etwas beibringen könnte. »Ugène« kannte nur einen einzigen Buchstaben: das »U«, mit dem sein Vorname begann. Während der sechs Stunden Unterricht zappelten »Ugène« und sein Kumpel Lucien auf ihrer Bank herum, und manchmal pinkelten sie, um die Langeweile zu vertreiben, in ihren Federkasten oder ihr leeres Tintenfass. Nach acht Jahren Schule wurde »Ugène« Landarbeiter, er musste die gröbste Dreckarbeit machen, wurde dafür nicht bezahlt, sondern nur am gemeinschaftlichen Tisch verköstigt, wo er den üblichen Hänseleien ausgesetzt war.

21. März 2003
Frühling

Man glaubte schon nicht mehr daran! Aber er ist gekommen. Zierkirschen und Forsythien leuchten in der Sonne.

Man wünschte, es gäbe nur Freude und Glück auf der Welt und alle Menschen würden sich lieben. Frühling in Paris, Frühling auf dem Cours Mirabeau in Aix-en Provence, Frühling im Jardin des Plantes, wo Annette und ich uns 1929 auf einer Bank küssten.

Leider haben die Mächtigen zum Frühlingsbeginn Krieg beschlossen. Aus undurchsichtigen Gründen ruft Mister George W Bush, der Puritaner von der traurigen Gestalt, im Namen der Bibel zum Kreuzzug gegen den Irak Saddam Husseins auf, bereit, sein Volk für den Heiligen Krieg zu opfern. Die kleine Irakerin, die Frühlingsblumen pflückte, wird unter den Ruinen ihres bombardierten Hauses sterben.

22. März 2003
Abschied von meinem alten Auto

Ich benutze meinen alten Talbot nicht mehr. Ich möchte jedes Risiko vermeiden. Ich werde mit dem Taxi fahren. Den Talbot habe ich einer Einrichtung des Abbé Pierre geschenkt. Zwei kräftige Kerle nehmen ihn mit, ohne sich vor Dankbarkeit zu überschlagen. Ein Wagen, der gewartet wurde, der nie Pannen hatte, der in zwanzig Jahren nur 100 000 Kilometer gefahren ist!

Ich frage mich, ob es richtig war. Natürlich schimpft man mit mir. »Meine Tochter suchte doch ein Auto!«, ruft Sylviane, die Concierge. »Monsieur Mathiot, Sie haben eine Dummheit gemacht!«

Alter Talbot, du hast mich nachts zum Bahnhof von Sablé gebracht, wo ich den Zug nach Paris nahm, um Hélène zu treffen …

2. April 2003
Der Traum!

Lili hat mich angerufen. Im Lauf unseres Gesprächs erzählt sie mir, dass eine Frau, die ihren 105. Geburtstag feierte, als Geschenk einen Geliebten haben wollte. Vier stellten sich vor, sie wählte den Jüngsten, zweiundachtzigjährig. »Ich musste an dich denken, du hättest dich beworben!«

Lili ist übermütig. Die Hundertfünfjährige, die sich einen Geliebten wünscht, lässt uns ahnen, wie lange das Liebesverlangen andauert. Zum ersten Mal fließt Sinnlichkeit in unsere Unterhaltung ein.

Hat dieses Gespräch den stark erotischen Traum während meines Mittagsschlafs ausgelöst? Wir befanden uns nackt auf einem zerwühlten Bett. Lili saß auf mir, hatte mir aber den Rücken zugewandt und streichelte sich wild, während meine Hände ihre Brüste umklammerten.

8. April 2003
»O Tod, alter Kapitän, es ist Zeit! Lass uns die Anker lichten!«

Ohne erkennbaren Grund hat mich seit dem 4. April die Lebenslust verlassen. Ich spüre die Nähe des Todes. Heute Morgen wollte ich nur noch schlafen. Heute Nachmittag bin ich auf mein Bett gefallen, die Siesta schien mir das einzig Erstrebenswerte zu sein. Ich habe Guez geschrieben, meinem Bestattungsunternehmer, dass er meinen Leichnam in einen Sarg aus hellem Holz legen soll.

Ich habe schon an vielen Begräbnissen teilgenommen. Als ich jung war, empfand ich nichts dabei, es war ein Vorgang des täglichen Lebens. Ich dachte nicht, dass mich der Tod eines Tages selbst betreffen würde. Später wurde mir das Grauenhafte bewusst: ein Körper, in eine Kiste gesperrt und in ein Erdloch versenkt, das danach zugeschaufelt wird. Dort wird er verfaulen; weil es Brauch ist, wird man Blumen auf das Grab legen, und von weit her werden Leute kommen, denen der Tote vielleicht ganz gleichgültig war.

21. April 2003
Lüsternheit

Was ist in mich gefahren? Eine sexuelle Raserei mit Mado, von Samstagabend bis Montagnachmittag. Das ganze Osterwochenende haben wir nicht voneinander gelassen.

In der zweiten Nacht beschließe ich, im Pyjama zu bleiben, um die Berührung mit ihrer Haut zu vermeiden. Um fünf Uhr wache ich auf. Ein Verlangen überkommt mich. Ich greife nach ihren Brüsten, die sich fest anfühlen und eine heftige Erektion hervorrufen. Ich dringe von hinten in sie ein, sie reagiert mit harten Stößen, wir sind zwei Tiere.

Wir schlafen eine Zeit lang. Beim Erwachen neuer Ausbruch, sie reitet auf mir, die Augen weit aufgerissen, und lässt sich dann weinend auf mich fallen.

28. April 2003
Mein Jesus, wie ich ihn liebe

Als Kind entdeckte ich ihn auf einem großen Bild in Lines Zimmer. Ein hochgewachsener junger Mann, sehr schön, mit langem blondem Haar, in ein weites rotes Gewand gehüllt. In seinem Blick lag unendliche Sanftheit. Er war von Kindern umringt. Einige hatten ihren Kopf auf seine Knie gelegt. »Wenn ihr nicht werdet wie die Kinder, so werdet ihr nicht ins Himmelreich kommen.« Diese Lehre hat mir mein ganzes Leben lang gefallen.

29. April 2003

Das Ende von Professor Corbineau

Es war im Schuljahr 1926/27, meinem ersten in der École Normale. Wir nannten ihn Le Cox. Angeblich war er unser Lehrer für Geschichte und Geografie. In Wirklichkeit döste er, vollkommen erschöpft, wie ich es heute bin (und deshalb denke ich an ihn), an seinem Schreibtisch vor sich hin und erteilte uns überhaupt keinen Unterricht, sondern murmelte nur hin und wieder Bruchstücke der *Odyssee*, die wir kommentieren sollten. Einer von uns las den Text vor und fuhr dann im Ton eines Kommentars fort, flocht aber unanständige Wörter ein. Der Radau war gewaltig und anhaltend. Schließlich wurde man es müde und suchte nach neuen Späßen, die manchmal an Grausamkeit grenzten.

Wieso ließ die Schulverwaltung es zu, dass der Mann einfach dasaß und nicht unterrichtete? Und wie konnten wir, gut erzogene junge Leute, uns als Quälgeister des schon fast besinnungslosen Greises aufführen? Einmal behandelten wir in einer Klassenarbeit ein ganz anderes Thema, als er es gestellt hatte. Er merkte es nicht. Las er unsere Arbeiten überhaupt? Immerhin bekam ich stets die beste Note.

30. Juni 2003

Agenda 1929

Der Winter war schneereich und sehr kalt. Minus 16 Grad am 13. Februar 1929.

Ich prahlte damit, dass mir alles egal war. »Philo.

Zwei Stunden. Der Prof übertreibt! Was glaubt der alte Esel, was ich mit dem ganzen Quatsch anfangen soll! Es lebe die Liebe und die Sorglosigkeit!« »Geschichte. Während Moiulle und Thiollet weitschweifig verworrenen Blödsinn von sich geben, schnarcht die Klasse einträchtig.«

»Heute Nachmittag verbietet uns dieser Dreckskerl von Chou, nach draußen zu gehen, unter dem Vorwand, dass es schneit ... Ein Sturm der Empörung erschüttert die Bude: Wir schreien, singen die Internationale ... Kartenspiel im Klassenzimmer der Dritten, das sich in eine Kneipe verwandelt. Kippen in allen Ecken.«

1. Juli 2003

»Die Ehe ist keine vernünftige Einrichtung«,

sagte Katherine Hepburn, die mit sechsundneunzig Jahren gestorben ist. Mado zufolge hat sie nur einen einzigen Ehemann gehabt. Ich, der ich auch nur eine einzige Gattin gehabt habe, denke wie sie. Sagte nicht Madame Viault: »Nur einen Ehemann gehabt zu haben ist kein Gebrechen, aber beinahe.« Wie oft habe ich mich empört: »Du warst frei. Niemand hat dich gezwungen, dich fürs ganze Leben zu binden.« Aufgrund meines Charakters war ich zu lebenslänglich verurteilt und konnte mich nicht scheiden lassen, denn Geneviève liebte mich, und ich sah nicht, wie sie ein neues Leben hätte anfangen sollen. Ich glaube, bin mir aber nicht sicher, dass Lili die beste Gefährtin für mich hätte werden können.

Andererseits habe ich gelebt, wie ich es mir wünschte: Ich habe einen Beruf ausgeübt, der mir Freude machte, ich habe mir heimliche Liebschaften gestattet und bin den Gefahren des Krieges entkommen.

11. Juli 2003
»Schreiben bedeutet, dass man zwei Mal lebt« (Léautaud)

Manchmal frage ich mich, warum ich fortfahre, diese Hefte zu füllen. Die ersten von 1927 bis 1931, die ich »Agenda« nannte, sind für mich die kostbarsten, mit ihnen erlebe ich noch einmal meine unbefangene und sorglose Jugend. Während des Krieges hatte ich sie einer Bank in Châteauroux anvertraut, bei der Befreiung nahm ich sie wieder an mich. Ich bedaure, dass die Ereignisse darin nur allzu kurz erwähnt werden. Ich war sechzehn, als ich mit dem ersten Heft begann.

4. Oktober 1984
In einem Film von Ingmar Bergman, *Szenen einer Ehe*, liest eine Frau ihrem Mann aus ihrem Tagebuch vor: Er schläft ein. Ein Tagebuch schreibt man nur für sich selbst. Die Menschen, von denen man glaubt, sie seien einem am nächsten, interessieren sich nur für die Abschnitte, die sie betreffen. Wer wird lesen, was ich in diese Hefte schreibe? Niemand von meinen Angehörigen, glaube ich. Es könnte höchstens geschehen, dass lange nach meinem Tod Unbekannte neugierig werden und erfahren wollen, was ein Mann aus einer längst vergangenen Generation gedacht hat. Aber wird es, wenn es so weitergeht, noch zukünftige Generationen geben? Wird 2084 jemand imstande sein, sich für die Gemütsverfassung eines Menschen aus einer anderen Zeit zu interessieren?

1. Juni 1986

Man geht weiter, man lebt sein Leben, ganz beschäftigt mit jedem Tag, und versäumt es, diejenigen zu befragen, die etwas über die Vergangenheit berichten könnten. Bis man sich dessen bewusst wird, sind sie tot.

Jetzt, an meinem Lebensabend, wüsste ich gern mehr über das Leben meiner Großeltern. Es wäre so einfach gewesen, hätte ich nur meinen Vater und meine Mutter danach gefragt. Ich hätte sehr weit zurückgehen können. Ich denke an den alten Cadet, der um 1840 geboren sein muss, an Jules, geboren 1854, an meinen Vater, 1875. Sie hatten Erinnerungen an ihre Großeltern, wir hätten etwas erfahren können über das Leben während des Kaiserreichs oder sogar während der Revolution. Mir scheint, dieses Wissen über die Vergangenheit wäre wertvoller gewesen als Gold.

Mein erster Schwiegersohn interessierte sich für meine Sammlung von Postkarten und alten Schriftstücken. Den Text las er allerdings nie, wogegen es für mich überhaupt nur darauf ankam, auf das Denken eines anderen in einer anderen Zeit. Je älter ich werde, desto mehr fühle ich mich der Vergangenheit verbunden. Ich lebe in einer Epoche, die ich nicht mehr verstehe und die mich nicht mehr versteht. Mit meinen Enkeln habe ich keine gemeinsame Sprache. Ich mag sie noch so sehr lieben, ich kann mich nicht mit ihnen unterhalten. Die Unmöglichkeit der Verständigung isoliert mich. In Wahrheit frage ich mich, mit wem ich überhaupt reden könnte.

12. Juli 2003
Péron war da und sang …

Wir haben viel gesungen in unserer kleinen Ferienclique in Issoudun. Der Pharmaziestudent Peyraud stimmte die schlüpfrigen Lieder an, die damals bei den Medizinern beliebt waren: »Das Paradies ist ein Bordell«, »Pater Dupanloup«, »Der Pfarrer von Saint-Sulpice« und andere Anzüglichkeiten. Wir hörten selig zu. Mein Freund Jacques Péron, der Romantiker, bevorzugte die hübschen Lieder Mussets: »Mimi Pinson«, »Ratschläge an eine Pariserin«, »Erinnere dich«, »Barberines Lied«, »Fortunios Lied«. Am Abend des 19. September 1928 sangen Péron und ich in der Rue de la République »Nacht ohne Sterne« … Es war eine herrliche Nacht, »in der eine orangerot leuchtende Mondsichel prangte«, schrieb ich.

13. Juli 2003
Bis repetita placent

Ich lese im Tagebuch von 1929. Häufig stoße ich darin auf Themen und Überlegungen, die sich wiederholen. Meine Rückkehr in die Vergangenheit bereitet mir stets Vergnügen: Es ist meine einzige Möglichkeit, mich zu verjüngen. Sehr oft komme ich auf Montaigne zurück, um mich zu freuen, dass ich gedacht habe wie er, und zu bedauern, dass ich seinen Lehren nicht genügend treu geblieben bin.

14. Juli 2003
Serge Cruard ist tot

Aus der Zeitung erfahre ich vom Ableben Serge Cruards mit 94 Jahren. Nach einer unserer Phantasie entsprungenen Voraussage in der École Normale hätte er als Letzter des Jahrgangs sterben sollen. Nun werde ich es sein. Ich empfinde eine gewisse Rührung. Die Erinnerungen an diese drei Jahre Brüderschaft kann ich mit niemandem mehr teilen.

Er gehörte nicht zu meinen engsten Freunden. Ich hielt ihn für einen Ästheten, für zu ernst. Ich sah ihn nicht in Tanzlokale oder Operetten gehen. Er war ein talentierter Aquarellist, und von 1968 bis 1977 war er Bürgermeister von Montsoreau. Adieu, letzter Schulkamerad! Ich bleibe zurück, als einziger Zeuge einer vergangenen Epoche.

20. Juli 2003
Mado in Tränen

Letztes Wochenende bei Mado, bevor ich ins Seniorenwohnheim Saint-Claude einziehe. Mado klammert sich an mich. Sie weint, weil sie allein sein wird.

22. Juli 2003
1930: Kiki

Die Liebesbeziehung mit Geneviève, Kiki-des-Bois, begann mit Schwierigkeiten, aber ganz sittsam … »Ich habe Lust, Sie heute Abend zu sehen!«, sagte sie zu mir.

»Ich umarme diesen so zarten, so weichen, so feingliedrigen Körper.«

Ich wusste nichts davon, wie reich die körperliche Liebe sein kann. Unser ganzes Leben lang sind wir in Worten und Taten keusch geblieben. Heute werfe ich es mir vor. Ohne uns dessen bewusst zu sein, hatten wir uns die in der Kirche wie in der staatlichen Schule gelehrte restriktive Moral zu eigen gemacht.

24. Juli 2003
In Saint-Claude

Gestern hat mich Mado besucht, stets rührend um mich bemüht. Sie half mir beim Duschen, damit ich keine Angst haben muss, zu stürzen. Ich konnte nicht verhindern, dass ich eine Erektion bekam. Mein Anblick löste bei Mado sofort Verlangen aus. Dieser Ort erlaubt jedoch keine Liebesspiele. Ich fürchte den Skandal, zu dem es kommen könnte, wenn man zwei Senioren in flagranti erwischte …

Ansonsten verbringe ich meine Zeit damit, Michel Laclos' Kreuzworträtsel in *Figaro Madame* zu lösen, im Fernsehen die Tour de France anzuschauen, Tagebuch zu schreiben und Radio zu hören.

25. Juli 2003
Leben im Heim

Madame Rosta ist die einzige intelligente Person in dieser Einrichtung. Alle anderen haben ihre geistigen

Fähigkeiten mehr oder weniger eingebüßt. Wie bei meinem letzten Aufenthalt im vergangenen Jahr sitze ich beim Mittag- und beim Abendessen dieser Frau gegenüber. Pferdegesicht, pergamentene Haut, graues, glattes Haar, das über die Ohren fällt. Ist sie je hübsch gewesen? Ihre stechenden Augen funkeln ab und zu, wenn sie eine Bemerkung aufs Korn nimmt, die sie »primitiv« findet. Madame Rosta war mit einem Ungarn verheiratet, sie entstammt einem kultivierten, wohlhabenden Milieu. Sie ist viel gereist, vor allem in Asien. Ich bedaure, dass sie so schweigsam ist, ihre kurzen Bemerkungen sind interessant.

26. Juli 2003
Der Vermeider

Diesen Begriff finde ich in einem Heft von 1990, unter dem 23. Juni. Der Vermeider vermeidet jede unnötige Anstrengung und jedes nicht unumgängliche Risiko. Fassungslos sieht er den Leuten zu, die bei Autorennen oder gefährlichen Bergbesteigungen ihr Leben riskieren. Er fühlt sich nicht verpflichtet, zu gewinnen, sich selbst zu übertreffen, Diäten einzuhalten, Bodybuilding zu treiben. Er hat festgestellt, dass Spitzensportler früh sterben.

Mit zweiundneunzig Jahren ist er geistig immer noch auf der Höhe und autonom. Er hat die Moral La Fontaines praktiziert: »Bedenke immer das Ende.« Er hatte die stolzen Soldaten singend in den Krieg ziehen und die Überlebenden hinkend zurückkehren sehen. Er wollte kein Heiliger und kein Held sein, überzeugt von der Eitelkeit des Ruhmes, der Nichtigkeit kurzzeitiger Erfolge; nützlich erschien ihm nur die Linderung des Leids.

Der Vermeider hat vom Beginn seines aktiven Lebens an gemerkt, dass er die Natur seiner Gesprächspartner nicht ändern konnte. Es war deshalb unnütz, sich an ihren Meinungen oder Überzeugungen zu reiben. Vielmehr musste er größte Toleranz an den Tag legen und zu denen, die anders dachten als er, unter anderem zu den Ausländern, noch freundlicher sein. So konnte der Vermeider heftige Diskussionen und lächerliche Konflikte abwenden.

6. August 2003
Hundstage

In den Zimmern herrscht brütende Hitze. Ich habe entdeckt, dass man im Erdgeschoss in einem großen Salon unerwartet Kühle findet. Erstaunlicherweise bin ich allein hier.

Die mangelnde Menschlichkeit des Pflegepersonals empört mich. Viele Alte leiden entsetzlich, vor allem während der stickigen Nächte. Die kleinste Schwesternhelferin kann nach eigenem Gutdünken entscheiden, der guten Demoiselle Malinga, die nachts durch die Hölle geht, ihre Beruhigungsmittel vorzuenthalten. Ich denke an die Nächte in den Gefängnissen.

10. August 2003
Wie man in Würde sterben kann

Ich bin umgeben von unglücklichen, verwirrten, jeder Mobilität beraubten, verstörten, den ganzen Tag wimmernden Menschen, die im besten Fall die meiste Zeit schlafen. Andere, die scheinbar weniger leidend sind, bleiben untätig in ihrem Sessel sitzen und wechseln nur manchmal ein paar Worte über das Wetter oder das Essen, dem ihr ganzes Interesse gilt.

Ich sehe Guinebert vor mir, einen körperlich kräftigen Menschen, gefürchtet wegen seiner unerbittlichen Haltung, gebildet, kompromisslos in seinen Meinungen, wie er im Altersheim von Miré allmählich in einer Art Hirntod verdämmert. Wie merkt man, dass dieses Stadium des Verfalls beginnt? Wie kann man dem anders entgehen als durch Selbstmord? Wie könnte ich mich umbringen?

Es gibt eine Organisation für das Recht auf ein Sterben in Würde. Ich habe gestern Abend mit Lili darüber gesprochen. Ich werde Kontakt aufnehmen.

12. August 2003
Zurück ins Jahr 1919

Ich brauche nur meine Hefte aufzuschlagen, und schon bin ich wieder zehn Jahre alt …

August 1929

Ich kam von einer Reise nach Amiens zurück, und »es geschah vor sehr langer Zeit« auf einem Bahnsteig in Paris.

Gare du Nord? Gare d'Orsay? Gare d'Austerlitz? Wahrscheinlich Orsay, aber vielleicht auch Austerlitz. Ich stand – neugieriges Kind – an der Tür. Auf dem Bahnsteig: ein Soldat, ein junges Mädchen und eine alte Dame. Die beiden Verlobten und die Schwiegermutter, die sich taktvoll hinter einem Berg von Paketen versteckte. Der Soldat nahm Abschied, leidenschaftliche Umarmungen, wilde Küsse. Zu diesem Zeitpunkt war ich bereits meiner kleinen Kindheitsfreundin Paulette Echavidre »versprochen«, und ich sagte mir: »Später wird man auch mich an den Zug bringen.«

Die Ankunft im unterirdischen Gare d'Orsay, dieser magischen Höhle, das Keuchen der Dampfwolken ausstoßenden Lokomotiven, das Traben der Droschkenpferde auf dem Holzpflaster; das Stadtpalais eines Adligen unter Ludwig XIV. auf der Île Saint-Louis, wo wir ausstiegen, die monumentale, abgetretene Treppe, das Gewölbe, in dem die Kutschen standen. Vor der Tür die Seine mit ihren von hundertjährigen Bäumen gesäumten Ufern. Dort atmete man eine andere Luft, die Luft des Geistes. Alles bezauberte mich, bis hin zur Metro mit ihren Lichtern, dem Luxus ihrer weiß gekachelten Wände, ihren großen bunten Lichtreklamen, die in den düsteren Gängen die Vorzüge von Cadum-Seife, Banania-Kakao oder Dubo … Dubon … Dubonnet priesen.

13. August 2003
Ich befreie mich …

Ich habe einen Tagesablauf gefunden, der mir den Aufenthalt in diesem Altersheim erträglicher macht. Um

11 Uhr rufe ich ein Taxi, esse in der Coupole zu Mittag, lasse mich von einem zweiten Taxi bei mir zu Hause absetzen, wo ich wieder unabhängig und normal lebe. Ein drittes Taxi holt mich um 18 Uhr ab und bringt mich zum Abendessen und Schlafen nach Saint-Claude. Diese Art zu leben ist kostspielig, macht mich aber frei.

16. August 2003
Erster Sturz

Heute Nacht bin ich zweimal im Bad gefallen. Ich habe nur einen blauen Fleck am Oberschenkel, aber diese Stürze machen mir sehr zu schaffen. Und wenn ich nicht mehr gehen könnte? Das würde mein ganzes Leben umwerfen. Der Funken Freiheit, den ich mir hier erobert hatte, ist erloschen. Im Rollstuhl könnte ich in meiner Wohnung nicht leben. Wenn ich mein Gleichgewicht nicht wiederfinde, ist es aus mit meinem Leben. Es grämt mich, dass das Ehepaar Le Gal nicht da ist. Ohne sie bin ich verloren. Ich möchte lieber sterben, aber wie?

21. August 2003
Schwarzer Tag

Ich erwache schwankend, kraftlos, mehr denn je lebensmüde. Eine Dame der *Mutualité d'Anjou* bringt mir einen Notruf-Piepser, der mir erlauben soll, im Notfall um Hilfe zu rufen … Es geht abwärts.

Ich finde die Kraft, in die Coupole essen zu gehen.

Das Wetter ist unverändert sonnig, was mich freuen sollte, aber nur meine Sorge wegen des drohenden Wassermangels verstärkt. Als ich vom Mittagsschlaf erwache, empfinde ich ein tiefes, unbeschreibliches Unwohlsein. Ich leide an Sodbrennen, rheumatischen Schmerzen im linken Bein und besonders im Knöchel. Ich rechne mit dem Schlimmsten. Ich weiß, dass ich nicht mutig bin. Ich versuche mich zu trösten, indem ich Chormusik aus den Kathedralen höre.

22. August 2003
Und wenn ich ins Jahr 1927 zurückkehrte?

Die Stimmung, in der ich lebe, ist so gedrückt, die Nachrichten sind so trostlos, dass ich ein Erfrischungsbad nehmen werde, indem ich in die Zeit eintauche, als ich sechzehn war …

Mein erstes Jahr in der École Normale ging zu Ende. Am 23. Juli kam ich für die Ferien nach Issoudun. Ich begleitete Jules, Gärtner bei Dagot, dem Müller. In dem von den drei Armen der Théols durchflossenen Anwesen hing ich meinen Träumen nach. Ich war bezaubert von den Mäandern der Théols, dem Plätschern der kleinen Kaskade in der Wiese, der hölzernen Brücke, unter der sich Kaulquappen und Wasserskorpione tummelten. Der bescheidenste Bach ließ mich von den Flüssen träumen, deren Namen ich in der Schule gelernt hatte. Die Feldblumen, die blonden Mädchen, der Gesang der Vögel, alles beglückte mich.

26. August 2003
» Wie gern wäre ich wieder ein junges Mädchen! «,

seufzte Madame Rosta. Meine Jugend war bescheiden, aber fern von Armut und ohne den Gedanken an Gewalt. Sorglosigkeit! Allerhöchstes Gut! Ich hatte ein Bewusstsein von der Frische des Morgens, von der Schönheit des Sonnenuntergangs, von der Heiterkeit des Mondscheins.

27. August 2003
Mado kommt zurück

Mado ist am 8. August zu ihrer Freundin Suzanne Redouté nach Nantes gefahren. Heute kommt sie wieder. Am 20. Juli hatten wir uns zum letzten Mal umarmt. War das unser Schwanengesang? Seitdem habe ich nicht mehr das geringste sexuelle Verlangen gespürt. Ich dachte, der Geschlechtsverkehr wäre es, der mich erschöpft, aber meine Enthaltsamkeit hat nicht verhindert, dass die Erschöpfungszustände immer extremer werden. Diese Anaphrodisie empfinde ich als das deutlichste Zeichen meines Verfalls. Während Mados Abwesenheit haben wir jeden Tag telefoniert. Sie fehlt mir.

29. August 2003
Das teure Familienarchiv

Mein ganzes Leben ist in diesen Papieren! Ich habe alles aufbewahrt, abgelegt: Briefe, Zeitungsartikel, Auszeichnungen, Erlebnisberichte, Betrachtungen, Meinungen, die oft irrig waren. Ich dachte, so viele authentische Dokumente könnten Forscher interessieren. Ich hoffe, dass meine Erben mit all diesen Schriftstücken entsprechend verfahren.

Unter dem 9. Juni 1980 finde ich einen Bericht über die »Courants d'air«:

Bisweilen trat auf der Cour des Alouettes, nahe der Eisenbahn, ein kleiner Wanderzirkus auf. Die Vorführung fand unter freiem Himmel statt, weshalb die Truppe von den Leuten »Courants d'air« genannt wurde. Die grünen Wohnwagen standen auf dem Gelände, das an die Bahntrasse angrenzte, in Höhe der Rue Garibaldi.

»Die ›Courants d'air‹ sind da!« Die Neuigkeit machte in der Schule die Runde. Wenn der Ausrufer das Ereignis ankündigte, ging ich mit der Madame hin.

Die Zigeuner legten einen Teppich aus und stellten Holzbänke auf. Manchmal war am Wohnwagen ein dürres Kamel oder ein trauriger Affe angebunden. Eine Azetylenlampe beleuchtete die Manege. Die Kinder aus dem Viertel schrien durcheinander. Ein Mädchen im rosa Tütü drehte grüßend Pirouetten. Der Vater gab das Zeichen zum Applaus. Das Mädchen ging herum und sammelte das Geld ein. Ein Athlet hob Gewichte, ein Clown riss Possen, der Affe kletterte Grimassen schneidend durch Ringe, ein Zauberer beendete die Vorführung mit einem Hornsignal oder Trommelwirbel. Man klatschte ein letztes Mal, und ich ging an der Hand der Madame die dunkle Rue Garibaldi hinunter und redete über das Geschehene.

»War euch nicht kalt bei den ›Courants d'air‹?« fragte Jules am nächsten Morgen.

Später spannte man eine weiße Leinwand auf und führte

Stummfilme vor, in Schwarzweiß, und die Bilder zitterten auf dem im Wind flatternden Stoff. Die Zuschauer nahmen lebhaften Anteil an der Handlung und schrien, wenn es dramatisch wurde. Von Zeit zu Zeit brauste nebenan der Eilzug Paris–Toulouse vorbei …

1. September 2003
Lili

Am Nachmittag des 29. August ein schwieriger Moment der Lustlosigkeit, der Zweifel am Sinn meines Lebens. Da klingelt das Telefon: Lili! Nach einem Ansturm von Ferienbesuch hat sie einen Augenblick frei. Ihre Stimme ist zärtlich, mit einem Anflug von Traurigkeit. Georges' Gleichgültigkeit bringt sie zu Verzweiflung. Sie ist ununterbrochen mit seiner Pflege beschäftigt und sieht keine Möglichkeit, wie sie eine Reise ins Anjou bewerkstelligen könnte.

»Ich werde dich nicht mehr sehen, Lili, ich bin zu müde!« Sie protestiert. Wir stellen uns das Leben vor, das wir hätten haben können, wir überlassen uns den Träumen. Unsere Leben waren gekettet an Konventionen und Pflichten. Die Ehe hat uns gefesselt, sie schien uns unauflöslich.

2. September 2003
Zärtliche Beziehungen zu Mado

Das letzte Wochenende habe ich bei Mado verbracht. Ich war heiter und fühlte mich beschützt in ihrer Nähe.

Ich empfand eine neue Zuneigung. Vielleicht zum ersten Mal sagte ich zu ihr: »Ich liebe dich, Mado!« Ich spürte ihr Verlangen, ohne dass sie es äußern musste. »Ich möchte dich nicht überanstrengen …« Wir schlafen miteinander, zärtlich und lustvoll. Den Taumel des Orgasmus erlebt nur sie, mit einer erstaunlichen Heftigkeit für eine Frau von fünfundachtzig Jahren …

Mütterlich massiert sie meine müden Beine, richtet mir einen Proviant für den nächsten Tag her, glücklich und liebevoll.

7. September 2003
Jean ist zweiundsechzig

Am 7. September 1941 eilte ich in die Entbindungsklinik des Doktor Gigon, Saint-Jean, Passage Rochetière. Alles war in mildes, diesiges Sonnenlicht getaucht. Wir warteten seit mehreren Tagen auf unser Kind, dessen Geburt Geneviève den schrecklichen Schmerz vergessen lassen sollte, den sie am 29. Juli 1936 erfahren hatte, als sie ein kleines Mädchen tot zur Welt brachte. Ich betrat ängstlich das Zimmer. Ich sah den Schleier zittern, der den Korb bedeckte. Der Atem des Neugeborenen bewegte das dünne Tuch. Freude durchströmte mich. Die Gefahr, die an seiner Wiege lauerte, war mir in keiner Weise bewusst.

14. September 2003
Zärtlichkeit der alten Tage

Ich verbringe drei Tage bei Mado. Eine neue Sprache verbindet uns, eine bisweilen leicht ermattete Erotik, denn wir fühlen, dass unsere Tage gezählt sind. Auf dem Bett habe ich sie betrachtet. Ich sah ihre blauen Augen voller Liebe. »Du bist der Mann meines Lebens.« 1946 wurde ich ihr Liebhaber, weil sie mich mit ihrem Verlangen verfolgte. Ich liebte sie nicht, aber ihre prallen und festen Brüste weckten meine Begierde. Sie gefallen mir noch immer. Ich streichle sie sanft. Die Brustwarzen werden hart. »Ich will dich!« Ich dringe langsam in sie ein, mehr zärtlich als sinnlich, eine neue Lust.

17. September 2003
Meine Kriegserinnerungen

Der *drôle de guerre* dauerte vom 2. September 1939 bis zum 10. Mai 1940. Den richtigen hatte man vergessen, den »komischen« führten wir frisch und fröhlich im Kasino der Stabsärzte in Remaucourt. Ende April 1940 wollte es die Vorsehung, dass ich nach Angoulême versetzt wurde, eine Stadt, die keine Bombardierung erlebte. Sodass ich überhaupt keine Kriegserinnerungen habe, die ich meinen Enkelkindern erzählen kann!

Die Deutschen kamen am Tag des Waffenstillstands nach Angoulême. Ich war auf der Straße, im Gewimmel der Flüchtlinge und der davonlaufenden Soldaten. Zwei junge Motorradfahrer in grünem Regenmantel und Stahlhelm hielten an. Die Leute schauten erstaunt, ohne

Feindseligkeit. »Périgueux?«, fragte der eine. Hilfsbereit zeigte man ihnen: »Da entlang!« Die Maschine hatte Probleme zu starten, ein französischer Soldat lehnte sein Gewehr an die Wand und half. »Danke!«, sagte lächelnd der Motorradfahrer auf Deutsch.

Im Lazarett feierten Ärzte, Krankenschwestern und Verwundete den Waffenstillstand mit Asti spumante.

29. September 2003

Wir haben getrunken, wir haben gelacht, wir haben unsern Spaß gehabt …

Das war eines von Jules' Liedern, die er zum Besten gab, wenn er frohgemut war, das heißt fast unablässig und insbesondere wenn er einen Schwips hatte. Merkwürdiger Kerl, der nichts ernst nahm, den ich nie schlecht gelaunt und erst recht nicht zornig erlebt habe. Ich folgte ihm überallhin und stimmte ein in manchmal recht schmutzige Gassenhauer und leicht abgewandelte Refrains aus Operetten. Niemals sang er patriotische Lieder, die Heldentaten verherrlichen, oder romantische Liebeslieder.

17. Juni 1980

Die Madame, Jules und ich hatten im September 1924 einen Sonntag bei Freunden verbracht. Mit dem Abendzug kehrten wir nach Issoudun zurück. Jules hatte bei dem Besuch reichlich getrunken und war einigermaßen benebelt.

Das Abteil in dem alten hölzernen Waggon ohne Gang war überfüllt. Es herrschte eine ausgelassene Stimmung. Insbesondere gab es da einen Soldaten (einen Burschen aus dem Béarn, dem die Madame die Wäsche wusch) und einen Jungen mit einer Tröte (ein Papprohr mit Löchern, geschmückt mit bunten Papierstreifen).

Jules ergriff die Tröte und improvisierte eines dieser Gelegenheitslieder, die seine Spezialität waren:

Wir haben getrunken, wir haben gelacht,
wir haben heftig gefeiert,
wir haben getrunken, wir haben gelacht,
wir haben unsern Spaß gehabt.

Um 1880 organisierte die Eisenbahngesellschaft P-O (Paris-Orléans) »Vergnügungsfahrten«. Die Züge gingen morgens im Landesinnern ab, brachten die Reisenden nach Le Croisic und abends wieder zurück. So konnten die Leute einen Tag am Meer verleben.

Eine solche Fahrt hatten Jules und die Madame einmal mitgemacht und schwärmten zwanzig Jahre später noch immer von dem fabelhaften Ausflug, der einzigen Reise ihres Lebens.

9. Oktober 2003
Kranke Mado

Ich rufe an, um zu hören, wie es Mado geht. Sie leidet sehr und hat 39 °C Fieber. Mit Jean fahre ich in die Gentillerie.

Ich finde Mado mit einer bösen Gürtelrose am Hals und auf der Brust vor, sie wirkt sehr geschwächt. Arme Mado! Sie hat nie geklagt, sie hat jede Sorge um ihre Gesundheit weit von sich gewiesen, doch wenn meine einmal angegriffen war, hat sie sich geängstigt. Der Zustand meiner armen Mado geht mir nahe. Ich empfinde tiefe Zuneigung zu meiner alten Mätresse. Nie habe ich sie so sehr geliebt.

11. Oktober 2003
Mado im Krankenhaus

Mado ist ins Krankenhaus gekommen, in die Dermatologie.

Ich bin traurig und beunruhigt.

12. Oktober 2003
Die Liebe zu Mado

Wir telefonieren mit neuer Zärtlichkeit. Wenn ich die müde Stimme meiner alten Freundin höre, kommen mir die Tränen. Wir hatten uns angewöhnt, die Wochenenden miteinander zu verbringen; dann saßen wir eng umschlungen vor dem Fernseher und warteten manchmal ungeduldig auf den Augenblick des Schlafengehens. In der letzten Zeit hat mein Verlangen nachgelassen, aber die Berührung ihres Körpers machte mir immer noch Freude.

Ich durchlebe mit ihr die Nächte der quälenden Schmerzen im Krankenhaus, die endlosen Nächte …

Liebe Mado.

1. November 2003

»Ich habe Lust auf dich!«

Ich besuche Mado wieder im Krankenhaus, Dermatologische Abteilung, wo man ihre Gürtelrose behandelt. Sie ist sehr alt geworden, hat allen Reiz verloren. Und doch kehrt das Verlangen zurück, wenn wir uns küssen, unsere Gesichter sich berühren.

»Ich habe Lust auf dich!«

»Ich auch!«

Es ist unglaublich. Was für eine körperliche Anziehung besteht zwischen dieser Frau und mir? Nicht mehr der Anblick ist Quell des Verlangens. Dass wir immer nur ein Liebespaar waren, begünstigt das eine Begierde ohne Überdruss?

Ich spüre ihre Brustwarzen hart werden, obwohl die Gürtelrose ihr große Schmerzen verursacht. Die Erinnerung an unsere Umarmungen lebt wieder auf. Meine Mätressen, meine Verehrerinnen sind tot oder hinfällig. Das Sterben meiner Lieben hört nicht auf.

19. November 2003

Lebensende

Wir werden nicht mehr miteinander schlafen, liebe Mado. Wir haben uns nie getroffen, ohne miteinander zu schlafen. Wie hatten einen unstillbaren Heißhunger, das habe ich so nur mit dir erlebt. Selbst mit Hélène waren immer auch viele andere Dinge wichtig. Ich erinnere mich, dass du einmal bei einem kurzen Besuch nicht gehen wolltest, bevor ich dich nicht geliebt hatte.

In den Anfangsjahren unserer Beziehung kam es vor, dass wir es am Ende eines Essens, erregt vom Bordeaux, nicht mehr aushalten konnten. Unter dem Vorwand, nach den Kindern sehen zu wollen, trieben wir es im Stehen auf dem Flur, nur wenige Meter von den anderen entfernt.

22. November 2003
Hymne an die universelle Menschlichkeit

Chevrollier, 1932. Musiklehre Chapiet. In dem Unterrichtswerk: Musikstücke klassischer Komponisten, die mein Vater fließend vom Blatt lesen kann. Ich liebe meinen Vater von Herzen, ich küsse ihn auf seine Glatze.

»Sing mir dieses Lied hier«, bitte ich ihn.

Freude trinken alle Wesen
An den Brüsten der Natur …
Seid umschlungen, Millionen!
Diesen Kuss der ganzen Welt!

Es ist die *Hymne an die Freude* von Beethoven. Ich bin zu Tränen gerührt. Ich zweifle keinen Augenblick, dass die Zukunft der Menschheit von dieser Freude geprägt sein wird. Alle Völker werden Brüder sein und die Tränen vergessen.

Wir hatten gerade einen schändlichen Krieg hinter uns. Einen solchen Wahnsinn würde es nie wieder geben.

28. November 2003
Nützliche Unbefangenheit?

Wenn ich an meine Rolle als Häftlingsbetreuer im Jahr 1970 denke, wird mir meine Arglosigkeit bewusst. Ich hatte keinerlei Scheu vor diesen Häftlingen. Ich verständigte mich mühelos mit ihnen, überzeugt, dass ich sie auf den rechten Pfad zurückbringen würde. Ich hütete mich davor, ihnen Moralpredigten zu halten, und half ihnen, wo ich konnte, denn ich fühlte mich für sie verantwortlich. Und ich glaube, sie schätzten mich. »Wenn du Mathiot hast«, hörte ich sagen, »dann hast du Glück.«

Es funktionierte! Keiner versuchte, meine Redlichkeit auszunutzen. Bei den Zigeunern wurde ich gut aufgenommen, sie boten mir in ihren Wohnwagen Kaffee an und wunderten sich über den Freundschaftsbesuch dieses »Bauern«. Da war zwar dieser gestohlene Tisch, den einer von ihnen bei mir entdeckt hatte … Doch ich pfiff auf den Tisch. Wir blieben Freunde.

7. Oktober 1999

Nach meiner Pensionierung 1968 hatte ich das Gefühl, über unendlich viel freie Zeit zu verfügen. Ich empfand den dringenden Wunsch, »den Leidenden zu Hilfe zu eilen«, wie Catherine Paysan es in ihrem Buch *Les Feux de la Chandeleur* ausdrückt. Am nördlichen Stadtrand von Paris, Richtung Stains, gab es noch Wellblechsiedlungen, um die sich der Verein »Hilfe in der Not« kümmerte. Ich fuhr dorthin, aber es erschien mir zu schwierig, so weit von meinem Wohnsitz entfernt tätig zu werden, und ich verwarf die Idee. Eine Sozialarbeiterin, die aufs Bürgermeisteramt kam, wies mich auf die Möglichkeit hin, mich im Gefängnis von Angers um Häftlinge zu kümmern. Begeistert nahm ich die ehrenamtliche Tätigkeit auf.

Meine Kollegen waren brave Frömmler. Sie vollbrachten ihre gute Tat, wie die Kirche es verlangte. Ich half den Häftlingen konkret, unterrichtete sie, hielt die Verbindung zu ihren Familien, fand eine Stelle für sie, wenn sie entlassen wurden oder damit sie eine größere Chance hatten, vorzeitig freizukommen. Ich folgte ihnen in die anderen Gefängnisse, wenn sie verlegt wurden, und manchmal beherbergte ich sie nach ihrer Entlassung. Nach sechs oder sieben Jahren wurde mir die Arbeit zu schwer, und ich gab sie auf.

1. Dezember 2003
Ärmliche Jugend, reich an Zärtlichkeit und Illusionen

Ich sehe meine Jugend vor mir, sie war ärmlich, aber von Elend konnte keine Rede sein. Die liebevolle Atmosphäre verlieh den unbelebten Gegenständen eine Seele: dem Herd, in dem die Holzscheite brannten, dem geheimnisvollen Keller, wo schwere Spinnweben hingen, dem großen Speicher, in dem es nach Heu roch.

6. Dezember 2003
Daniel verzichtet nicht auf das Unmögliche

Daniel Marin wird mit einundneunzig Jahren seinen Hof, die *Ferme du Cheval Blanc*, verlassen, um den Winter auf Rodrigues zu verbringen, einer Insel im Indischen Ozean, einige Hundert Kilometer von Mauritius entfernt. Warum? Um eine Abmagerungskur zu machen!

9. Dezember 2003
1905, als mein Vater Madame Bovary begegnete

Es war die Zeit der großen Manöver. Die Offiziere brachte man mit einem Einquartierungsschein bei Bürgern unter. Mein Vater, dreißig und Oberleutnant, war bei einem Ehepaar in Hermès (Oise) einquartiert. Die Frau, Lehrerin, Mutter zweier Kinder, Kirchgängerin, erlag dem Charme des Offiziers mit dem schönen Schnurrbart. Nach den vielen leidenschaftlichen Briefen zu urteilen, die diese Dame an meinen Vater schrieb, war sie eine heißblütige Geliebte. Ihre zierliche, wie getrieben wirkende Schrift bedeckt die Seiten bis in jeden Winkel. In die Beschwörung von Zärtlichkeiten mischen sich Gewissensbisse und Hilferufe an den heiligen Josef! Es hilft alles nichts …, »bisweilen tue ich für mich allein, was Sie mit mir tun, wenn Sie bei mir sind«. Die Liebenden treffen sich in Beauvais, die Dame hat eine Begleiterin. Schließlich machen Arbeiter das eheliche Unglück des Chefs auf den Mauern seiner Fabrik publik. Er verzeiht hochherzig der Untreuen, und sie kehrt an den häuslichen Herd zurück.

Ich bin erstaunt über die Anfälligkeit der katholischen Damen für den Ehebruch. Liegt es an der Beichte, die allzu leicht die Absolution erteilt? So jedenfalls dachte meine Freundin Marie-Louise, die immer am Tag nach der Beichte sündigte.

Mein guter Papa, ich hoffe, du hast die ungezügelte Liebe erfahren mit dieser Dame, deren Briefe du aufbewahrt hast, Briefe von einer heute vergessenen Romantik. Hast du nicht ein Jahr später geschrieben: »Ein Jahr ist vergangen, ich leide noch immer …«?

Ich mag dich, mein lieber Papa.

11. Dezember 2003
Geburtstagsglückwünsche

Seit gestern, 3.25 Uhr, bin ich dreiundneunzig.

Am 1. Januar 1927 hatten mein Freund Lombard und ich die Idee, ein Tagebuch zu führen, da war ich sechzehn. Eine gute Idee, die mir mit neunzig Jahren erlaubt, noch einmal meine Jugend zu erleben, und manchmal sogar auch, an sie zu glauben.

13. Dezember 2003
Die Sicherheitsnadel

Um 1962 herum besuchten Mamie und ich Pierre im Sanatorium von Saint-Hilaire-du-Touvet. Die Bedienung im Restaurant, flink und lebhaft, trug einen Rock, der von einer Sicherheitsnadel gehalten wurde. Wir mussten darüber lachen. Vorhin im Restaurant habe ich bemerkt, dass Sandrines Bluse mit einer Sicherheitsnadel zusammengehalten war. Ohne Schmuck, ohne Schminke, das Haar offen, einfach gekleidet, bringt Sandrine ihre Verachtung für das Diktat der Mode zum Ausdruck. Sie lebt frei. Sie erinnert mich an Mussets Mimi Pinson, an den

Spatz von Paris der Mistinguett, an einen Straßenjungen, der sich über die Zwänge der Schicklichkeit hinwegsetzt.

23. Dezember 2003
Altersschwäche

Wenn ich an meinen Aufenthalt hier vor einem Jahr denke, erkenne ich, um wie viel älter und schwächer ich geworden bin. Weihnachten 2004 ging ich auf der anderen Straßenseite die Zeitung kaufen, kam noch ziemlich leicht die Treppen hinauf, pinkelte im Stehen, konnte mühelos meine Socken anziehen.

25. Dezember 2003
Eine heitere Familie ohne Religion

Gestern Abend lagen die Geschenke unter dem Weihnachtsbaum. Jeder hatte sich etwas ausgedacht. Alle schienen glücklich zu sein. Keine Anspielung auf das Christkind. Ich hätte gern eine Krippe und Krippenfiguren gehabt, Weihnachtslieder. Obwohl ich ungläubig bin, vermisse ich das Mystische des Weihnachtsfestes.

26. Dezember 2003
Das letzte Weihnachten

Ich kehre erschöpft zurück. Ich werde nicht mehr bei meiner Tochter Weihnachten feiern.

Und doch waren sie alle reizend, aber allein sind die Gebrechen des Alters besser zu ertragen.

»Es gibt Schlimmeres als allein sein, nämlich nicht allein sein zu können.«

31. Dezember 2003
Ich finde Sandrine und die Lebensfreude wieder

In diesem Restaurant gibt es wohl kein erstaunlicheres Paar als uns beide, Sandrine, meine vierundzwanzigjährige Haushaltshilfe, und mich. Ein Freundschaftspaar, froh, zusammen zu sein. Zwischen uns und diesen ganzen ernsthaften Leuten und den alten, sich höflich langweilenden Paaren liegen Welten. Sandrine wundert sich: »Ich kann mir nicht vorstellen, dass Sie dreiundneunzig sind!«

Auch ich habe es vergessen.

2004

1. Januar 2004
Begrüßung des neuen Jahres

Ich fühle mich alt in diesem neuen Jahr. Und wenn ich wieder neunzehn wäre?

1. Januar 1929
Neues Jahr, du bist doch nicht böse, oder, du Jahr 1929? Ich vertraue dir, ich hoffe auf dich. Du willst doch nicht, dass es umsonst ist, oder? Neues Jahr, bring mir Gesundheit, Erfolg und ein bisschen Glück, wenn du großzügig sein willst. Neues Jahr, liebes neues Jahr, was wirst du mir bringen? Was verbirgt sich in dir? Sei willkommen, 1929, und möge diese Agenda nur Freude und Fröhlichkeit sein!
Sei gegrüßt, neues Jahr!

2. Januar 2004
Mein Land? Das Berry!

Jede Menge Leute sind stolz auf ihre Wurzeln, sie pochen darauf, aus Angers zu stammen, prahlen mit ihren provinziellen Ursprüngen und schreiben ihnen besondere Qualitäten zu. Mit meinem Vater aus dem

Jura und der Mutter aus der Picardie bin ich ein Bastard.

Wenn aus meiner Vergangenheit Erinnerungen aufsteigen, dann sind es zumeist die an meine Jugend in Issoudun. Dort lebte ich von 1912 bis 1919, und noch bis zum Jahr 1932 kehrte ich in den Ferien dorthin zurück. Außer Liebeleien passierte da nichts Nennenswertes.

Für mein Gefühl gehöre ich ins Berry, das Land George Sands.

4. Januar 2004
Trübseliger Sonntag, kalt und trist

Am Sonntag, dem 4. Januar 1931, war es ähnlich. Die chaotische Liebesbeziehung mit Kiki hatte mich so weit gebracht, dass ich mein Junggesellenleben wieder aufnahm, mein »Leben von früher«, wie ich es bereits nannte. Kiki ging nicht gern zum Tanzen, sie zog die intimen Tage in Beauvau vor, die geprägt waren von einer unbestimmten Traurigkeit, einer vagen Sinnlichkeit und körperlicher Zurückhaltung.

Ich bin also wieder einmal im Olympia, dem Lokal, wo ich schon so oft Charleston getanzt hatte. »O trübselige Widerwärtigkeit solcher Tage! Der triste Klang des Akkordeons, die immer gleichen, schon hundertmal gesehenen Mädchen, die eingebildeten, dummen Stutzer, die alten Megären von Müttern. Nein, ich will nicht wieder zurück in so ein dummes, leeres Leben ... Nichts wie weg...! Ich rauche eine nach der andern, müde, angewidert.«

14. Februar 1996

Es war an einem Sonntagmorgen im Oktober 1926. Ich war fünfzehn. Die Vereinigung der ehemaligen Schüler der École primaire supérieure Chevrollier bedachte die ersten Absolventen der verschiedenen Schulen mit einem Geldgeschenk. Monsieur Letournel, ein dicker, kugelrunder Mann, aufgeblasen wie ein Luftballon, aber auch genauso leicht wie einer dieser Luftballons, die die Kinder an einer Schnur halten, gab Tanzkurse in der Rue des Deux-Haies. Ich opferte die 50 Francs, die mir bei meinen ersten Schritten ins Leben helfen sollten: Es wurden Tanzschritte. Der alte Letournel brachte mir die Modetänze bei: Charleston und eine Abwandlung davon, den Black Bottom. Nach einem synkopierten Rhythmus musste man die angewinkelten Beine nach rechts und links werfen und dabei die Hände mit einer Art Streichelbewegung von einem Knie zum andern gleiten lassen. Mit dieser Ausbildung versehen, wagte ich mich sowohl auf die sogenannten »Gesellschaftsbälle« in den Salons Vallage wie zu volkstümlichen Tanzvergnügen, wo ich mich unter den Pöbel mischte.

8. Januar 2004

Sollte Sandrine zu spät gekommen sein?

Gestern Mittagessen mit der jungen Sandrine. Es ist, als hätte ich eine Spielgefährtin aus der Kindheit wiedergetroffen, der ich alles anvertraue. Ich lese ihr ein paar Seiten aus dem Tagebuch vor, wo es um Weihnachten geht: um die wunderbare Geschichte, die so viel Freude bringt, die uns einen Augenblick glauben lässt, dass die Welt gut ist; und dagegen die grausame rationalistische Wahrheit.

Ich lese ihr vor, was ich über sie geschrieben habe, sie findet, dass es stimmt. Sie ist Musikerin, spielt Klarinette und Akkordeon. Nimmt Gesangsunterricht, liest viel. Putzen gehen ist ihr lästig, aber so verdient sie sich etwas. Sie lebt von der Hand in den Mund, erwartet ihr Baby im Mai.

Ich bin sehr müde, ständig außer Atem, kann schlecht sprechen und lege mich vor Erschöpfung schon um halb neun schlafen.

Sandrine ist zu spät gekommen.

10. Januar 2004
Ich habe es satt zu leben

Nur schlafen macht mir Freude. Ich atme schwer. Das Gehen ist mühsam und unsicher. Ich habe das Gefühl, am Ende zu sein. Aber woran werde ich sterben?

Mado liegt in der Klinik Les Claviers, auch sie erschöpft. Yvette, die Selbstlose, hat mich gestern zu ihr gefahren. Wegen ihrer Venenentzündung muss sie das Bett hüten. Eine große Zärtlichkeit verband uns.

Heute Morgen hat Ganne, der Taxifahrer, Sohn meines Freundes aus der École Normale, versucht, mich aufzumuntern. Er verglich meine Situation mit der seines Vaters im Altersheim. Und dennoch, wie gern würde ich für alle Ewigkeit einschlafen!

»Das sieht man!«, sagte Christelle, die Bedienung.

12. Januar 2004
Januar 1931

Den Januar 1931 habe ich als »Achterbahn« bezeichnet. Das bezog sich im Wesentlichen auf meine Liebesbeziehung mit Kiki. Wonnevolle Abende: »Schnell durch die Nacht! Die Lampe blinkt, wirft einen bleichen, diffusen Lichtschein auf die Straße. Dunkle Nacht, wonniges Gefühl ..., die quietschende Tür, das Klassenzimmer, die Küche, und Kiki kommt herunter! Ich gehe zu Bett, Kiki wäscht sich. Sie schlüpft zu ihrem Monsieur unter die Decke. Kiki ist schön warm, ihre zarte Haut riecht gut ... Acht Tage später passive Feindseligkeit ... »Es sieht so aus, als würden wir diese schönen Momente der Jugend und Freiheit aus reiner Willkür kaputt machen. Und doch ist sie hübsch ..., aber so wenig natürlich! Jeden Abend habe ich das Gefühl, ein wenig von meiner Jugend vergeudet zu haben. Kiki zu heiraten erscheint mir als die größte Dummheit.«

Muss ich es bereuen?

13. Januar 2004
Der Lavisse

Ich lernte nach dem Lavisse, dem laizistischen und patriotischen Geschichtswerk, das in den Schulen der III. Republik allgemein in Gebrauch war. Die Lektüre begeisterte mich. Es war für mich wie ein Evangelium. Alle meine Schulhefte endeten mit: »Es lebe Frankreich! Es lebe die Republik!« So viele Helden, von Vercingetorix, der Cäsar herausforderte, bis zum »Poilu«, dem Soldaten Frankreichs, der Recht und Freiheit rettete. Die kitschigen Illustrationen im Stil des akademischen Realismus machten das Heldenepos perfekt. Alles, was Frankreich tat, wurde verherrlicht. Ich erinnere mich an einen Satz Michelets: »Würde man die zivilisatorischen Werke der Nationen zu Pyramiden aufeinandertürmen, wäre diejenige Frankreichs höher als die aller anderen Nationen zusammen.« 1920 fand ich diesen Satz großartig.

5. Januar 1992

Die Schlacht von Crécy, 1346, zu Beginn des Hundertjährigen Krieges, wurde als überaus wichtiges historisches Ereignis betrachtet, über die Pest aber, die damals innerhalb eines Jahres die Hälfte der europäischen Bevölkerung dahinraffte, verlor man kein Wort.

Ich habe 1918 erlebt, und mit achtzig Jahren erfahre ich nun, dass in jener Zeit die spanische Grippe dreimal mehr Opfer gefordert hat als der Große Krieg. Mir war allerdings schon aufgefallen, dass während der napoleonischen Kriege von den dreiundzwanzig Toten in Contigné zweiundzwanzig an Krankheiten gestorben sind.

Wir lernten, wie die Armeen auf dem Schlachtfeld aufgestellt waren, wir studierten die Karten, auf denen die Feldzüge der verschiedenen Koalitionen gegen Napoleon nachgezeichnet waren, doch über das Leben der Menschen wussten wir nichts. Ich lernte und lehrte praktisch nur die Geschichte der großen Ereignisse. So kannten die kleinen Schüler von Schwester Sainte-Claire den König Caribert, hatten aber keine Ahnung von der Pariser Kommune.

27. Januar 2004
Meine Freundin Lili

Heute Vormittag rief meine Freundin Lili an. Langes herzliches Gespräch voller Humor und Freundschaft. »Ich würde dich viel häufiger anrufen, aber ich möchte es lieber in Ruhe tun, wenn ich Zeit habe. Georges braucht ständige Pflege, meine jüngere Schwester ist oft da. Und wenn du anrufst, möchte auch Georges mit dir sprechen …«

Wir werden uns nicht mehr wiedersehen, aber wir bleiben Freunde.

31. Januar 2004
Eine fröhliche Begegnung

Trotz meiner schwachen Beine zwinge ich mich, die Wohnung zu verlassen. Niemand erwartet mich in der Coupole. Ich mache es mir in meiner Ecke bequem. Am Nebentisch steht erfreut jemand auf:

»Erkennen Sie mich nicht?«

»Reine-Marie Lefèvre!«

Ich sehe das lustige Mädchen vor mir, das 1968 zu meinen letzten Schülerinnen gehörte. Sie war vierzehn, jetzt ist sie fünfzig. Was für ein Vergnügen war es für mich, die Mädchen zu unterrichten! Jeden Morgen war ich glücklich, wieder vor meiner Klasse mit ihren fünfunddreißig Schülern zu stehen. Und dann … kam Mai 68. Ich fühlte mich aus der Vaterrolle verdrängt, die ich seit sechsunddreißig Jahren für diese Kinder übernommen hatte. Ich durfte nur noch Wissensvermittler sein, es war an der Zeit, meine kleine Welt zu verlassen.

2. Februar 2004
Lichtmess 1919

Es war vor fünfundachtzig Jahren. Madame Echavidres blonde kleine Tochter kommt auf mich zu, nimmt meine Hand, zieht mich in die Scheune, ins Dunkle, und sagt: »Ich liebe dich, ich will dich heiraten.« Die Liebe, ein unbekanntes Glück. Das Paradies steht mir offen. Alle um uns herum lächeln wohlwollend. Selbst die schöne Madame Echavidre scheint zuzustimmen.

»Diese Kinder werden wir verheiraten!«

Paulette Echavidre ist schon seit zwei Jahren tot, schrieb ich am 24. März 1984, sie ist keine siebzig Jahre alt geworden. Das kleine Mädchen, das meine Kinderjahre verzauberte, ist nicht mehr. Ich kann es noch nicht ganz glauben. Ich sehe das blonde Kind vor mir, so zierlich, so sanft, so hübsch und so gut duftend. Heute sind nur noch Knochen von ihr übrig. Das ist doch zu ungerecht. »Ach, Monsieur«, sagt Bergereau zu mir, ihr zweiundsiebzigjähriger Ehemann, der mir so alt vorkommt, »sie war die beste aller Frauen, wir hatten ein unbeschwertes Leben, sie war schön und gut.«

Sie starb ganz plötzlich, an einer Embolie, was vielleicht besser ist als das Ende ihrer Mutter, die mit dreiundneunzig Jahren in einem Hospizbett nur noch dahinvegetiert.

Ich sehe das verschmitzte, entschlossene kleine Mädchen vor mir, das mich, als wir am Ende des grauen Lichtmesstages 1919 von den brennenden Fackeln auf der Avenue de la Caserne zurückkommen, an der Hand in die dunkle Scheune der Madame zieht; ich sehe uns beide unter demselben Schirm über den Pont des Alouettes gehen; ich erinnere mich, wie wir einmal mit so einem Kettenkarussell – an Ketten hängende Sitze, die sich schaukelnd drehen – gefahren sind und wie wir Angst gehabt haben; ich sehe ein Mittagessen bei der Madame vor mir, wo ich neben Paulette saß, eine fröhliche Tischrunde in einer sonnendurchfluteten Stube; ich sehe einen Sonntagvormittag im Frühling und die flirrenden Staubkörnchen, die ich nie vergessen habe, und meine Freude, bei Paulette essen zu dürfen; ich sehe die Spiele auf dem Teppich, als ich sie eines Morgens noch im Bett vorfand, in einem langen Nachthemd: Wir spielten »warme Hand« oder »Ich halt dich, du hältst mich, an dem kleinen Bärtchen«; ich sehe einen Nachmittag im Garten der Echavidres vor mir; und die Feldblumen, die wir bei der Kreuzung Les Quatre-Routes in den Sand der Rinnen pflanzten, die von den Straßenarbeitern gezogen wurden, damit das Regenwasser in die Gräben floss; und die entblätterten Margeriten: »Du liebst mich, von Herzen, mit Schmerzen …«; ich lese die Postkarten aus La Baule wieder, die ich mein ganzes Leben aufgehoben habe.

Der gute Bergereau lädt mich ein, ihn zu besuchen, um Fotos anzuschauen. Wie könnte der wackere Mann den ungeheuren Kummer verstehen, der mich bei der Nachricht vom Tod seiner Frau überwältigt, der Frau, die für mich nur ein Traum war, aber der schönste, der strahlendste. Der Tod eines Bildes dürfte für mich nichts verändern. Seit zwei Jahren ist sie schon tot, und ich habe nichts davon gewusst. Und doch ist etwas zerbrochen, was mich noch am Leben hielt.

5. Februar 2004
Ein Verbrechen gegen die Menschlichkeit

Abbé Pierre hat wieder zum Kreuzzug gegen die Armut gerufen, wie 1954. Was hat sich seither verändert? Dass die Wellblechsiedlungen verschwunden sind? Mit den Roma kehren sie zurück. 1954 fehlten vier Millionen Wohnungen. 2004 fehlen noch immer 600 000. Man sieht wieder Kinder auf der Straße, Arbeiter, die sich keine Wohnung mehr leisten können.

»Wir leben in einer reichen Nation, die Millionen Arbeitslose ausgrenzt. Flüchtet euch nicht länger in Ohnmachtsgefühle, es leiden zu viele Menschen. Warten und sich auf die anderen verlassen, das ist zu einfach.«

Ich fürchte, der Appell ist vergeblich. Die Gleichgültigkeit lähmt uns alle.

9. August 1991
Le Petit Journal von 1891: Zwei Schornsteinfegerjungen sind erfroren. Der Kommentator des sonst wenig zu Mitleid neigenden *Journal* beschwört die Gemeinden, »den Unglücklichen in der kalten Zeit Nachtasyle anzubieten … Wir verlangen Baracken für die zahllosen Armen, die in Paris erfrieren … Trotz unserer großen politischen Probleme müssen wir verhindern, dass Menschen um uns herum verhungern … Was ist von einem Land zu halten, das seiner kulturellen Errungenschaften wegen den ersten Rang unter den Nationen beansprucht, gleichzeitig aber obdachlose Kinder erfrieren lässt? … Wir sind so unverschämt reich, warum müssen bei uns Menschen an Hunger, Elend und Kälte sterben?«

Hundert Jahre später könnte man genau das Gleiche schreiben. Es gibt immer noch Menschen, die keine Wohnung haben, die hungern und frieren, und diese Situation, wie viel Verantwortung sie auch selbst dafür tragen mögen, ist nicht hinnehmbar. Sollte ein Land, das es sich leisten kann, astronomische Summen für Prestige und Rüstung auszugeben, nicht auch in der Lage sein, die Unterbringung und Ernährung seiner Mittellosen zu übernehmen?

9. Februar 2004
Bei Professor Racinaux

In der Pneumologie, Lungenfunktionsprüfung, Röntgen, langes Warten, verdächtige Lungen.

Man überweist mich für eine Kernspintomografie und eine Pneumoskopie ins Krankenhaus.

10. Februar 2004
Logis Desjardins

Man sagt nicht mehr Altersheim. Man sucht nach Namen, die zauberhafte Orte beschwören: die Olympischen Gärten, die Hesperiden. Meine Tochter und Rodolphe gehen also mit mir zum Logis Desjardins. Sympathischer Empfang durch die Leiterin. Dieses Haus hat den großen Vorteil, mitten in der Stadt zu liegen. Sobald ein Zimmer frei wird, lässt man es mich wissen. Ich muss die Möbel selbst mitbringen. Die Entscheidung ist schwierig, aber unausweichlich, fürchte ich.

Ich berichte Louis Le Gal von meiner Absicht, ins Altersheim zu gehen.

»Monsieur Mathiot, bleiben Sie bei uns«, sagt er, »wir helfen Ihnen.«

16. April 2004
Adieu Taxi!

Ich bestelle Essen auf Rädern. Es besteht die Gefahr, dass ich meine Wohnung nicht mehr verlassen werde. Ich möchte nur noch schlafen, am Vormittag, am Nachmittag. Abends schlüpfe ich mit Wonne ins Bett. Ich genieße den Augenblick, wenn ich schön im Warmen bin und keinerlei Beschwerden mehr habe.

Ich vermisse meine Taxifahrer, die alle Freunde sind: Jolivet, der noch immer der École Chevrollier nachtrauert und sich für Geschichte begeistert; Ganne, den Sohn meines Kumpels aus der École Normale; den jungen Spaßvogel, der mitten auf der Avenue Montaigne über den Mittelstreifen fuhr und wendete, den jungen Vater, der mir von seinen Töchtern erzählte. Ich würde gern im *Courrier de l'Ouest* allen zusammen meinen Dank aussprechen. Wird die Zeitung so etwas veröffentlichen?

Ich schlage mein Tagebuch von 1990 auf, beim 22. August:

Einsamkeit

Am heutigen Donnerstagnachmittag war ich in Contigné auf dem Hof der alten Schule und wartete, dass die Schüler herauskamen. Ich sah die alten Linden mit ihren Narben wieder, die baufällige Pausenhalle mit dem staubigen Boden, die hinter dem zwischen zwei Linden aufgebauten Podium alljährlich als Kulisse für die feierliche Preisvergabe diente. Ich sah die Versammelten im Schatten der Bäume vor mir, die an diesen Nachmittagen des letzten Sonntags im Juli den Schülern applaudierten.

Niemand holte damals die Schüler um vier Uhr ab. Sie brachen in Grüppchen auf, mit Holzschuhen an den Füßen, in ihre schwarzen Kapuzenmäntel gehüllt, um in Regen und Wind bis zu vier oder fünf Kilometer übers Land zu marschieren, wo die Angst vor dem Wolf verschwunden und die vor den Autos noch nicht erfunden war.

Heute haben die Eltern ihre Kinder abgeholt. Ich kannte kein einziges, niemand achtete auf mich, ich war ein Unbekannter auf dem verlassenen Schulhof, wo ich mit meinen Hilfslehrern beinahe ein halbes Jahrhundert lang unangefochten geherrscht habe, damals, als die Eltern nie einen Fuß in die Schule setzten und mir absolutes Vertrauen entgegenbrachten. Für die heutige Zeit existierte ich nicht mehr.

17. Februar 2004
Schlafen, schlafen, sterben?

Es fällt mir schwer aufzustehen, ich komme kaum aus den Federn. Wenn ich mein Frühstück eingenommen habe (die einzige Mahlzeit, die mir schmeckt), setze ich mich auf die Bank und schlafe wieder ein. Nachmittags werfe ich mich mit der Sehnsucht nach einem tiefen Schlaf aufs Bett. Könnte ich doch einfach nicht wieder erwachen! Der Gedanke an Selbstmord verfolgt mich.

Ich erhalte das dreimal jährlich erscheinende Bulletin

der ADMD (*Association pour le droit de mourir dans la dignité*), der Vereinigung für das Recht, in Würde zu sterben, darin heißt es: »Die vollständige Ausübung der bürgerlichen Freiheit umfasst auch das Recht, durch Euthanasie oder unterstützten Suizid unser Leben zu beenden, einen guten Tod zu sterben, in Würde zu sterben.«

Dies wäre der richtige Augenblick, kurz vor dem Verlust jeglicher Selbstständigkeit.

18. Februar 2004
1929 in La Bernerie

Feuchtes, kaltes Wetter, typisch für Angers. Ich lese wieder im Tagebuch aus dem schönen Sommer 1929.

Am 23. Juli 1929 hatte mir Doktor Turlais Ruhe und einen Aufenthalt am Meer verordnet. Ich verbringe also den August in La Bernerie, an einem volkstümlichen kleinen Strand, der von der besseren Gesellschaft verachtet und von bescheidenen Leuten aus Nantes frequentiert wird. Ich wohne mit meiner Mutter in einem ziemlich primitiven Haus namens Ker Félé. Wir machen Ausflüge und staunen über die Badeorte, die uns luxuriös vorkommen. Ich zeige vages Interesse an einem »glücklichen« Ausgang der Konferenz zwischen Briand und Stresemann in Den Haag. Ich führe einen umfangreichen Briefwechsel mit der jungen Annette. Da ich glaube, treu sein zu müssen, tausche ich nur ab und zu verstohlene Blicke mit einer Brünetten. An Annettes Treue habe ich hin und wieder rätselhafte Zweifel, die aber rasch zerstreut werden.

Ich las die Zeitschriften *Candide* und *Gringoire*, die sich als extrem rechts herausstellten, die ich jedoch für »literarisch« hielt. Ich stelle fest, dass ich ungeschützt Sonnenbäder nahm, sodass ich überall Sonnenbrand hatte und mich schälte, und dass niemand mich vor den Zigaretten warnte oder dem Pernod, den ich trank, bis ich leicht berauscht war.

Zum ersten Mal lernte ich, mit achtzehn Jahren, das Meer kennen. Ich war leicht zu begeistern und versuchte unaufhörlich, die Bewegung der Wellen und die Sonnenuntergänge auf dem Meer »poetisch« zu beschreiben.

Es ist zugleich lächerlich und rührend. Für mich hat Bedeutung, was für Jugendliche von heute vollkommen banal ist.

2. August 1929

Nachmittag mit meiner Mutter am Strand von La Bernerie. Die Flut kommt, die Wellen rollen donnernd heran und laufen knisternd wie Sprudelwasser auf dem Sand aus. Meer aus Limonade und Selters.

Kurzes Eintauchen am Strand von Crèvecœur, dem Strand der Nichtschwimmer, die mit spitzen Schreien einen Zeh ins Wasser strecken und entsetzt davonlaufen, wenn die Welle kommt oder der Sand unter ihren Füßen nachgibt.

3. August 1929

Am Strand brate ich den ganzen Tag in der Sonne. Man muss ja mit der Mode gehen, nicht wahr? Machen wir also eine Heliotherapie. Sonnenbrand auf Schädel und Nasenspitze, Wangen, Brust und Arme knallrot, mein ganzer Körper glüht. Ach, die liebe Sonne, sie verbrennt uns die Haut.

Die Flut war heute sehr hoch, und die Wellen brandeten krachend gegen die Felsen von La Patorie.

Um achtzehn Uhr treffen wir uns im Café des Étrangers mit meinem Vater.

Dämmerung am Strand: Richtung Les Moutins ist das Meer dunkelviolett, wie Asphalt; Richtung Préfailles orange und purpurrot wie ein Kardinalsmantel; am Horizont über einer Linie bläulicher Wolken der rote Schein des Leuchtturms von Noirmoutier und das blinkende Drehfeuer des Leuchtturms der Île d'Yeu. In der Ferne stapfen Fischer und rufen sich etwas zu. Dort drüben: Liebespaare. Wäre sie doch bei mir, meine Annette!

5. August 1929

Vormittags in der Sonne am Strand von La Patorie, bei Ebbe Expedition ins Krabbenland. Durchsichtige Kräbbchen wimmeln in den Wasserlachen und unter den Algenbüscheln.

Nachmittag: mein erstes Bad im Meer. Auge in Auge mit den Wellen, ein Stoß, eine Liebkosung. Weiß gekräuselt rollt die Woge heran. Man erwartet sie in der Hocke, ein Tosen, man wird hochgerissen, dann ist sie vorbei; ein Strudel, ein Plätschern, und sie beginnt unermüdlich von vorn. Dann Sonnenbad im warmen Sand. Vor mir lässt sich eine kleine Brünette, ganz in Orange und Gelb, von der Sonne trocknen. Sie beißt an! Eine kleine Stranderoberung, aber sie sieht streng aus!

6. August 1929

Nachmittag: Ausflug nach La Boutinardière und Bad im eisigen Wasser. Wie kühl es ist in diesem Meer aus Zitronenlimonade! Die kleine brünette Eroberung tummelt sich in meiner Nähe und scheint zu sagen: »Sehen Sie, wie wohl mir ist!« Sie lächelt, öffnet ein wenig den Mund: »Sagen Sie nichts?« Ein Zögern, und dann … nein! Ich muss mich ausruhen.

Abends singt ein improvisierter Chor die romantische Tosselli-Serenade.

11. August 1929

Das Meer braust noch immer, die Wasseroberfläche ist von Längsfurchen durchzogen und scheint Gänsehaut zu haben. Wie es fröstelt heute Abend, das Meer! Man könnte meinen, ein Schwarm flatternder Insekten habe sich auf ihm niedergelassen.

Über der Mole erscheint ein anderer Akteur im nächtlichen Schauspiel, er riskiert ein Auge, wirft glitzernde Silberpailletten aufs Wasser. Die in den Hintergrund gedrängte Sonne errötet vor Scham und gekränktem Stolz und versteckt sich noch mehr hinter der Pointe de Saint-Gildas; sie errötet bis an die Haarwurzeln, sodass der Himmel unglaublich rot glüht, ein romantisches Gemälde, könnte man glauben, wie die Felsen von La Patorie, nicht wahr, ein Ölbild, das mit der Zeit etwas rissig geworden ist.

17. August 1929

In La Bernerie-Plage empfiehlt es sich, weder Hut noch Jackett, noch Strümpfe zu tragen, aber seine Augen unter grünlichen Gläsern zu verbergen; den Pullover über die Schultern zu werfen und die Ärmel auf die Brust baumeln zu lassen, Sonnenbäder im Kostüm der Papua zu nehmen; seiner Frau oder Freundin den Arm um die Schulter zu legen; zum musikalischen Aperitif ins Café des Étrangers zu gehen; »Venez avec moi« und »Ramona« zu singen, Pernod zu trinken; Lucky Strike zu rauchen, die Kekse der Biscuiterie Nantaise zu essen und wie die Leute von Montmartre zu reden.

Aber in La Baule nimmt man den Aperitif im Badeanzug und hört dabei Raymond Munscan, und in Deauville wie in Juan-les-Pins zögern die Snobistinnen nicht, sich wie junge Polynesierinnen zu kleiden, deren Hautfarbe sie ja auch schon haben.

19. August 1929

Ich schließe Bekanntschaft mit Miquette, der reizenden Tochter der Mutter Lardeux, einer ganz kleinen Brünetten, die aussieht wie eine Straßengöre von Poulbot. Schlecht gekämmt, ein Auge zugekniffen, das andere weit offen und voller Schalk, der Mund ständig zu einem breiten Lächeln verzogen, Miquette ist hinreißend.

Wenn sie aufgehört hat, ihrem Bären Cami die Glieder auszurenken, verbringt Miquette ihre Zeit damit, mir vor der Tür Blicke zuzuwerfen wie eine Fatma im Rotlichtviertel; sie zwinkert und nimmt, die Faust in die Hüfte gestemmt, eine herausfordernde Pose ein. Und die Stimme! Eine kreischende, schrille Stimme, mit der sie unzusammenhängende Satzfetzen von sich gibt wie Nadelstiche.

25. August 1929

Der musikalische Aperitif im Kasino. Zum Gejaul des Saxofons bewegen sich immer dieselben Paare. Als da sind: der kleine junge Mann mit der in die Stirn fallenden Tolle, der eine arme kleine, erschrocken wirkende Brünette mit langen Schritten herumwirbelt; der große braun gebrannte Brünette und die große Brünette mit dem Sonnenbrand; der Jude; die »tangofarbene« Dame und ihr Pekinese; die beiden Hässlichen, zwei Schwestern mit platter Nase und dicken Lippen, die Reklame für Brumissol machen könnten (wenn es nicht Papua sind).

Nebenan die beiden fanatischen *tenniswomen* von La Bernerie. Sie sind immer da, vom frühen Morgen bis zur Dämmerung, in der prallen Sonne wie im Nebel, immer auf dem Platz in der Rue de Pornic.

Mit ihrer Löwenmähne, die Augen hinter grünen Brillengläsern und einem Schirm à la Helen Wills verborgen, sieht die eine, auf ihren Schläger gestützt, wirklich aus wie eine lauernde Wildkatze. Plötzlich schnellt sie hoch, schnappt den Ball … Ihre Partnerin auf der anderen Seite – helles Haar unter einer amerikanischen Seemannsmütze – tut ihr Bestes, aber viel weniger wildkatzenartig, höchstens wie ein rheumatischer Schakal. Für ein paar Minuten sind sie ins Kasino geflüchtet – zwischen zwei Sätzen – und reden übers Autofahren, das heißt, wie viele Kilometer in der Stunde, wie viele Liter Benzin pro Kilometer und wie viele Tropfen Öl pro Liter Benzin …

Das Meer draußen, rot, ocker und blau geschminkt, gleicht einer *Femme fatale*.

31. August 1929

Herumlungern im Wasser und auf dem Sand; dabei lese ich *Candide*, *Gringoire* und *Ric-et-Rac*: Glücklicher Ausgang der Konferenz von La Hague – Young-Plan. Räumung des Rheinlands – Tod Serge Diaghilevs, des Schöpfers der *Ballets russes* – Hugo Eckener umrundet mit der Graf Zeppelin in einundzwanzig Tagen die Welt – Kämpfe zwischen Juden und Arabern in Palästina.

Abends Ankunft meines Vaters und zahlreiche Glas Bier im Café des Étrangers.

1. September 1929

Bewegtes Meer, Sonne, Traumwetter zum Baden. Ich mache Schwimmversuche, eifere den Fröschen nach, aber manchmal reißt mich eine stärkere Welle mit und trägt mich zum Ufer; ich schlucke eine Gratisportion Salzwasser. Ach, schöne Augenblicke des Wohlbehagens!

Abends begleiten wir meinen Vater zum Bahnhof. Für die Ersten gehen die Ferien zu Ende. Auf dem Bahnsteig stehen die, die bleiben, und die, die abfahren. Nur die, die abfahren, sind interessant. Ihretwegen sind die anderen gekommen, ihretwegen schreien sie, singen sie, winken sie. »Bis zum nächsten Jahr!« Man hat einander nichts mehr zu sagen, und alle wünschen sich, dass der Zug kommt. Da ist er!

2. September 1929

Ein kleiner Holzschuh mit Muscheln und ein Täschchen aus bretonischer Spitze – »Alles Handarbeit, Monsieur!« – für Annette, damit sie einen argwöhnischen und ein bisschen bösen Brief vergisst.

Abends am Strand: Netzhemden, helle Hosen bewegen sich auf dem Sand; die jungen Mädchen haken sich unter und singen:

Sie ziehen in den Krieg im Suppentopf
Die Kro-ko, die Kro-ko-ko, die Kro-ko-di-le!
Adieu, ihr Kinderlein, piff-paff-piff-paff!

4. September 1929

Um acht Uhr Abfahrt mit dem Bus nach Les Sables. Auf der ganzen Strecke begegnen uns Gespanne von Bretonen, die immer noch ihre Tracht und ihren Hut mit den flatternden Bändern tragen.

Les Sables-d'Olonne. Ziemlich großer und geschäftiger Fischereihafen; schöner Strand, gesäumt von der Promenade du Remblai, an der sich blendend weiße Hotels erheben. Die Töchter der Stadt, in weißen Hauben, kompliziert wie gotische Kathedralen, und kniekurzen bauschigen Kleidern, klappern mit den hohen Absätzen ihrer Holzpantinen.

10. September 1929

Bei Ebbe Jagd auf Strandschnecken und Krebse, dicke Krebse mit angriffslustigen Scheren. Der erste lässt sich nur mühsam fangen, oje, das ist nicht sehr ermutigend! Beim zweiten geht es schneller; den dritten packe ich beherzt und lege ihn mit der friedlichen Gleichgültigkeit des abgebrühten alten Fischers in eine Mütze, die als Korb dient. Ich habe etwas von einem Helden der Nibelungen, der einen Drachen erschlagen hat. Doch leider erscheint vor meinen Augen keine Sirene, nicht die mindeste Dryade, vor deren Behausung die garstigen Krebse gewacht hätten. Ein paar vereinzelte Strandschnecken verstecken sich unter dem Tang.

19. Februar 2004

Einlieferung ins Krankenhaus

Ich bin am Ende. Man transportiert mich wie ein Paket und liefert mich in der Abteilung Larrey ab, Station 330, Zimmer 337

Ein Sessel, rasch! Jemand schläft unter einer bräunlichen Decke. Er lässt nichts anderes verlauten als ein unverständliches Murren und ist vollkommen taub. Ich kann nur mit einer dünnen Stimme sprechen. So sind wir wie dafür geschaffen, uns zu »verstehen«!

Ich leide unter andauerndem Husten und Schmerzen in der linken Seite.

Schlechte Nacht, zu lang, wie immer im Krankenhaus.

20. Februar 2004
Erstarrung

Ich versuche, nicht mehr zu existieren. Man soll mich doch in diesem Sessel lassen … Man soll mich vergessen!

22. Februar 2004
Trübselige Tage

Langeweile.
Der Bettnachbar beschimpft mich.

24. Februar 2004
Niedergeschlagenheit

So viele Leute kümmern sich um mich und bezeugen mir überraschende Sympathie. Ich sollte zufrieden sein. Aber bei jeder Gelegenheit flammt wieder eine latente Angst auf, von der ich mich nicht frei machen kann.

Man untersucht mein linkes Bein: Befund in der Kniekehle. Man wird sie röntgen. Jean kommt am Donnerstag um 20.30 Uhr, er wird sich um mögliche Sterbehilfe kümmern.

25. Februar 2004
Erwachen!?

Was für ein Kobold wohnt in meinem Schädel? Nachdem ich nach dem Tod gerufen habe, von Selbstmordgedanken beherrscht war, bin ich plötzlich wieder heiter, leide keine Schmerzen, scherze mit meinen verschiedenen Helferinnen. Eine Bronchoskopie soll gemacht werden. Gleich nach dem Aufwachen bekomme ich Frühstück, dann bringt man mich hierhin und dorthin. Als ich schließlich am Ort der Untersuchung lande, stellt man fest, dass die erste Krankenschwester meine Akte verlegt hat. In der Zwischenzeit treffe ich auf zwei junge Medizinstudenten, mit denen ich mich wieder an die unanständigen Lieder erinnere, die der Pharmaziestudent Peyraud uns einst in Issoudun auf der Parkbank beibrachte.

Heute Vormittag kommen Jean und Catherine. Große Freude, meine Kinder zu sehen. Sie werden sich um meine »Zukunft« kümmern. Ich fühle mich wohl mit meiner Tochter. Wir unterhalten uns unbeschwert. Selten nur hatte ich Zeit, mit ihr zu reden. Ich habe immer das Gefühl, ihr kein guter Vater gewesen zu sein.

Solange wir das Ergebnis der Untersuchungen (Bronchoskopie, Beine, Urin) nicht kennen, ist es schwierig, etwas zu sagen. Ich habe vor, nach dem Aufenthalt im Krankenhaus nach La Claverie oder ins Logis Desjardins zu gehen.

27. Februar 2004
Warten

Das Leben ist nur ein langes Warten auf den Tod. Weshalb ich immer wieder über die Vergeblichkeit von Machtkämpfen nachdenken muss. Im politischen Kasperltheater sehe ich gerade, wie sie sich für die Kantonalwahlen begeistern. Wie lächerlich erscheinen mir diese Interessen!

Morgen Vormittag verlassen Jean und Catherine mich wieder. Ein paar kurze Gespräche in einem ganzen Leben!

29. Februar 2004
Meditativer Sonntag

Es schneit. Ein vergessenes Schauspiel.

Die Sonne kommt wieder hervor. Mir bleibt nichts übrig, als die religiösen Sendungen anzuhören; ich bin gutwillig, höre aber nur Märchen, die endlose Interpretationen auslösen. Die protestantische Pastorin ist besonders enttäuschend: Worte, nichts als Worte. All das wirkt auf mich kindisch.

Ein Assistenzarzt, Schwesternhelferinnen kommen vorbei. Ich vergleiche diese helfenden Hände mit den religiösen Schwätzern. Die bescheidene Pflegekraft, die mich geduscht hat, ist nützlicher als die Prediger.

1. März 2004
Krankenhaus

Wie umsichtig man den Kranken informiert und beruhigt! Gestern Abend bekam ich ein ganzes Blatt mit Erläuterungen zur Bronchoskopie. Das hat bei mir eher Angst ausgelöst, tatsächlich ist die Untersuchung zwar unangenehm, aber erträglich. Der sympathische junge Arzt: »Sie haben gute Bronchien!« Was ich erwartet hatte.

Vorher hat man das linke Bein geröntgt, was mich mehr beunruhigt. Aufgenommen wurde ich in die Lungenabteilung, nun werde ich am Bein behandelt.

Nachmittags größte Anstrengungen, um auf die Toilette zu gehen. Ich bin erledigt, völlig erschöpft.

Von Neuem der Wunsch zu sterben. Jede noch so kleine Anstrengung macht mich zunehmend mutlos. Ich atme schwer. Ich werde an Erschöpfung sterben. Ist das möglich?

2. März 2004
Sich erinnern?

Sobald ich in die Vergangenheit zurückgehe, ein Bild: ein Bach mit klarem Wasser, das über Kieselsteine rinnt und in der Frühlingssonne glitzert. Überall gurgeln diese Bächlein. Sie haben hübsche Namen, »Tournemine«, »Jean Varenne«. Die Frühlingsbäche begleiten mich durch mein ganzes Leben, fließendes, beruhigendes Wasser, Inbild des einfachen, manchmal geteilten Glücks.

3. März 2004
Kernspintomografie

Der schlimmste Moment meines Krankenhausaufenthaltes. Dreißig Minuten in dieser Röhre kommen mir endlos vor. Um nichts in der Welt möchte ich das noch einmal durchmachen. Ich denke an die Menschen, die in den Weltkriegen unter den Trümmern der Bombardements noch stundenlang leiden mussten, bevor sie starben.

5. März 2004
Danke, lieber Gott!

Man hat noch eine ähnliche Untersuchung wie die Kernspintomografie gemacht: eine Szintigrafie. Ich kann nicht mehr! All das wegen meines linken Beines, wo ich doch wegen Atemnot in die Pneumologie kam. Der Doktor hat zu Catherine gesagt, ich würde entlassen. Uff!

Was kommt auf mich zu? Reha in La Claverie? Betreutes Wohnen im Logis Desjardins? Ich kann mich nicht beschweren, dass man nichts für mich findet! Aber ich verstehe nicht, wozu all diese ausgeklügelten Untersuchungen notwendig sind. Auf die Toilette zu gehen ist mein großes Problem. Es erschöpft mich, und ich brauche lange, bis ich wieder zu Atem komme.

Anzügliches Detail: Alle Krankenschwestern sind platt wie Flundern außer einer, die mit reichlich Busen ausgestattet ist.

6. März 2004
Auf einer Bank am Meer

1984? Herbst in La Baule.

Hélène, die Liebe selbst, saß neben mir. Das Meer, an einem ruhigen kühlen Morgen, rauschte wie ein Seidenstoff. Etwas Unbekanntes stieg in mir auf … unendliches Glück … Fliehe nicht! Fliehe nicht!

Mein Körper erlischt. Ich bin nur noch Freude. Nie zuvor empfand ich eine solche Befreiung der Seele, wenn man so will. »O Zeit, unterbrich deinen Flug!« Ja, genau das ist es. Unerhörtes Glück, ein paar Sekunden lang hast du mich erfüllt. Wie viele Unglückliche haben dich nie geschaut! Pointe du Croisic, das Café mit den roten Sesseln … Ich möchte den Stoff des Glücks wiederfinden. Ich kann die Fäden nicht mehr verknüpfen, das Gewebe franst aus wie eine leichte Wolke in der Dämmerung. Grausame Flüchtigkeit des Glücks.

7. März 2004
Der Nachtisch meines Lebens

Heute Abend, mit dreiundneunzig Jahren, in diesem Krankenhauszimmer, habe ich noch einmal das Eldorado am Boulevard de Strasbourg vor mir gesehen. Hélène und ich tanzten. Die kreolische Truppe sang: »Das ist gut für die Moral!« Und ich war über siebzig! Ich war jünger als mit dreißig bei unserer ersten Begegnung. Ich hatte vierzig Jahre gewartet, um »konkret« zu werden. Ich glaube, das war richtig. Ich war gereift. Unsere Liebe von 1940 wäre schon lange tot gewesen. Ich hatte sie zum Nachtisch meines Lebens aufgehoben. Ich hatte das verlorene Paradies wiedergefunden.

8. März 2004
Die Herzlichkeit der Krankenhauswelt

Mein Zimmer ist ein Treffpunkt geworden. Pfleger, Krankenschwestern, Ärzte, alle interessieren sich für mich, wetteifern in Freundlichkeit und Zuwendung.

Lili meint, ich sollte mich darüber freuen. Ich bedaure, dass diese freundschaftliche Lawine anrollt, während ich so extrem schwach bin. Jeder sexuellen Anziehungskraft ledig, hätte ich die Zeit der Freundschaften mit Frauen wieder auferstehen lassen können (die Männer meiner Generation sind tot).

9. März 2004
Variationen über das Leben im Krankenhaus

Morgenvisite: Die Nacht war unauffällig. Mit der Urinflasche komme ich besser zurecht. Die größte Demütigung ist die Darmentleerung. Ich muss die Schwesternhelferin rufen, die mir mit einem Waschlappen den Hintern säubert. Schlimmer Augenblick. Rasche Toilette. Der beste Moment des Tages ist das Frühstück, die einzige Mahlzeit, die ich mit Appetit einnehme. Anruf von Catherine. Und dann schlafe ich. Ich brauche nur die Augen zu schließen. Ich fühle mich wohl.

Träume: immer Issoudun, die bewachsenen Ufer der Théols inmitten der Wiesen. Jules und sein Herr schneiden Binsen. Das Rattern der Mähmaschine. Einsame, glückliche Kindheit.

»Langweilst du dich allein?«

»Nein!«

So viele Gestalten aus Abenteuerromanen begleiteten mich! Ich beteiligte mich an nichts, man ließ mich träumen.

Die Tür geht auf ... Eine Krankenschwester! Ich bin wieder im Krankenhaus, abhängig, sehnsüchtig nach dem großen Schlaf.

10. März 2004

Der mentale Strom

Er fließt, unvorhersehbar, ohne einmal stillstehen zu können, seit er in einem unbestimmbaren Augenblick in meinem Gehirn entstand. Er führt Bilder mit sich ohne Verbindung miteinander, Erinnerungen ohne Zusammenhang, und macht im Bruchteil einer Sekunde alle Stimmungsnuancen durch.

Mittags bin ich verzweifelt und traurig eingeschlafen. Maryvonne weckt mich. Die Nebel haben sich aufgelöst. Ich bleibe wach, auf dem Bett ausgestreckt. Ich lasse ihn fließen, den Fluss ohne Wiederkehr, die Théols am Pont Saint-Paterne. Ich sehe den Tag im Jahr 1916 vor mir, als das Hochwasser der Théols mich mitriss. Ein tapferer Mann riskierte sein Leben, um mich zu retten. Ich sehe wieder die unbekannte Welt, in die ich eingetaucht war und in der ich »keine Fische gesehen habe«. Ich habe keine Angst gehabt. Mein Leben hätte da zu Ende sein können.

10. Februar 1995
Schwarze Pelerine

Die Schule! Ich wurde erst mit fünf Jahren in die École Maternelle geschickt – ins »Asyl«, wie man damals sagte –, zu einem Fräulein Robinet.

Ich ging Richtung Saint-Paterne bis zu der alten Eselsrückenbrücke über die Théols.

Eines Tages stieg ich, nachdem ich die Brücke überquert hatte, auf ein Mäuerchen, das den Fluss säumte. Mein Mitschüler Jean Lambert schubste mich, und ich fiel in den Fluss, der Hochwasser führte. Es muss am 25. Februar 1916 gewesen sein. Ich habe noch die grüne Wasserwelt vor Augen, in der ich zappelte. Die Strömung riss mich mit, aber meine schwarze Pelerine, der Schülermantel jener Zeit, trug mich, und die Äste, die aus dem Wasser ragten, hielten mich auf. Ein Siebzigjähriger sprang ins strudelnde, eiskalte Wasser und brachte mich ans Ufer. Er hieß Chaumet. Erst viel später wurde mir der Mut des Mannes bewusst, und ich hielt bei jedem Besuch in Issoudun an seinem Grab inne.

11. März 2004
Das rechte oder das linke?

Zahlreiche Röntgenaufnahmen, Dauerversorgung mit Sauerstoff, nach drei Tagen Behandlung sind Husten und Schmerzen auf der linken Seite vorbei. Bronchoskopie, Bluntuntersuchungen, Urinproben, Kernspin, Szintigrafie, Ultraschall, Gewebeprobe. Fragt der Doktor beim Ultraschall: »Das rechte oder das linke?«

Das ist sonderbar. Nach so vielen Untersuchungen weiß er nicht, welches Knie er behandeln soll!

13. März 2004
Heftige Schmerzen: Muss man leiden?

Am Mittwochabend, 10. März, spüre ich heftige Schmerzen im linken Bein und im Fuß. Im Allgemeinen beruhigen sich diese Schmerzen, wenn ich mich hinlege. An diesem Abend nicht. Ein Pfleger gibt mir umstandslos ein zusätzliches Schmerzmittel.

Das ist neu. Ich erinnere mich an Zeiten, als der Schmerz ertragen werden musste. Unsere heilige katholische Kirche sah darin einen Weg zur Erlösung. Man war auf der Erde, um das Paradies zu gewinnen. Für die Großen dieser Welt scheint das nicht zu gelten.

Fast hätte ich das Wichtigste vergessen, das Ergebnis der vielen Untersuchungen. Ich habe es geahnt: ein Tumor in der linken Kniekehle. Das erschreckt mich nicht. In meinem Alter werden sie mir nicht das Bein abnehmen. Den Schmerz haben sie schon fast zum Verschwinden gebracht. Die Atemprobleme beeinträchtigen mich viel mehr.

15. März 2004
Ich trauere dem Krankenhaus nach

Man bringt mich nach La Claverie, in die Reha-Abteilung des Krankenhauses. Ich habe Atemnot und Angst. Ich kenne mich nicht aus. Niemand kümmert sich um mich. Plötzlich kommt eine junge Frau: »Ich bin die Assistenzärztin.« Sie befragt mich interessiert, hört mir lange zu. Ein guter Augenblick, der mich mit meinem neuen Aufenthaltsort versöhnt.

Schließlich geht der Klinikalltag wieder los. Ich sehe wieder lächelnde junge Gesichter. Mein Enkel Joss soll mir einen Fernseher beschaffen. Jean macht sich viele Sorgen um mich. Man bringt mich zu Bett, die Nacht ist gut. Die Urinflasche macht mir keine Probleme. Morgen. Sonne. Nichts interessiert mich wirklich, außer schlafen.

17. März 2004
Trauriger Sonntag

Wegen meiner Erstickungsanfälle habe ich heute das Gefühl, dass das Ende gekommen ist. Es ist Sonntag, der schwierigste Tag. Joss hat mir einen Fernseher gebracht. Ein Mittel gegen die Einsamkeit. Die jungen Krankenschwestern reparieren das Radio, das mir hinuntergefallen ist. Es beunruhigt sie wohl, dass ich lieber schlafe, als mich dieser Apparate zu bedienen. Atemnot, ein junger Assistenzart kommt. Herzschwäche? Könnte ich doch an Erschöpfung sterben wie Mamie, das wäre besser, als zu ersticken wie Yvonnes erster Mann damals, im Krankenhaus von Reims. Das Bild dieses Mannes, der nach Luft schnappt wie ein Fisch auf dem Trockenen, ist mir im Gedächtnis geblieben.

23. März 2004
Qualvolle Nacht

Mein linkes Bein hatte ich fast vergessen. Heute Nacht sind die Schmerzen zurückgekehrt, heftig, mit den üblichen Beruhigungsmitteln nicht zu bekämpfen.

Ich verweise auf den Artikel der Gesellschaft für das Recht, in Würde zu sterben:

»Ich bitte, mir die Medikamente zu verabreichen, die geeignet sind, die von der Krankheit verursachten Schmerzen wirksam zu lindern, auch wenn sie mein Leben verkürzen könnten.«

Ich fühle mich erleichtert.

Es ist eine Art Selbstmord in kleinen Dosen, undramatisch, vernünftig, im Einverständnis mit Medizin und Recht.

24. März 2004

Hat der Prozess begonnen?

Morphium ist ein Wort, das mich beunruhigt. »Nicht doch«, sagt Mado, »mein Schwager hat ein Jahr lang täglich Morphium bekommen.« Doktor Personne hatte es mir empfohlen. Es entspricht dem, was ich mir wünsche. Lästig ist, dass mir Lesen und Schreiben immer schwerer fallen.

Ich gehe dem Tod entgegen. Wie jedermann.

Wie in der Pneumologie kommen die Krankenschwestern zum Plaudern in mein Zimmer. Es ist zu einem Treffpunkt geworden.

28. März 2004

O Tod, wann kommst du?

Mein Frühstück hatte mir bisher noch immer Freude gemacht. Seit ein paar Tagen ist es eine Fron geworden.

Nicht zu beherrschende Atemlosigkeit, unbeholfene Gesten, Appetitlosigkeit. Schlafen ist mein einziger Wunsch, und es möge ein ewiger Schlaf sein!

Dabei umgibt mich so viel Liebenswürdigkeit! Die junge Pflegerin, die mich wäscht, ist von einer Menschlichkeit, die sie weit über all die hochgestellten Persönlichkeiten, mit denen ich zu tun hatte, hinaushebt.

29. März 2004
Alle sind sie gekommen!

Franck, Catherine, Barbara, Ellénore, Rodolphe, Lorraine besuchen mich in La Claverie. Frank ist so nett, sich um meine Steuererklärung für 2003 zu kümmern.

Sie sind gekommen, sie stehen alle in der Tür. Das ist besser, als dass sie zu meiner Beerdigung erscheinen, wenn ich nichts mehr davon merke. Es ergeben sich immer noch neue Beziehungen. Werde ich sie eines Tages wiedersehen?

30. März 2004
Das Leben in Grün und Rosa

Seit sechs Monaten habe ich auf diesen Arzttermin gewartet. Ich hatte Angst davor, ich fürchtete, den Weg nicht bewältigen zu können, und das Warten darauf kam mit endlos vor. Aber nein! Alles ist gut gelaufen. Ich habe einen neuen Termin »am 9. November 2004 um 15 Uhr«!

Nachdem sie mir eine Flüssigkeit in die Augen gespritzt haben, sehe ich außen alles rosa und innen alles grün, was nicht ohne Einfluss auf meine Moral ist.

1. April 2004
Eine ungewisse Zukunft ohne Hoffnung

Die Aussicht, meine letzten Tage im Logis Desjardins in relativer Freiheit zu verbringen, schwindet. Ich bewege mich nur noch im Rollstuhl, man wäscht mich, man kleidet mich an. Es gibt nicht viele Pflegeplätze in Altersheimen. Es ist hart, dass man sich damit abfinden soll, sein Leben im Krankenhaus zu beenden! Ich versuche mich zu trösten. Was ich mir vorgestellt hatte, um meine Tage auszufüllen, ließ sich wegen meines körperlichen Verfalls ohnehin nicht mehr verwirklichen. Ich möchte nur schlafen, jede Anstrengung, die zu Atemlosigkeit führt, vermeiden.

2. April 2004
Peter Ustinov und der Tod

Diese in den Medien sehr präsente Persönlichkeit ist mit achtzig Jahren gestorben. Als Schauspieler mit sehr britischem Humor gehörte er zu den Menschen, die an Talenten so reich sind, dass man sie für unsterblich hält. Doch nein, mitten im Ruhm ist er gestorben wie jedermann. Im Fernsehen sieht man ihn vor Leben und Heiterkeit strotzend.

Es berührt mich immer sonderbar, diese Toten leben zu sehen.

3. April 2004
Die Sexualität im Wandel »meiner« Zeit

Seit dem 14. September 2003 kann ich mir den sexuellen Rausch, den ich mit Mado empfand, nicht mehr vorstellen. Ich höre nicht auf, die Liebe zu entzaubern. All die Opern, die Hymnen, die Verherrlichung dieses Gefühls, um schließlich ein paar Quadratzentimeter Haut zu berühren.

4. April 2004
Jean erinnert sich an seine Kindheit

Die abendlichen Gespräche mit Jean machen mir viel Freude. Er scheint versöhnt zu sein. Wir erinnern uns an seine glückliche Kindheit in Contigné. Wir lebten in Frieden in diesem Dorf bei Angers, das die Deutschen übersehen hatten. Er war ein sehr hübsches Kind, sein Foto hatte die Ehre, im Schaufenster des Fotografen am Boulevard Foch ausgestellt zu sein. Die Beziehungen zwischen Eltern und Kindern waren unkompliziert, seit Jahrhunderten festgelegt. Mai 1968 hatte noch nicht alles hinweggefegt. Beeinflusst durch seinen Freund Venault machte er eine vollkommen unerwartete Karriere bei der Marine, und mit zweiundsechzig Jahren ist er nun ein Großvater, der vor Aktivität sprüht.

5. April 2004
Der Lauf der Tage

Gestern habe ich einen Brief an die Stationsleitung geschrieben, um den Krankenschwestern für ihre Hingabe zu danken, solange ich noch die Kraft dazu habe. Das genügt mir für den Tag.

Ich bewege mich langsam auf den Tod zu. Ich schlafe, ich wünsche nichts als das Erlöschen aller Gedanken. Es ist die Wirkung der Medikamente gegen einen Schmerz, den ich nicht mehr empfinde.

6. April 2004
Doktor Ghali

Einmal in der Woche kommt Doktor Ghali. Er ist Ägypter, vom afrikanischen Typus. Wohlwollend, aufmerksam interessiert er sich für die psychologische Seite meiner Situation. Ein Mann von dreiundneunzig Jahren ohne manifeste Krankheit, dessen Schmerzen beherrschbar sind, der nicht mehr gehen kann, der den Tod herbeiwünscht, weil er sich erschöpft fühlt und keine Pläne mehr hat und vor allem in Bezug auf die unangenehmsten Verrichtungen abhängig ist. Um die Angst wird man sich kümmern.

7. April 2004
Meine Tochter Catherine

In den Sechzigerjahren war ich aus Feigheit gegenüber meiner Familie, aus selbstgefälligem Egoismus kein gu ter Vater für Catherine, ich überließ sie Geneviève, schaffte sie mir gewissermaßen vom Hals. Ich glaube nicht, dass sie eine glückliche Jugend hatte, und fühle mich zum Teil dafür verantwortlich. Zu keinem Zeitpunkt jedoch habe ich den Eindruck gehabt, dass sie es mir übel nahm.

Ein Pluspunkt, den ich mir zuschreibe: Ich habe ihr den Weg in den Beruf gewiesen. Ich blieb standhaft, als sie ihre Ausbildung zur Krankenschwester aufgeben wollte. Das war verdammt richtig. Durch einen glücklichen Zufall hat sie Franck getroffen, den idealen Ehemann.

8. April 2004
Überlebensangst

Wenn jemand sehr alt stirbt, heißt es üblicherweise: »Das ist schön!«

Schön ist es, bei guter Gesundheit zu sterben, wie ein Humorist sagte. Mir verschafft es nicht die mindeste Befriedigung. Die Selbstmordgedanken überkommen mich im Lauf des Tages in Wellen, gefolgt von Perioden der Gelassenheit.

Ich werde für meine verschiedenen Helferinnen aus der Konditorei Jeanne d'Arc ein Schokoladenhuhn kommen lassen. Ich kann sie nicht auseinanderhalten. Obwohl es große Unterschiede gibt. Die einen bringen einen Schwall Menschlichkeit mit, der mich den Tag besser ertragen lässt. Die anderen sind nur professionell.

15. April 2004
Meditieren

Außer dem Schlaf bleibt mir bald nur noch das Meditieren, das die Negation jeder Aktivität bedeutet. Meditieren? An Themen fehlt es nicht. Seitdem ich wirklich alt bin, führt es mich unweigerlich zur Absurdität der Existenz. Aber habe ich jemals wirklich meditiert, oder wer um mich herum hat es getan? Die Mönche? Es ist ihr Beruf. Kam Jean Foyer von seinen Exerzitien im Kloster Solesmes als besserer Mensch zurück? Welchen persönlichen Dialog führte er mit Gott, außer den rituellen Gebeten? Jedenfalls ist das leichter, als einem Kranken, der Durchfall hat, den Hintern abzuwischen, wie es meine Schwestern tun.

18. April 2004
Heilige Messe

Die Nacht war erträglich. Es gelang mir, auf dem Rücken zu schlafen statt auf der Seite, so habe ich die heftigen Schmerzen am Oberarmknochen nicht gespürt.

Ich wache spät auf, die Sonntagsmesse in irgendeiner prächtigen, goldüberladenen spanischen Kirche ist in vollem Gang. Burgos? In diesem Augenblick beten Millionen Gläubige auf der ganzen Welt.

Seit zweitausend Jahren wiederholen sie die Beteuerungen ihres Glaubens. Einmal in der Woche bei den Christen, das geht ja noch, aber wenn man an die unglücklichen Moslems denkt, die fünfmal am Tag zum Gebet aufgerufen sind!

Bis etwa dreizehn, vierzehn ging ich in die Messe. Das war ein Ritual für die Kinder, ob die Familien gläubig waren oder nicht. 1920 ging ich vor allem hin, um Paulette zu sehen, die meine Heilige Jungfrau war.

22. April 2004
Die jungen Krankenschwestern

Die Laune der Krankenschwestern am Morgen beeinflusst meinen ganzen Tag.

Normalerweise finde ich schwer aus dem Schlaf. Ich möchte am liebsten, dass man mich schlafen lässt. Ich fühle mich so wohl. Heute Morgen kommen drei gut gelaunte, lustige, ganz um mein Wohlergehen bemühte junge Mädchen. Ich erzähle ihnen von meinem Liebesleben. Das bringt sie zum Lachen. Siebzig Jahre mit derselben Frau, das beeindruckt sie, die sie mit ihren fünfundzwanzig Jahren schon einige Erfahrungen hinter sich haben. Ich habe einen guten Draht zu diesen jungen Frauen, die einer ganz anderen Generation angehören.

Manche sind kühler und lassen eine Bemerkung über mein häufiges Läuten fallen.

Wenn die Schwester kommt, frage ich mich bang: Wird sie ein mürrisches Gesicht machen oder wird sie strahlen und zu Scherzen aufgelegt sein?

18 Uhr: Wer wird erscheinen? Wer wird mich ins Bett bringen?

23. April 2004

Die »commodités«

So nannte man 1930 auf dem Land den unangenehmen, aber unverzichtbaren Ort, wo man »Pipi« und »Kaka« machte. Maman sagte zu mir: »Musst du aufs Klosett?« Man wischte sich den Hintern mit zurechtgeschnittenen Blättern aus Zeitungspapier ab, die an einem Haken hingen. Man war nicht wählerisch!

In unserem schönen Haus in Issoudun war das »Örtchen« hinten im Hof, so weit entfernt, dass man nur sehr selten hinging. Man musste einen Eimer benutzen, den man dann bei der Madame ausleerte, in einem Häuschen über einer Grube. Man setzte sich auf einen Holzsitz. Ab und zu düngte man damit auch den Boden.

24. April 2004

Schlimme Nacht. Selbstmord

Das Örtchen ... Eine junge Magd auf dem Land geht zur Beichte.

Der Pfarrer hat ihr eine leichte Buße auferlegt: drei *Paternoster* und drei *Ave Maria*.

»Wann soll ich die beten?«

»Auf dem Örtchen, mein Kind.«

»Ja, Herr Pfarrer, aber bei uns geht man aufs Feld.«

Warum habe ich die ganze Nacht gehustet und nicht geschlafen? Weil ich lange bei Nicole, Yvette und den guten Leuten aus Beauvau war?

Es geht schlecht. Schmerzen im Bein, wundes Zahnfleisch, immer häufiger Harndrang.
Niem…

26. April 2004
(*Marcel Mathiot stirbt*)

27. April 2004
(*Einäscherung*)

24 avril 2004 _ Mauvaise nuit. Suicide

Les commodités._ Une jeune bonne de la campagne va se confesser. Le curé lui inflige une légère pénitence : trois pater et trois ave _ « Quand les ferais-je ? _ A vos commodités, ma fille — Oui mais, monsieur le curé, chez nous, on va à l'égaillée (n'importe où).

Pourquoi ai-je toussé toute la nuit m'empêchant de dormir ? Parce que je suis longtemps avec Nicole, Yvette et les bonnes gens de Beauvau ?..

Tout va mal _ Douleurs dans la jambe, écorchure d'une gencive, envies urinaires de plus en plus en plus fréquentes.

peur

Nachwort der Herausgeber

Am 1. Januar 1927 öffnet ein junger Mann von sechzehn Jahren ein in rotes Moleskin gebundenes Notizbuch und schreibt in Schönschrift: »Wer du auch sein mögest, der diese Agenda liest (sofern es geschehen sollte), habe Nachsicht mit dem Schreiber. Wie du, bin ich ein Mensch, und wie alle Menschen habe ich meine Schwächen …«

Siebenundsiebzig Jahre sollte sein Unterfangen währen! 21 600 Tage des Schreibens, fünf Millionen Wörter; sechzig Hefte nach dem unveränderten Prinzip: eine Seite pro Tag, mit einem Datum versehen, einem Titel und manchmal mit einer Skizze.

In diesen Tagebüchern, von den romantischen ersten bis zu den naturalistischen letzten, befasst sich Marcel Mathiot mit den Themen seines Lebens. Er erzählt von seiner glücklichen Kindheit, seiner unbeschwerten Jugend, seiner Tätigkeit als Grundschullehrer, von den Kriegen, den Lügen der Geschichte und der Liebe in all ihren Spielarten.

Um sein »Palais idéal«, sein Idealschloss nach dem Vorbild von Hauterives zu bauen, bedient er sich der

Materialien, die er zur Hand hat: Gedicht, Chanson, Telefon, Tanztee, Operette, Kino, Rundfunk, später Fernsehen …

In seinen Notizen unterhält er sich mit sich selbst. »Ich frage mich, mit wem ich denn reden könnte, ein Tagebuch schreibt man nur für sich selbst.« Aber er tauscht auch Erinnerungen mit Epikur, Montaigne, Proust, Anatole France, Julian Green oder Tolstoi aus …

Schreiben ist für ihn eine harmlose Droge, »für die meisten unverständlich, vielleicht lächerlich«. Er sieht sich nicht als Schriftsteller. Eher als »Schreiber«, denn es ist ihm unmöglich, »Personen zu erfinden und sie zum Leben zu erwecken«. Aus Mangel an Phantasie ist er dazu verdammt, die Wahrheit zu sagen.

Von der beachtlichen Menge an Geschriebenem haben wir die Tagebücher der letzten vier Jahre ausgesucht, von 2000 bis 2004. Marcel gehört zu den Menschen, deren Leben sich vom Ende her erklärt. In seinen Altersaufzeichnungen sucht er immer wieder die Vergangenheit auf. »Ich fühle mich alt im neuen Jahr. Und wenn ich wieder neunzehn wäre?« »Das Wetter von Angers, feucht und kalt … Und ich setze meine Lektüre im Tagebuch des schönen Sommers von 1929 fort …«

Er sieht sich mit Vorliebe als »einfach, knabenhaft und liebend … Niemals werde ich von meiner Kindheit kuriert sein!« Und der Zauber wirkt. Da rennt er in der Avenue de la Caserne hinter seinem Holzreifen her, fährt mit dem Pferdewagen spazieren, steigt in die Dampfeisenbahn, sieht den ersten Tonfilm, fühlt, wie in seiner Hand die der kleinen Paulette wieder zum Leben erwacht … Kann er etwas dafür, dass sich seine verzauberte Kindheit während des Gemetzels von 1914 bis 1918 abspielt und ihm davon nur die Amerikaner in Cowboyhüten in Erinnerung geblieben sind, die durch die Straßen von Issoudun zogen?

1931 ist Marcel zwanzig. In jener Zeit ist ein junger Mann ein Mann. Als Grundschullehrer im Anjou erteilt er seinen ersten Unterricht in Marcé, dann wird er nach Contigné versetzt, wo er sich mit seiner jungen Frau niederlässt, die ebenfalls Lehrerin ist. Marcel leitet eine staatliche Schule. »Ich war nicht Lehrer geworden, weil ich mich dazu berufen fühlte, sondern um den Werkstätten, den Fabriken zu entgehen und in den Genuss von Ferien zu kommen, die man nur den Unterrichtenden regelmäßig zugestand.« Obwohl er den Beruf zunächst widerstrebend ergriffen hatte, schrieb er sich wie Jules Ferry Toleranz auf seine Fahnen. Als Gemeindeschreiber und Lehrer war er »Bürgermeister ohne Amtsschärpe« und machte sich das Motto Julius Cäsars zu eigen, lieber »der Erste in diesem Dorf als der Zweite in Rom« zu sein.

Mit Paul Léautaud hätte er sagen können: »Schreiben bedeutet, dass man zwei Mal lebt«. Es ist ein Privileg des Alters, alle Alter zu haben.

»Wie hätte ich leben können, wenn ich nicht ein unbekümmerter, zuversichtlicher Mensch gewesen wäre?« Das nennt man das Glücks Gen besitzen. Er kultiviert seine Veranlagung, indem er sich eine Lebensphilosophie aneignet, die er »Vermeidungshaltung« tauft.

Marcel Mathiot ist ein wahrer Lebenskünstler. Das Meisterwerk seines Lebens gelingt ihm, indem er sich nach seinen großen Vorbildern richtet, die ihn von der

Vergeblichkeit des Ruhms überzeugt haben. »Der junge Vermeider hat vom Beginn seines aktiven Lebens an gemerkt, dass er die Natur seiner Gesprächspartner nicht ändern konnte. Es war deshalb unnütz, sich an ihren Meinungen oder Überzeugungen zu reiben. Vielmehr musste er größte Toleranz an den Tag legen und zu denen, die anders dachten als er, unter anderem zu den Ausländern, noch freundlicher sein. So konnte der Vermeider heftige Diskussionen und lächerliche Konflikte abwenden. Nützlich erschien ihm nur die Linderung des Leidens.«

Er ist zwar Agnostiker, liest aber immer wieder in der Bibel, versucht zu glauben, bleibt jedoch skeptisch (»Warum gibt es keinen epikureischen Katechismus!«) und überlässt den Himmel den Vögeln. Dafür befasst er sich mehr mit den Menschen. Seine Vorbilder sind nicht die Heiligen, sondern die »Anständigen«.

Die Vermeidungshaltung bleibt natürlich nicht ohne Folgen. Der »gemäßigte« Anarchist, der Verfechter utopischer Ideen, der unverbesserliche Pazifist Marcel erlebt das Jahrhundert, ohne wirklich etwas davon zu sehen. Während der Kriegsjahre lässt er seine Tagebücher vorsichtshalber in einer Bank in Châteauroux. Er selbst verschanzt sich hinter seiner Funktion als für die Versorgung zuständiger Gemeindeschreiber. Wenn er sich doch einmal als Widerstandskämpfer erweist, dann ungewollt.

Das Tagebuch von 1938 wieder zu lesen ist grausam für den alten Mann und erfüllt ihn mit Zorn gegen sich selbst. Er kann das Vergangene nicht hinter sich lassen. Er bessert aus, flickt, lässt nicht locker. Seine Einstellung zum Münchener Abkommen beschämt ihn. »Alles, was ich mich zu glauben geweigert hatte, war also doch wahr!«

Er befasst sich mit den Lügen, die er Generationen fügsamer Schüler eingetrichtert hat; er empört sich gegen die Scheinheiligkeit der »Großen« – allen voran Napoleon und Ludwig XIV. – und die Idiotie der Kriege und ruft aus: »Ich habe Mist unterrichtet!«

Denn Marcel hält es nicht für Weisheit, die Fähigkeit zur Empörung zu verlieren. Auch wenn sein Augenlicht nachlässt, geht er davon aus, dass die Welt weiterhin existiert. Neunzigjährig macht er sich Gedanken um die Zukunft und empört sich gegen den Krieg im Irak, den Rassismus, die Armut, die Gefängnisse, gegen alle Ungerechtigkeit.

Am 23. Januar 2000, nach achtundsechzig Jahren Ehe, wird Marcel wieder »Junggeselle« ... »Ich hasse das Wort Witwer genauso sehr wie das Wort Schwiegertochter«. In seinen Tagebüchern hebt er nun den Schleier von seinen zahlreichen dauerhaften Verbindungen zu anderen Frauen. »Ich brauche nichts mehr zu verstecken, ich kann sagen, schreiben, was ich will.«

Ans Licht kommen ein untreuer, eher feiger Ehemann, aber zugleich ein treuer, untadeliger Liebhaber. Alle kommen sie nach dem Tod seiner Frau Geneviève: Hélène, »meine große Liebe, die einzig wahre meines Lebens«; Mado, »die mir am nächsten steht, die ich am sinnlichsten liebe«; Lili, »die intelligenteste, die Frau, mit der ich vernünftig hätte zusammenleben können«; Louise, »die mir aus heiterem Himmel ihre Liebe gestand«. Eine jede verkörpert eine Facette der perfekten Liebe, von der er träumt.

Die Tagebücher werfen das Bild von einem asexuellen Greisenalter über den Haufen, bei dem man gewöhnlich nur an Krankheiten denkt. »Haben wir Lust, hundert Jahre alt zu werden? Nicht unbedingt. Haben wir Lust zu sterben? Auf gar keinen Fall.«

Marcel weigert sich, wie ein Greis daherzukommen. Er ist nicht vernünftig geworden. Ganz im Gegenteil, er ist schneidiger, verführerischer, männlicher als mit zwanzig. Sein Gedächtnis ist noch immer tadellos. Mit neunzig Jahren erfreut er sich eines höchst leidenschaftlichen Sexual- und Liebeslebens.

Marcel benimmt sich wie ein Jungvermählter und berichtet unverblümt die Wahrheit. Seine erotische Beziehung zu Mado, seiner sechsundachtzigjährigen Geliebten, ist so heftig, dass er am 31. Juli 2000 beunruhigt schreibt: »Du begehrst mich so leidenschaftlich, dass es mich erschreckt, wenn du dich von einer zärtlichen Verliebten in eine sexbesessene Frau verwandelst, wenn sich dein Gesicht anspannt, fast wild wird, wenn du mit irrem Blick vor wahnsinniger Wollust keuchst. Noch nie waren wir so zügellos. Drei Tage habe ich mich von deinem Rausch mitreißen lassen. Diese Nacht verbringe ich nicht mit dir, Mado. Ich habe Angst, mich völlig zu verausgaben.«

Er geht sogar vorübergehend in ein Altersheim, um ihr zu entgehen! »Es hat etwas Klägliches, diesen Punkt zu erreichen«, schreibt der Neunzigjährige humorvoll am 1. September 2002. »Ich werde doch nicht in ein Heim gehen, um Ruhe vor den Frauen zu haben!«

»Es ist so weit«, schreibt Marcel mit dreiundneunzig Jahren, als er ins Krankenhaus kommt. »Ich bewege mich langsam auf den Tod zu.« Er hat keine Angst davor, ihn schreckt allein der völlige Verfall, der ihn umgibt. »Was für ein Anblick! Alte Frauen mit ausdruckslosen Gesichtern, schicksalsergeben, trübsinnig, feindselig. In meiner Nähe einige alte Männer, Jammergestalten, die nichts Interessantes zu sagen haben.« Es ärgert ihn, dass er immer schlechter lesen und schreiben kann.

Die Tage vergehen, die Wochen entfliehn
Und wie die verflossene Zeit
Die Liebe die Lust in das Nirgendwo ziehn

Er sollte nie dazu kommen, unter seine Tagebücher das Wort »Ende« zu setzen. Die Erinnerung an seine Liebesgeschichten erlischt. Am 24. April 2004, nach einer sehr schlechten Nacht, malt er ein letztes unvollendetes Wort in sein Tagebuch. Es erinnert an jene abgebrochenen Grabsäulen, die den Tod eines jungen Menschen bedeuten.

Claire Hauter, Bernard Fillaire
13. Juni 2008

Marcel Mathiot mit Maiglöckchen am
1. Mai 1999

Biografie

1910 10. Dezember. Geburt von Marcel Mathiot in Amiens, Sohn von Victor-Amédée Mathiot, Militärmusiker, und Yvonne Ledien, Hausfrau. Die protestantische Familie des Victor-Amédée stammt aus dem Jura.

1912 31. Oktober. Eheschließung zwischen Victor-Amédée und Yvonne. Die Familie bezieht eine Wohnung in der Rue Garibaldi 96 in Issoudun (Indre).

1914 Victor Amédée zieht in den Krieg. Marcel und seine Mutter kommen bei den Nachbarn Jules und Solange Pasquet unter, die für den kleinen Marcel die Großelternrolle übernehmen.

1919 2. Februar. Marcel lernt Paulette Echavidre kennen. Ihre Eltern sind Kaufleute in Issoudun und handeln mit Regenschirmen und Wachstuch.

1920 Februar. Marcels Vater wird zum Kapellmeister des 68. Infanterieregiments in Angers ernannt. Die Familie zieht in eine möblierte Wohnung in der Rue de Paris 56.

1927 1. Januar. Marcel wird in die École Normale d'Instituteurs aufgenommen. Er beginnt Tagebuch zu schreiben.

1928 5. April. Marcel wird von Madame Gardon in die Liebe eingeführt.

1929 Marcel lernt beim Tanz an der Loire in Ponts-de-Cé Annette kennen und denkt eine Weile daran, sie zu heiraten.
Juli. Sieht zum ersten Mal das Meer.
Oktober. Marcel wird Lehrer in Marcé (Anjou).

1930 Juli. Beginn der Liebe zu Geneviève Strzelecki.
Oktober. Er wird Lehrer in Trélazé, École de la Maraîchère.
12. März. Lernt Mado kennen.

1931 Marcel leistet seinen Wehrdienst beim 9. Regiment der Zouaven in Algerien ab.
Oktober. Kommt zum Sanitätszug.

1932 24. September. Marcel heiratet Geneviève Strzelecki (geb. am 20. Februar 1909 in Angers). Sie ist Lehrerin in Beauvau.
1. Oktober. Das junge Paar zieht nach Contigné. Geneviève unterrichtet von 1932 bis 1961 die ein-

zige Mädchenklasse. Marcel, Leiter der Schule, unterrichtet die Jungen. Gleichzeitig ist er Gemeindeschreiber.

1936 *Volksfront*
Juli. Geneviève bringt ein tot geborenes Mädchen zur Welt. Depression Genevièves.

1939 Marcel wird einberufen.
Von September 1939 bis Mai 1940, während des *drôle de guerre*, führt er ein Sanitätskommando in Charleville, dann verwaltet er das Lazarett Bossut in Angoulême.
23. November. Lernt in Reims Hélène kennen. »Blaue Periode« ihrer Liebe.

1940 1. März. Trennung von Hélène.
31. Juli. Marcel wird in Châteauneuf demobilisiert. Er nimmt seine Tätigkeit als Gemeindeschreiber und Lehrer wieder auf und ist als Verwaltungsoffizier für die Versorgung zuständig.

1941 7. September. Geburt von Jean Mathiot.

1944 11. Februar. Geburt von Pierre Mathiot.
Ripoche, Lehrer in Saint-Laurent-des-Mortiers, bittet Marcel Mathiot um die Ausstellung falscher Papiere für die Résistance.
25. September. Marcel erhält von FFI *(Forces françaises de l'interieur)*, dem militärischen Arm der Résistance, eine Bescheinigung als Widerstandskämpfer.

1946 3. April. Geburt von Catherine Mathiot.
Mado, 28 Jahre, wird seine Geliebte und bleibt es bis an sein Lebensende.

1947 Marcel lernt Lili, 26 Jahre, kennen, Aushilfslehrerin in Saint-Laurent-des-Mortiers. Lili bleibt bis zu seinem Tod seine »Seelenfreundin«.

1956 22. April. Tod des Vaters, Victor-Amédée Mathiot.

1960 20. November. Marcel wird für seine sozialen Verdienste mit dem »Mérite social« ausgezeichnet.

1968 *13. Mai. Generalstreik*
7. Juli. Letzte Preisverleihung in Contigné. Marcel geht in den Ruhestand. Bis 1977 bleibt er noch Gemeindeschreiber.

1969 14. Januar. Im *Figaro Littéraire* wird ein Brief Marcels über Napoleon veröffentlicht.
20. Juli. »Wir waren auf dem Mond!«

1969 Marcel wird Gefangenenbetreuer (bis 1984).

1976 14. Februar. Tod der Mutter, Yvonne Mathiot. »Sie war 88 Jahre, vier Monate und sechs Tage alt.«

1977 13. März. »Ich bin zum Gemeinderat gewählt, mit 337 Stimmen von 383 (91 %) Erster auf der Liste.«
25. März. Wahl zum stellvertretenden Bürgermeister.

1980 18. Mai. Marcel trifft Hélène wieder. Es beginnt die »verrückte Periode« ihrer Liebe.

1982 1. Oktober. Marcel und Geneviève verlassen das Haus in Contigné und ziehen in eine Wohnung in Angers.

1984 23. November. Bruch mit Hélène. Da er befürchtet, seine Frau könne sein Tagebuch lesen, versteckt sich Marcel hinter dem Pseudonym Martin.

1985 4. Dezember. Prostataoperation. »Mein Sexualleben scheint hinter mir zu liegen«, schreibt er.

1986 Gibt seinen Posten als stellvertretender Bürgermeister von Contigné auf.

1990 11. November. Tod seines Sohnes Pierre.

2000 23. Januar. Tod von Geneviève Mathiot mit 90 Jahren.
25. Juli. Louise Mibeau, 89 Jahre, gesteht Marcel, sie sei in ihn verliebt.

2001 28. Juni. Marcel lernt Emmanuelle B. kennen.
Juli. Verkauf des Hauses in Contigné an Emmanuelle B., die seine Geliebte wird.

2002 10. März. Bruch mit Emmanuelle B.

2004 26. April. Tod von Marcel Mathiot.